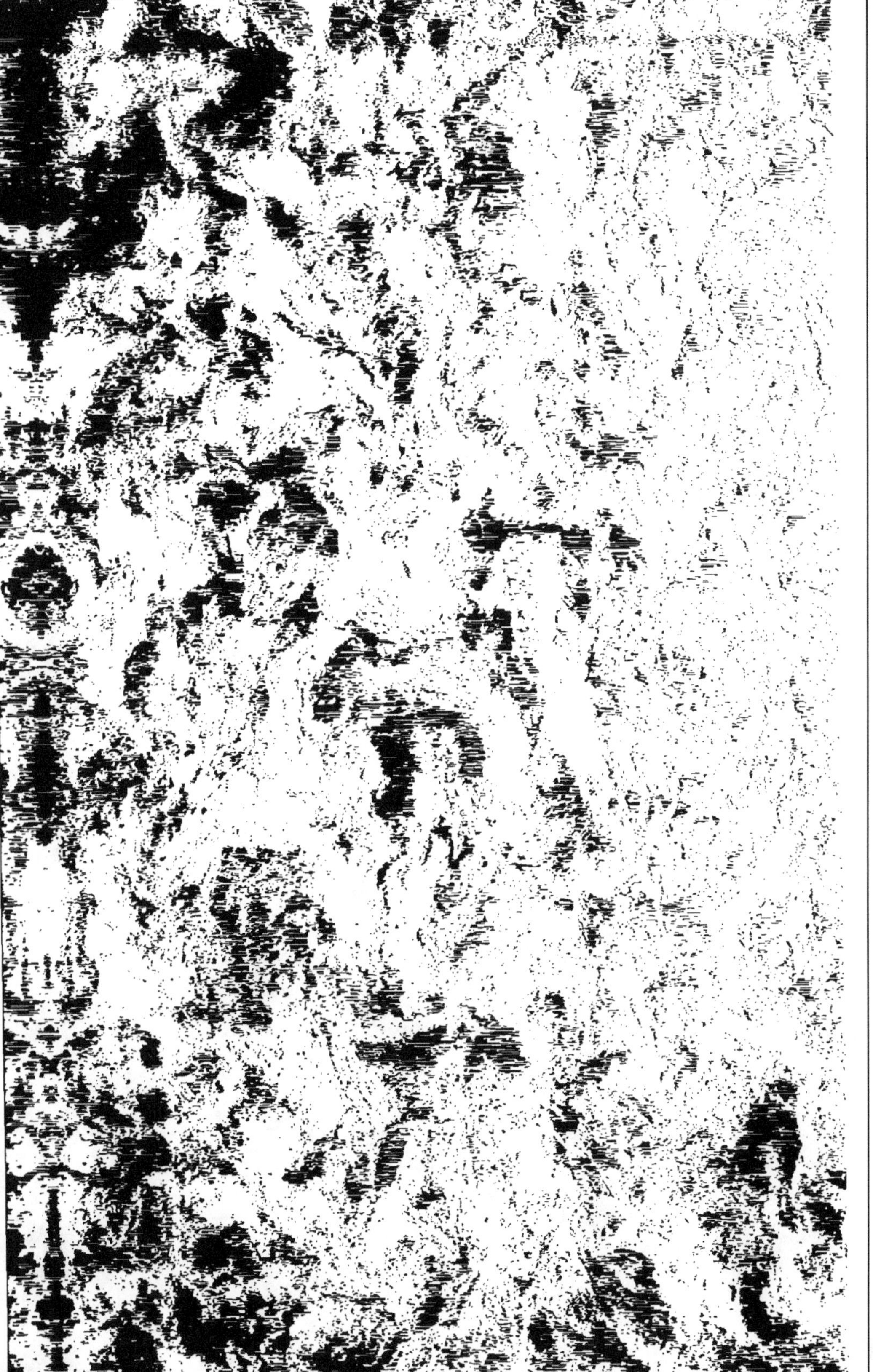

CODE

DES ÉMIGRÉS.

DEUXIÈME PARTIE.

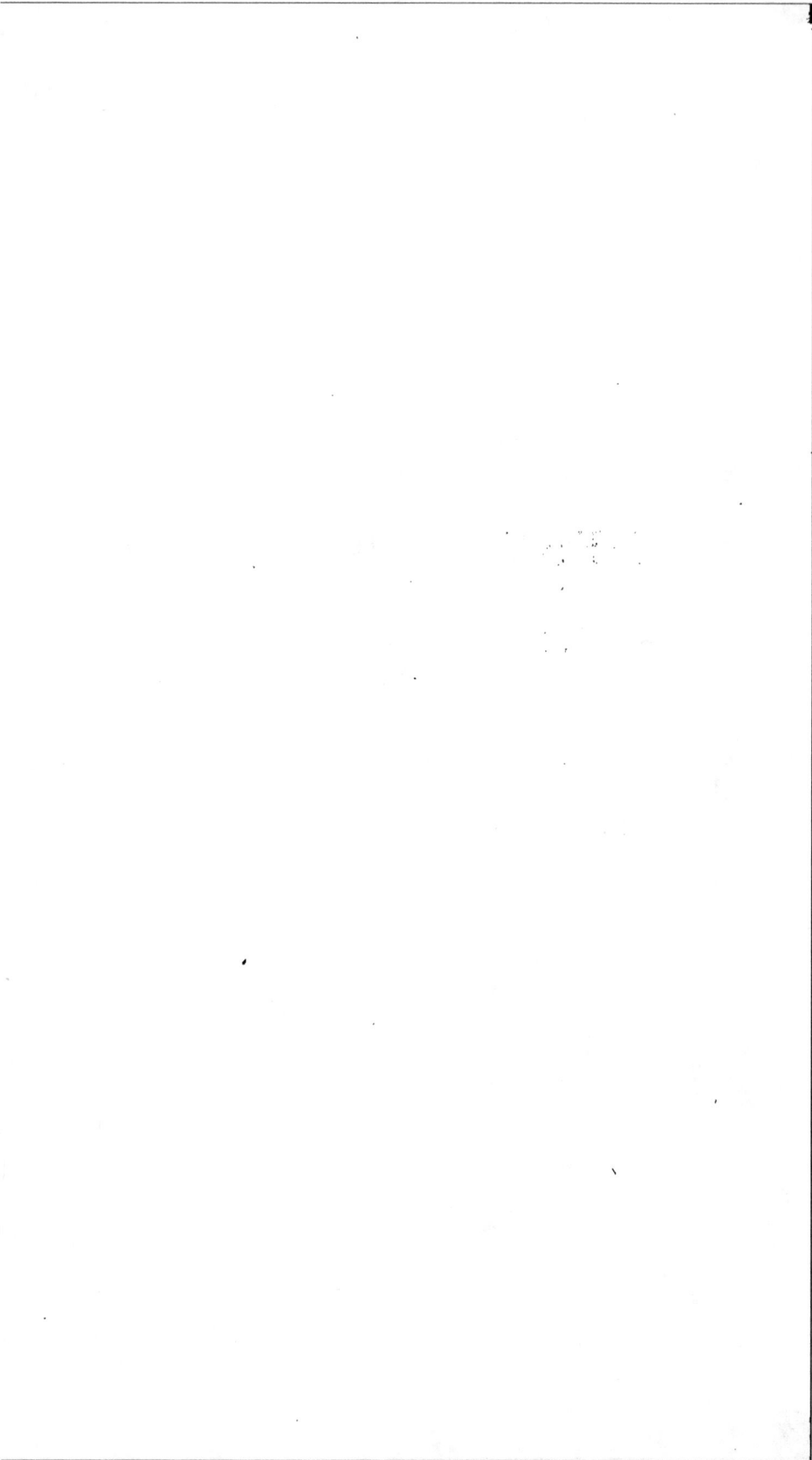

CODE

DES ÉMIGRÉS,

DÉPORTÉS, ET CONDAMNÉS RÉVOLUTIONNAIREMENT.

II.me PARTIE. — CODE DES DÉPORTÉS.

Loi du 6 octobre 1791,

Décrétée le 25 septembre précédent.

PORTANT que « Nul ne pourra être déporté s'il a soixante-quinze ans accomplis. » Titre 5, art. 5, 1re partie. (Voyez *la loi suivante*).

(*Lois et Actes*, tom IV, pag. 398).

Loi du 26 août 1792 (1),

Qui donne aux ecclésiastiques non assermentés un délai de quinze jours pour sortir du royaume. (Voyez *Décret des 21 et 23 avril* 1793).

Passé lequel délai déclare que ceux qui n'auraient pas obéi seront déportés à la Guyane française (Voyez *Décret du 22 ventôse an* II); ordonne aux directoires de district de les faire arrêter et conduire de brigade en brigade aux ports de mer les plus voisins qui leur seront indiqués par le Conseil exécutif provisoire; et à celui-ci de donner en conséquence des

---

(1) *Voyez* Loi du 7 frimaire an V.

ordres pour faire équiper et approvisionner les vaisseaux nécessaires au transport desdits ecclésiastiques. (Voyez *Décret du 18 mars 1793*).

Excepte des dispositions précédentes les infirmes et les sexagénaires.

Charge les Directoires de district d'envoyer tous les quinze jours au ministre de l'intérieur un état de ceux qui auront été déportés.

(*Lois et Actes*, tom. VI, pag. 121).

Loi du 14 septembre 1792, décrétée le même jour,

PORTANT résiliation des baux des biens nationaux passés au profit des déportés.

(*Code des émigrés*, pag. 42).

DÉCRET du 15 novembre 1792,

Relatif aux prêtres déportés.

LA CONVENTION NATIONALE renvoie au comité de législation l'examen de la question de savoir si l'on infligera aux prêtres déportés en exécution de la loi du 26 août dernier, et des arrêtés des corps administratifs, la peine de confiscation de tout ou partie de leurs biens, pour en faire rapport incessamment. (Voyez *Décret des 29, 30 vendémiaire an II*).

(*Décr. de la Conv.*, n.° 45, pag. 1).

DÉCRET du 14 février 1793,

QUI accorde une récompense à celui qui dénoncera une personne rangée par la loi dans la classe des prêtres qui doivent être déportés. (Voyez *Décret suivant*).

(*Code des émigrés*, pag. 58).

DÉCRET du 25 février 1793,

QUI autorise la visite des maisons suspectes de recéler des prêtres déportés.

(*Code des émigrés*, pag. 69).

EXTRAIT du DÉCRET du 10 mars 1793,

TITRE 2, art. 3 : Ceux qui étant convaincus de crimes ou de délits qui n'auraient pas éte prévus par le Code pénal et les lois postérieures, ou dont la punition ne serait pas déterminée par les lois, et dont l'incivisme ou la résidence sur le territoire de la République aurait été un sujet de trouble public et d'agitation, seront condamnés à la peine de déportation. (Voy. *Décrets des 22 avril, 7 juin* 1793, 29 *nivôse an* III, 7 *fructidor an* V).

(*Collect. des Lois*, tom. 13, n.° 544).

DÉCRET du 18 mars 1793,

RELATIF au jugement des prêtres déportés arrêtés sur le territoire de la République. (Voyez *Décrets des* 23 *avril* 1793 *et* 29, 30 *vendémiaire an* II).

(*Code des émigrés*, pag. 67).

DÉCRET des 21 et 23 avril 1793,

Relatif aux ecclésiastiques qui n'ont pas prêté serment.

ART. 1.er Tous les ecclésiastiques séculiers, réguliers, frères convers et lais, qui n'ont pas prêté le serment de maintenir la liberté et l'égalité, conformément à la loi du 15 août 1792 (Voyez *Collect. des Lois*, tom. X, n.° 2174, pag. 503), seront embarqués et transférés sans délai à la Guyane française. (Voyez *Décret du 7 fructidor an* V).

2. Seront sujets à la même peine, ceux qui seront dénoncés pour cause d'incivisme, par six citoyens dans le canton. La dénonciation sera jugée par les Directoires de département, sur l'avis des districts, (Voyez *Décrets des* 23 *et* 30 *vendémiaire an* II).

3. Le serment qui aurait été prêté postérieurement au 20 mars dernier est déclaré non avenu.

4. Les vieillards âgés de plus de soixante ans, les infirmes et caducs, seront renfermés, sous huitaine, dans une maison particulière, dans le chef-lieu de département.

5. Ceux des déportés en exécution des art. 1 et 2 ci-dessus, qui rentreraient sur le territoire de la République seront punis de mort dans les vingt-quatre heures.

6. Les évêques, curés et vicaires élus par le peuple, ou conservés dans leurs places au moyen de la prestation du serment exigé par la loi; les professeurs, les ecclésiastiques appelés aux fonctions administratives et les aumôniers des régimens et bataillons actuellement aux armées ou casernés ne sont pas compris dans le présent décret.

(*Lois et Actes*, tom. 7, pag. 16).

DÉCRET du 7 juin 1793,

PAR lequel la Convention Nationale rend communes à tous les tribunaux criminels de la République, les dispositions de l'art. 3 du tit. 2 de la loi du 10 mars dernier relative à l'établissement du tribunal criminel extraordinaire. (Voyez *ce Recueil*).

La Convention Nationale décrète en outre que les juges des tribunaux criminels en appliquant cette peine (la déportation) aux cas prévus par l'article cité, pourront la prononcer temporaire ou à vie, suivant les circonstances et la nature des délits. (Voy. *Décret du* 5 *frimaire an* II).

(*Lois et Actes*, tom. 7, pag. 120).

Décret du 17 septembre 1790,

Portant que « Les dispositions des lois relatives aux émigrés sont en tous points applicables aux déportés. (Voyez *Décrets des 5 frimaire, 22 ventôse an II, 22 fructidor an III, 7 fructidor an V et 3 nivôse an VIII*).

(*Lois et Actes*, tom. 7, pag. 402).

Décret des 29 et 30 vendémiaire de l'an II (1),

Relatif aux ecclésiastiques sujets à la déportation ou à des peines corporelles.

La Convention Nationale, après avoir entendu le rapport de son comité de législation, décrète ce qui suit :

Art. 1er. Les prêtres sujets à la déportation pris les armes à la main, soit sur les frontières, soit en pays ennemis;

Ceux qui auront été ou se trouveront saisis de congés ou passeports délivrés par des chefs Français émigrés, ou par des commandans des armées ennemies, ou par les chefs des rebelles;

Et ceux qui seront munis de quelques signes contre-révolutionnaires, seront, dans les vingt-quatre heures, livrés à l'exécuteur des jugemens criminels et mis à mort, et après que le fait aura été déclaré constant par une commission militaire formée par les officiers de l'état-major de la division dans l'étendue de laquelle ils auront été arrêtés.

2. Ceux qui auront été ou seront arrêtés sans armes dans les pays occupés par les troupes de la République, seron jugés dans les mêmes formes et punis des mêmes peines s'ils ont été précédemment dans les armées ennemies o

---

(1) *Voyez* Décret du 27 pluviôse an II.

dans des rassemblemens d'émigrés ou de révoltés, ou s'ils y étaient à l'instant de leur arrestation.

3. La commission sera composée de cinq personnes prises dans les différens grades de la division.

4. Le fait demeurera constant, soit par une déclaration écrite revêtue de deux signatures, ou d'une seule signature confirmée par la déposition d'un témoin, soit par la déposition orale et uniforme de deux témoins.

5. Ceux de ces ecclésiastiques qui rentreront, ceux qui sont rentrés sur le territoire de la République, seront envoyés à la maison de justice du tribunal criminel du département dans l'étendue duquel ils auront été ou seront arrêtés; et après avoir subi interrogatoire, dont il sera retenu note, ils seront dans les vingt-quatre heures, livrés à l'exécuteur des jugemens criminels et mis à mort, après que les juges du tribunal auront déclaré que les détenus sont convaincus d'avoir été sujets à la déportation. (Voy. *Décret de 22 floréal an II*).

6. Les moyens de conviction contre les prévenus, en cas de dénégation de leur part, résulteront de la déposition uniforme de deux témoins, que les détenus étaient dans le cas de déportation.

7. Si les accusés demandent à justifier de l'extrait du procès-verbal contenant leur prestation de serment, et qu'ils n'en soient pas porteurs, les juges pourront leur accorder un délai strictement nécessaire, ou le leur refuser suivant les circonstances : si le délai est accordé, les juges seront tenus d'en rendre compte au ministre de la justice, qui en instruira sur le-champ le comité de sûreté générale de la Convention Nationale.

8. Si les prévenus ne justifient de leur prestation de serment dans le délai accordé par le tribunal, ils seront livrés à l'exécuteur des jugemens criminels. Les juges en instruiront pareillement le ministre de la justice, et celui-ci le comité de sûreté générale.

9. Dans le cas où ils produiraient le procès-verbal de leur serment de liberté et égalité, conformément au décret du 14 août 1792 (*Coll. des Lois*, tom. X, n.° 2115, pag. 291), l'accusateur public est autorisé à faire preuve, tant par pièces que par témoins, que les accusés ont rétracté leur serment, ou qu'ils ont été déportés pour cause d'incivisme, aux termes de l'article 2 du décret du 21 avril dernier, (Voy. *ce Recueil*) et cette preuve acquise, ils seront mis à mort : dans le cas contraire; ils seront mis en liberté.

10. Sont déclarés sujets à la déportation, jugés et punis comme tels, les évêques, les ci-devant archevêques, les curés conservés en fonctions, les vicaires de ces évêques, les supérieurs et directeurs de séminaires, les vicaires des curés, les professeurs de séminaires et de colléges, les instituteurs publics et ceux qui ont prêché dans quelles églises que ce soit, depuis la loi du 5 février et 27 mars 1791 (Voy. *Code général*, par Desenne, tom. X, pag. 405, (qui assujettit les prédicateurs au serment) qui n'auront pas prêté le serment prescrit par l'article 39 du décret des 12 juillet et 24 août 1790 (*Collect. des Lois*, tom. I, pag. 1314), et réglé par les articles 21 et 37 du même décret, et par l'article 2 de la loi du 27 novembre de la même année (*Eod.*, tom. II, n.° 236, pag. 1053), ou qui l'ont rétracté, quand bien même ils l'auraient prêté depuis leur rétractation; (Voy. *Loi du 7 fructidor an* V).

Tous les ecclésiastiques séculiers ou réguliers, frères convers et lais qui n'ont pas satisfait aux décrets du 14 août 1792 et 21 avril dernier, ou qui ont rétracté leur serment;

Et enfin tous ceux qui ont été dénoncés pour cause d'incivisme, lorsque la dénonciation aura été jugée valable, conformément à la loi dudit jour 21 avril.

11. Les dispositions de l'article 2 de ladite loi ne sont point applicables aux vieillards âgés de plus de soixante ans, aux infirmes et caducs qui se trouveront dans les cas prévus par les articles 1, 2 et 5 du présent décret. (Voyez *Décrets des 25 frimaire et 22 floréal an* II).

12. Les ecclésiastiques qui ont prêté le serment prescrit par les lois des 24 juillet et 27 novembre 1790, ainsi que celui de liberté et égalité dans le temps déterminé, et qui seront dénoncés pour cause d'incivisme, seront embarqués sans délai, et transférés à la côte de l'ouest de l'Afrique, depuis le vingt-troisième degré sud jusqu'au vingt-huitième.

13. La dénonciation pour cause d'incivisme sera faite par six citoyens du canton, et jugée par le Directoire de département sur l'avis du district.

14. Les ecclésiastiques mentionnés en l'article 10, qui, cachés en France, n'ont point été embarqués pour la Guyanne Française, seront tenus dans la décade de la publication du présent décret, de se rendre auprès de l'administration de leurs départemens respectifs, qui prendront les mesures nécessaires pour leur arrestation, embarquement et déportation en conformité de l'article 12.

15. Ce délai expiré, ceux qui seront trouvés sur le territoire de la République, seront conduits à la maison de justice du tribunal criminel de leur département, pour y être jugés conformément à l'article 5. (*Décret du 22 floréal an* II).

16. La déportation, la réclusion et la peine de mort prononcées d'après les dispositions de la présente loi, emporteront confiscation des biens. (Voyez *Décrets des 5 frimaire*, 22 *ventôse an* II *et* 20 *fructidor an* III).

17. Les prêtres déportés volontairement et avec passeports, ainsi que ceux qui ont préféré la déportation à la réclusion, sont réputés émigrés. (Voy. *Décret du* 22 *germinal an* II).

18. Tout citoyen est tenu de dénoncer l'ecclésiastique qu'il saura être dans le cas de la déportation, de l'arrêter ou faire arrêter, et conduire devant l'officier de police le plus voisin; il recevra cent livres de récompense.

19. Tout citoyen qui recèlerait un prêtre sujet à la dé-

portation, sera condamné à la même peine. (Voy. *Décret du 22 germinal an II et 6 ventôse an III*).

(*Lois et Actes*, tom. VII, pag. 500).

Décret du 11 brumaire an II,

Portant, art. 1.er, Que les mendians condamnés à la déportation et autres qui le sont et seront par suite de jugemens des tribunaux criminels et révolutionnaires, seront transportés à la partie du sud-quart, sud-est de l'île de Madagascar, au lieu ci-devant le Fort Dauphin, qui se nommera, de ce jour, *le Fort de la Loi.*

Art. 4. Que tous les déportés à Madagascar sont sous la discipline et direction immédiate du comité municipal et administratif de Sous-Pointe, et sous la surveillance des autorités constituées de l'Ile-de France; que ce comité fera fournir les instrumens d'agriculture et autres objets nécessaires pour un pareil établissement, en se conformant à la loi sur la mendicité du 24 vendémiaire an II.

5. Que dans le port de la ville de l'Orient sera le dépôt où seront détenus les déportés jusqu'à leur embarquement.

6. Que le ministre de la justice fera conduire au dépôt les condamnés à la déportation, aussitôt que leur sentence aura été prononcée, qu'ils seront embarqués pour leur destination le plus promptement que faire se pourra.

7. Qu'il n'est point dérogé par le présent décret à celui qui détermine le lieu de la déportation des prêtres (*Décret des 21 et 23 avril 1793*).

(*Lois et Actes*, tom. VIII, pag. 31.)

Extrait du Décret du 25 brumaire an II.

Qui déclare, art. 1.er, Que « les ministres du culte catholique qui se trouvent actuellement mariés ; ceux qui, antérieurement au présent décret, auront réglé les conditions de leur mariage par acte authentique, ou seront en état de justifier de la publication de leurs bans, ne sont point sujets à la déportation ni à la reclusion, quoiqu'ils n'aient pas prêté le serment prescrit par les lois des 24 juillet et 27 novembre 1790 (Voyez *Decret du 12 frimaire an II.*)

(*Collect. des Lois*, tom. XVI, n.° 1904, pag. 449.)

DECRET du 5 frimaire an II,

Qui ordonne que la peine de déportation sera désormais pour la vie entière.

LA CONVENTION NATIONALE, après avoir entendu le rapport de son comité de législation sur une pétition de l'accusateur public du tribunal criminel du département du Nord, tendant à savoir, 1.° si la peine de la déportation pour un temps limité emporte confiscation des biens ; 2.° si par la loi du 7 juin 1793 (voy. *ce Recueil*), relative à la peine de déportation, les tribunaux criminels ordinaires sont autorisés à connaître des crimes contre-révolutionnaires hors des cas déterminés par les lois des 19 mars (*Collect. des lois*, tom. XIII, n.° 591, pag. 663), 7 et 17 avril 1793 (*Collect. des Lois*, tom. XIV, n.° 707, pag. 66) ;

Considérant que la confiscation des biens n'a lieu contre les déportés que par suite du décret du 17 septembre 1793 (voy. *ce Recueil*), qui les a assimilés aux émigrés, et que cette assimilation ne peut concerner que les déportés à vie ;

Considérant que la loi du 7 juin 1793 n'a rien changé aux limites posées précédemment à la juridiction des tribunaux criminels ordinaires, déclare qu'il n'y a pas lieu à délibérer sur la pétition dont il s'agit, et néanmoins décrète ce qui suit :

ART. 1.er A compter du jour de la publication du présent décret, la peine de déportation ne pourra être prononcée, soit par le tribunal revolutionnaire, soit par les tribunaux criminels ordinaires, que pour la vie entière de celui qui y sera condamné ; et il est dérogé, quant à ce, à la loi du 7 juin 1793 (*Loi du 7 fructidor an* 5.)

2. Quant à ceux qui, avant la publication du présent décret, ont été condamnés à la déportation pour un temps limité, leurs revenus appartiendront à la République pendant toute la durée de leur peine ; et leurs biens seront, durant cette intervalle, régis et administrés par les régisseurs des droits d'enregistrement et domaines nationaux (Voyez *Décret du* 6 *germinal an* II.)

III. Néanmoins si le déporté à temps a une femme ou des enfans, un père ou une mère dans le besoin, il leur sera accordé un secours annuel sur ses revenus.

(*Lois et Actes*, tom. VIII, pag. 79.)

DÉCRET du 12 frimaire an II,

Relatif à l'exécution de celui du 25 brumaire, en faveur des prêtres mariés.

LA CONVENTION NATIONALE, après avoir entendu le rapport de son comité de législation, sur la question de savoir si les prêtres, en faveur desquels le décret du 25 brumaire a été rendu, peuvent y être compris lorsque leur mariage, l'acte de ses conditions ou la publication des bans ont eu lieu avant la promulgation de la loi dans leurs communes respectives.

Considérant que les lois n'ont force que du jour qu'elles sont connues par leur promulgation, passe à l'ordre du jour.

(*Collect. des Lois*, tom. XVI, n.° 1951.)

EXTRAIT du Décret du 25 frimaire an II,

Relatif à la remise des titres de créance appartenant aux déportés.

(Voyez *Code des Émigrés*, pag. 154.)

DÉCRET du 27 pluviôse an II,

Qui ordonne que les jugemens rendus et à rendre en exécution de la loi du 30 vendémiaire dernier, contre les ecclésiastiques, seront exécutés sans appel ni recours au tribunal de cassation.

(*Collect. des Lois*, tom. XVII, n.° 2185.)

EXTRAIT du Décret du 9 ventôse an II,

Relatif aux créances sur les déportés, etc.

ART. 7. Les créanciers des déportés, des prêtres reclus, des Anglais, des Espagnols et des princes étrangers qui sont en guerre avec la République ou au service de ses ennemis, des personnes mises hors de la loi ou condamnées avec confiscation de biens, sont assujettis aux mêmes déclarations et dépôts de titres que les créanciers des émigrés (Voyez *Décret du 4 fructidor an II.*)

(*Code des Émigrés*, pag. 156.)

DÉCRET du 22 ventôse an II,

Qui déclare acquis à la République les biens des ecclésiastiques et frères convers ou lais qui se sont ou ont été déportés, et contient un mode d'exécution du décret du 17 septembre dernier, relatif aux déportés.

LA CONVENTION NATIONALE, après avoir entendu le rapport de son comité de legislation, décrète :

Art. 1.er Les biens des ecclésiastiques séculiers ou réguliers, frères convers et lais, donnés ou tierçaires, qui se sont déportés volontairement, ou qui l'ont été nominativement en exécution de la loi du 26 août 1792 (voy. *ce Recueil*), ou des arrêtés des corps administratifs, ou pour cause d'incivisme, en vertu des lois des 21, 22 avril et 30 vendémiaire derniers, des vieillards et infirmes reclus, et de ceux qui ont préféré la déportation à la réclusion, sont acquis à la République.

2. Le numéro 3 de l'article 8 de la quatrième section de la loi du 28 mars 1793, est rapporté (Voyez *Code des Emigrés.*)

3. Le décret du 17 septembre dernier, qui déclare applicables en tous points aux déportés les dispositions des lois contre les émigrés, sera exécuté ainsi qu'il suit :

4. La confiscation à l'égard des biens des ecclésiastiques nominativement déportés en exécution de la loi du 26 août 1792, ou des arrêtés des corps administratifs, et de ceux des vieillards et infirmes reclus en vertu de cette loi et autres postérieures, a lieu à compter du décret dudit jour 17 septembre dernier (Voyez *Décrets des* 27 *floréal an* II, *et* 20 *fructidor an* III.)

5. En conséquence, sont déclarés valables tous les actes de vente, cession, transports, obligations, donations, dettes, hypothèques, faits et contractés par eux antérieurement à ladite loi, pourvu que les actes aient été passés en forme authentique, ou aient acquis la fixité de date par enregistrement, dépôts publics ou jugemens avant le 17 septembre, sans néanmoins, à l'égard des donations, déroger aux dispositions adoptées par la loi du 17 nivôse dernier.

6. Les héritiers sont valablement saisis de leurs successions ouvertes avant cette époque.

7. A l'égard des ecclésiastiques qui se sont déportés volontairement, ou qui ont préféré la déportation à la réclu-

sion, leurs biens sont frappés de la confiscation, à compter du jour de leur sortie du territoire Français.

8. Toutes dispositions de ces biens et tous contrats par eux consentis depuis cette époque, sont de nul effet.

9. Les biens des déportés pour cause d'incivisme, antérieurement à la loi du 17 septembre dernier, sont confisqués du jour de l'arrêté en vertu duquel leur déportation s'est effectuée.

10. Quant à ceux déportés depuis pour les mêmes causes, la confiscation de leurs biens a lieu du jour de la dénonciation prescrite par la loi du 30 vendémiaire dernier et autres antérieures.

11. Les dispositions du décret du 17 frimaire dernier (Voyez *Code des Emigrés*, pag. 153), relatives à la séquestration des biens des pères et mères qui ont des enfans émigrés, ne sont pas applicables aux pères et mères des déportés ou reclus, si ce n'est dans le cas où il seraient dans la classe ci-devant noble (Voyez *Décret du 25 germinal an* III.)

12. La Convention renvoie à ses comités des secours publics et des finances réunis, les pétitions des parens des déportés et reclus, qui demandent que les biens de leurs enfans soient exceptés de la confiscation par forme de secours.

Article additionnel au décret ci dessus.

Les titres cléricaux n'existent plus à l'égard des ecclésiastiques déportés; en conséquence, les citoyens qui les avaient faits moyennant pension, en sont déchargés, et ceux qui au même effet avaient cédé des biens en jouissance, sont autorisés à s'en remettre en possession.

(*Lois et Actes*, tom. VIII, pag. 393.)

DÉCRET du 6 germinal an II,

PAR lequel « la Convention Nationale, après avoir entendu le rapport de son comité de législation, sur la question proposée par l'administrateur des domaines nationaux, si les biens d'un condamné à la déportation temporaire, mort depuis son jugement, mais avant que le terme de sa déportation soit expiré, doivent être rendus, dès à présent, à ses héritiers ;

Considérant que, d'après la disposition expresse de l'art. 2 de la loi du 5 frimaire, les revenus des personnes déportées à temps, avant la publication de cette loi, ne doivent être séquestrés au profit de la nation que pendant la durée de la peine, et que la peine prend nécessairement fin avec l'existence des condamnés :

Décrète qu'il n'y pas lieu à délibérer.

(*Décr. de la Conv.*, n.° 559, pag. 7.)

DÉCRET du 22 germinal an II,

Relatif aux recéleurs d'ecclésiastiques sujets à la déportation.

LA CONVENTION NATIONALE, après avoir entendu le rapport de son comité de législation sur la lettre du ministre de la justice et sur plusieurs pétitions et mémoires concernant la peine à prononcer contre les recéleurs d'ecclésiastiques sujets à la déportation ou à la réclusion, ou ayant encouru la peine de mort : décrète :

ART. 1.er A compter de la promulgation de la loi du 30 vendémiaire (voy. *ce Recueil*), concernant les ecclésiastiques sujets à la déportation, et en exécution de l'article 17 de cette loi, celui qui aura recélé un ecclésiastique sujet à la déportation ou réclusion, ou ayant encouru la peine de mort, sera puni de la déportation.

2. À compter de la publication de la présente loi, le recéleur d'ecclésiastiques soumis aux peines énoncées en l'article premier, sera regardé et puni comme leur complice. (Voyez *décret du 6 ventôse an* III.)

(*Lois et Actes*, tom. VIII, pag. 453.)

EXTRAIT du Décret du 27 et 28 germinal an II,

ART. 23. Si celui qui sera convaincu de s'être plaint de la révolution vivait sans rien faire, et n'était ni sexagénaire, ni infirme, il sera déporté à la Guyane : ces sortes d'affaires seront jugées par les commissions populaires.

(*Collect. des Lois*, tom. XVII, pag. 719, n.° 2297.)

DÉCRET du 22 floréal an II,

Relatif aux ecclésiastiques infirmes ou sexagénaires.

ART. 1.er À compter de la publication du présent décret, tous ecclésiastiques infirmes ou sexagénaires, sujets à la réclusion, sont tenus, dans 2 décades, de se transporter au chef-lieu de leurs départemens respectifs, pour être reclus dans les maisons destinées à cet effet.

2. Tous ceux, infirmes ou sexagénaires, qui seront trouvés sur le territoire de la République et hors des maisons de réclusion, ce délai expiré, seront jugés et punis suivant les termes des articles 5 et 15 de la loi du 30 vendémiaire dernier.

3. Les certificats d'infirmité, présentés par ceux qui soutiendront n'être pas dans le cas de la déportation, seront remis à l'administration du département, qui nommera deux officiers de santé pour visiter l'infirme et vérifier la sincérité de son certificat.

4. Dans le cas où les officiers de santé, nommés par le département, jugeraient que les certificats sont inexacts ou faux, ils donneront leur avis par écrit ; et d'après l'arrêt du département, la déportation sera prononcée et effectuée.

(*Lois et Actes*, tom. VIII, pag. 478.)

Décret du 23 floréal an II,

Concernant les rentes viagères dues par les déportés.

(*Code des Emigrés*, pag. 163.)

Décret du 27 floréal an II,

Sur une question relative à la confiscation des biens des ecclésiastiques déportés.

La Convention Nationale, après avoir entendu le rapport de son comité de législation, sur une question proposée par le directeur du juré du district de la Montagne-du-Bon-Air, et tendant à savoir :

Si des individus qui, antérieurement au décret du 17 septembre 1793 (voy. *ce Recueil*), relatif aux déportés, ont fait passer à des prêtres nominativement déportés, en exécution de la loi du 26 août 1792 (voy. *ce Recueil*), des sommes provenant des biens de ceux-ci, peuvent être réputés complices d'émigrés, et poursuivis comme tels :

Considérant que la loi du 22 ventôse (voy. *ce Recueil*) ne fait pas remonter au-delà du 17 septembre 1793 la confiscation qu'elle prononce des biens des ecclésiastiques déportés nominativement, en exécution de la loi du 26 août 1792 ; qu'elle valide même les ventes que ceux-ci ont faites avant cette époque ; que d'ailleurs la loi du 28 mars 1793 (voy. *Code des Emigrés*) déclarait positivement qu'ils n'étaient pas compris dans la classe des émigrés, et qu'elle n'a pu être abrogée le 17 septembre 1793 que pour l'avenir ; qu'ainsi il est évident que la qualité d'émigré, qui leur a été imprimée par le décret rendu à cette époque, n'a pas d'effet rétroactif au préjudice de tiers, et que ceux qui leur ont fait passer des sommes antérieurement à ce décret, ne peuvent pas être pour cela réputés complices d'émigrés, sans préjudice néanmoins des peines qu'ils pourraient avoir encourues pour exportation du numéraire ;

Déclare qu'il n'y a pas lieu à délibérer.

(*Décr. de la Conv.*, N.° 590, page 8.)

DÉCRET du 4 fructidor an II,

QUI déclare communes aux citoyens qui ont des propriétés indivises avec les ecclésiastiques déportés ou reclus les dispositions des articles 7 et 8 de la loi du 9 ventôse dernier. (Voy. *ce Décret à sa date, Code des Émigrés*).

Déclare nuls et comme non avenus les arrêtés des administrations de district ou de département qui ont rejeté le dépôt des titres des copropriétaires indivis, quoique fait dans le temps prescrit par les articles précités.

(*Bull. des lois*, 43, 1.re S., n.° 231).

LOI du 21 vendémiaire an III,

RELATIVE à la levée des scellés apposés sur les meubles et effets des déportés.

(Voy. *Code des Émigrés*, pag. 169).

LOI du 20 frimaire an III,

QUI suspend provisoirement toute action de la part des agens nationaux sur les biens mobiliers des condamnés et déportés, jusqu'au rapport des comités chargés par la Convention de présenter un projet de loi sur cet objet. (Voy. *la loi qui suit.*)

(*Bull. des lois*, 97, 1.re S., n.° 505).

Loi du 22 frimaire an III,

Qui rapporte la loi du 20 frimaire, présent mois, qui ordonnait la suspension de toute action de la part des agens de la République sur les mobiliers des condamnés et déportés. (Voy. *décret du 13 messidor an* III).

(*Bull. des lois*, 98, 1.re S., n.° 511).

Décret du 22 nivôse an III,

Qui ordonne de poursuivre et faire juger sans délai, les prêtres déportés qui auraient osé rentrer en France.

(*Code des Émigrés*, pag. 203).

Décret du 29 nivôse an III,

Portant que les jugemens rendus contre les personnes condamnées à la déportation, en vertu des dispositions de la loi du 28 mars, qui donnait au tribunal révolutionnaire le pouvoir de prononcer cette peine contre ceux qui se trouveraient convaincus de délits non spécifiés tels par les lois, seront renvoyés à l'examen des comités de législation et de sûreté générale pour statuer définivement sur leur mise en liberté.

(*Bull. des lois*, 113, 1.re S., n.° 596).

30..

DÉCRET du 29 nivôse an III,

QUI déclare que les jugemens rendus contre les personnes condamnées à la déportation, en vertu des dispositions de la loi du 10 mars 1793, tit. 2, art. 3, qui donnait au tribunal révolutionnaire le pouvoir de prononcer cette peine contre ceux qui se trouveraient convaincus de délits non spécifiés tels par les lois, seront renvoyés à l'examen des comités de législation et de sûreté générale, pour statuer définitivement sur leur mise en liberté.

(*Bull. des lois*, 1.re S. 119, n.° 631.)

DÉCRET du 6 ventôse an III,

QUI renvoie au comité de législation pour le réviser, le décret du 30 vendémiaire an II, lequel condamne à la déportation le citoyen qui recélerait un prêtre sujet à la déportation, et le charge de lui en faire un prompt rapport dans le courant de la décade prochaine.

(*Décret de la Conv.*, n.° 872, p. 4).

DÉCRET du 13 ventôse an III,

QUI ordonne la remise des linges, meubles, effets, etc. aux citoyens ayant été au service, aux époux quoique non divorcés des déportés, ainsi qu'aux propriétaires ou jouissant par indivis avec eux. (Voy. *décret du* 26 *germinal an* III).

(Voy. *ce décret à sa date*, *Code des Condamnés révolutionnairement*).

Décret du 25 germinal an III,

Qui rapporte la dernière partie de l'art. 11 de celle du 22 ventôse an II, en ce qui concerne le séquestre des biens des ci-devant nobles, pères et mères d'enfans déportés.

(*Bull. des lois*, 137, 1.re S. n.° 762).

Décret du 26 germinal an III,

Qui met les *enfans* des déportés au nombre des personnes désignées dans le décret du 13 ventôse dernier.

(*Bull. des lois*, 137, 1.re S., n.° 763).

Décret du 29 germinal an III,

Qui enjoint à sept représentans du peuple décrétés d'arrestation, de se constituer prisonniers, sous peine de déportation.

(*Bull. des lois*, 138, 1.re S., n.° 769).

Décret du 29 germinal an III,

Relatif à l'exécution de la loi rendue contre les prêtres insermentés.

La Convention Nationale, après avoir entendu la lecture d'un arrêté du représentant du peuple, André Dumont, en mission dans les départemens de l'Oise, de Seine-et-Oise et de Paris, *extrà muros*, relatif à l'inexécution de la loi rendue contre les prêtres insermentés, approuve ledit arrêté.

A Versailles, le 26 germinal, l'an III de la République française.

« André Dumont, représentant du peuple dans les départemens de l'Oise, de Seine-et-Oise, et de Paris, *extrà mu-*

ros, considérant qu'une des principales causes des troubles qui agitent en cet instant les communes, est l'inexécution de la loi rendue contre les prêtres insermentés, qui ordonne la déportation des uns et la réclusion des autres ; arrête que tous ceux contre lesquels la déportation a été prononcée, seront sur-le-champ arrêtés, les scellés apposés sur leurs papiers, et leurs armes déposées à l'administration du district ; arrête également que les noms et les demeures de ceux qui, par leur âge, ne sont assujettis qu'à la réclusion, lui seront adressés dans la huitaine par les agens nationaux de district, qui demeurent chargés de la prompte exécution du présent arrêté, dont ils accuseront réception dans les vingt-quatre heures de la remise qui leur en sera faite. »

(*Décr. de la Conv.*, N.° 925, page 2.)

EXTRAIT du Décret du 12 floréal an III,

ART 2. Les individus qui, ayant été déportés, sont rentrés dans la République, seront tenus de quitter le territoire français dans l'espace d'un mois : passé ce temps, s'ils sont trouvés, après la publication de la présente loi, sur ce territoire, ils seront punis de la même peine que les émigrés. (Voy. *Code des Émigrés*, *loi du* 25 *brumaire an* III, *loi du* 7 *fructidor an* V).

(*Bull. des Lois*, 140, 1.re S., 791).

DÉCRET du 13 messidor an III,

QUI suspend la vente des biens des ecclésiastiques reclus, déportés ou sujets à la déportation. (Voyez *le décret du* 22 *fructidor*).

(*Bull. des Lois*, 162, 1.re S., n.° 942).

Décret du 20 fructidor an III,

Qui ordonne le bannissement à perpétuité des prêtres déportés et rentrés sur le territoire français, et prononce des peines contre tous ministres des cultes qui ne se conformeraient pas aux lois de la République.

La Convention Nationale, après avoir entendu le rapport de ses comités de sûreté générale et de législation, décrète ce qui suit :

Art. 1.er La Convention Nationale charge ses comités de gouvernement de faire observer, par tous les moyens qui sont en leur pouvoir, les lois rendues précedemment contre les prêtres déportés et rentrés sur le territoire de la République ; ils seront bannis à perpétuité hors du territoire de la République dans le délai de quinze jours, à dater de la promulgation du présent décret, et traités comme émigrés, s'ils rentrent sur ce même territoire. (Voy. *Instruction du 23 nivôse an* IV.)

2. Les corps administratifs et judiciaires sont personnellement, et chacun en ce qui les concerne, responsables de l'exécution des lois rendues sur les ministres des cultes, à peine de destitution et de détention pendant trois mois.

3. Trois jours après la publication du présent décret, tous les ministres des cultes qui, ayant refusé l'acte de soumission exigé par la loi du 11 prairial, ou ayant ajouté des restrictions à cet acte, ou l'ayant rétracté, exerceront encore un culte quelconque dans les édifices publics ou dans les maisons particulières ou partout ailleurs, seront sur-le-champ arrêtés et traduits dans la maison de détention d'un des départemens les plus voisins de celui de leur domicile.

4. Les propriétaires ou locataires des maisons dans lesquelles le culte serait exercé en contravention à l'article précédent, seront condamnés à une amende de mille livres, et, en cas de récidive, à une détention de six mois, le tout, par forme de police correctionnelle et sans appel.

5. Les juges-de-paix informeront contre ceux des ministres des cultes qui se permettraient des discours, des écrits ou des actions contraires aux lois de la République, ou provoquant au rétablissement de la royauté; ils seront punis conformément aux lois pénales.

6. La Convention Nationale décrète en principe, que les biens des prêtres déportés, dont la confiscation avait été prononcée par les précédentes lois au profit de la République, seront restitués à leurs familles; charge ses comités de législation et des finances, de lui présenter sur ce point une loi dans le délai de trois jours. (Voy. *Lois des* 29, 30 *germinal, et* 22 *ventôse an* II.)

(*Bull. des Lois*, 176, 1.re S., n.° 1072.)

Décret du 22 fructidor an III,

Concernant les biens des prêtres déportés (1)

La Convention Nationale après avoir entendu le rapport de son comité de législation, décrète ce qui suit:

Art. 1.er Les décrets qui, relativement à la confiscation des biens, ont assimilé aux émigrés des ecclésiastiques déportés ou reclus, pour n'avoir pas prêté les sermens ordonnés, ou comme ayant été dénoncés par six individus, sont rapportés en ce qui concerne ladite confiscation (*Loi du* 7 *fructidor an* V).

2. Les confiscations qui ont été prononcées ou qui ont eu lieu contre lesdits ecclésiastiques, cesseront d'avoir leur effet, à moins qu'elles ne se trouvent du nombre de celles qui sont expressément maintenues par la loi du 21 prairial, relative à la restitution des biens des condamnés. (Voy. *Code des Condamnés*).

3. Les biens ou leur valeur seront remis sans délai, et

---

(1) *Voyez* Décret du 26 fructidor an IV.

suivant le mode ci-après, soit à ceux desdits ecclésiastiques qui pourraient être relevés de l'état de déportation, réclusion ou mort civile, et restitués dans les droits de citoyen, soit aux héritiers présomptifs de tous ceux des ecclésiastiques qui resteront en état de mort civile, par les jugemens ou arrêtés qui les ont condamnés à la déportation ou réclusion à vie.

4. Les héritiers présomptifs seront ceux qui, au moment de la déportation ou réclusion, auraient succédé auxdits ecclésiastiques s'ils étaient morts naturellement.

5. En ce qui concerne les ventes faites des biens meubles et immeubles desdits ecclésiastiques, le paiement du restant du prix, la restitution de ce qui reste en nature, le remboursement auxdits individus et à leurs héritiers de ce qui a été ou devra être exigé ou perçu au nom de la République, les perceptions de fruits, frais de séquestres, abus ou dilapidations, on se réglera sur les dispositions de la section seconde de la loi du 21 prairial dernier, relative au mode de restitution des biens des condamnés.

6. La disposition des articles précédens ne sera point applicable aux ci-devant évêques, curés, vicaires et autres ecclésiastiques, ni à leurs héritiers (bien que lesdits ecclésiastiques fussent au cas de la déportation ou réclusion, pour refus ou rétractation de prestation de serment), lorsqu'ils seront sortis du territoire de la République ou pays réunis, sans y avoir été autorisés, invités ou contraints par une loi promulguée en France, ou par arrêté ou délibération des représentans du peuple ou de quelque corps administratif, publié dans le ressort du district où ils avaient leur domicile : ceux-là étant émigrés, s'ils sont trouvés en France, pays réunis ou occupés par les armées de la République, seront punis comme émigrés rentrés : dans aucun cas, leurs héritiers ne pourront rien prétendre à leurs biens. (Voy. *loi du* 12 *prairial an* IV).

(*Bull. des Lois*, 178, 1.re S., n.° 1084).

Instruction du Directoire, du 23 nivôse an IV,

Adressée aux autorités constituées, sur l'exécution de l'article 10 de la loi du 3 brumaire de l'an IV.

La Convention Nationale, convaincue que toutes les manœuvres des prêtres réfractaires n'ont pour but que le renversement de la République, a cru que l'intérêt de la constitution lui commandait de déployer contre eux les mesures les plus actives et les plus rigoureuses. Elle a ordonné en conséquence, par l'article 10 de la loi du 3 brumaire dernier (Voy. *Code des Emigrés*, page 270), que les lois de 1792 et 1793 relatives aux prêtres sujets à la déportation ou à la réclusion, seraient exécutées dans les vingt-quatre heures de la promulgation de son décret, et elle a soumis à la peine de deux années de détention les fonctionnaires publics qui seraient convaincus d'en avoir négligé l'exécution.

Conformément à cette disposition, le Directoire exécutif rappelle à tous les fonctionnaires publics, que l'article 1.er de la loi du 20 fructidor (Voy. *ce Recueil*) n'est plus applicable aux prêtres sujets à la déportation ou à la réclusion, ainsi que voudraient le faire entendre les corrupteurs de l'esprit public. Les seules lois qui doivent être provoquées contre eux, sont celles de 1792 et 1793, (Voy. *ce Recueil*) et notamment celles des 29 et 30 vendémiaire de l'an II de la République. (Voy. *ce Recueil*). Le législateur a rejeté tous les ménagemens pusillanimes qui pouvaient laisser quelque espérance aux déportés : l'indulgence n'eût fait qu'entretenir la contagion du mal, et il a voulu l'extirper jusqu'à la racine.

Vous observerez cependant, que le dernier article de la loi des 29 et 30 vendémiaire ayant été modifié par celle du 22 germinal suivant à l'égard des recéleurs d'ecclésiastiques, c'est la dernière seulement que vous devez consulter dans les cas de complicité.

Le Directoire exécutif a lieu de croire que les magistrats désormais en garde contre tout prétexte d'incertitude ou d'erreur sur l'application de la loi, mettront à la faire exécuter la fermeté qui convient à des républicains; mais il croit devoir leur déclarer, que fort de la volonté du législateur, et inébranlable dans ses maximes, il a les yeux constamment ouverts sur la conduite des fonctionnaires publics, et qu'ils lui répondront, devant la loi, de toute espèce de négligence ou de prévarication.

(*Bull. des Lois*, 20, 2.me S. n.° 122).

Loi du 12 prairial an IV,

Relative aux biens des ecclésiastiques sujets à la réclusion, qui ont préféré la déportation.

Le Conseil etc..., après avoir entendu le rapport de sa commission sur une pétition tendant à faire interpréter la loi du 22 fructidor an III, relative aux biens des prêtres déportés;

Considérant que l'exception contenue en l'article 6 de ladite loi ne doit s'entendre que des ecclésiastiques qui étaient sortis avant d'y être contraints par aucune loi, arrêté ou délibération des représentans ou de quelque corps administratif;

Que la réclusion ordonnée par la loi du 26 août 1792 pour les infirmes et sexagénaires, était moins une obligation, qu'une faculté dont ils pouvaient user ou ne pas user;

Que l'usage qu'ils ont fait de cette faculté ne peut avoir aggravé leur sort ni celui de leurs héritiers;

Que néanmoins, comme cette loi a fait naître quelques doutes par rapport à ces derniers, il est instant de les faire cesser pour ne pas en retarder l'exécution,

Déclare qu'il y a urgence, et prend la résolution suivante:

Art. 1er. L'exception contenue dans l'article 6 de la loi du

22 fructidor an III, n'est point applicable aux ecclésiastiques qui, à raison de leur âge ou de leurs infirmités, étant sujets à la réclusion, ont préféré la déportation, et en ont fait la déclaration conformément à l'article 2 de la loi du 26 août 1792 (Voyez *ce Recueil*) : en conséquence, leurs biens ou leur valeur seront remis aux héritiers présomptifs desdits ecclésiastiques, comme il est expliqué aux articles 3, 4 et 5 de ladite loi du 22 fructidor an III. (Voyez *ce Recueil.*)

(*Bull. des Lois*, 51, 2.me S., n.° 434).

Loi du 18 fructidor an IV,

Qui autorise le tribunal de Cassation à indiquer aux accusés contumax déportés des colonies françaises par les Anglais, un des tribunaux criminels de la République, pardevant lequel ils seront reçus à se présenter pour purger leur contumace, dans le délai et dans les formes prescrites par les lois.

(*Bull. des Lois*, 74, 2.me, S., n.° 682).

Loi du 26 fructidor an IV,

Portant que celle du 26 floréal an III *n'est point applicable aux ecclésiastiques sujets à la réclusion ou à la déportation.*

Le Conseil, etc..., considérant : qu'il est instant de lever les obstacles qui s'opposent à la pleine et entière exécution de la loi du 22 fructidor an III.

Déclare qu'il y a urgence, et prend la résolution suivante;

Art. 1.er La loi du 26 floréal an III n'est point applicable aux sujets à la réclusion ou à la déportation. (Voy. *Cod. des Émigrés*, page 237).

2. En conséquence, nonobstant les dispositions de ladite

loi, lesdits ecclésiastiques ou leurs héritiers sont admis, pendant six mois, à revendiquer leurs biens, ou leur valeur s'ils sont vendus, conformément à la loi du 22 fructidor an III.

3. Les ecclésiastiques sujets à la réclusion ou à la déportation, qui en ont été ou en seront relevés, et qui se trouvent inscrits sur une liste d'émigrés, seront envoyés provisoirement en possession de leurs biens, par les administrations départementales, en justifiant devant elles, qu'ils n'ont pas quitté le territoire de la république depuis le 9 mars 1792 jusqu'au moment de la loi qui les déporte.

4. Dans le cas où lesdits ecclésisastiques ne seraient pas relevés de l'état de réclusion ou déportation, ou seraient décédés, leurs biens seront restitués à leurs héritiers présomptifs, à la charge, par eux, de faire la preuve ordonnée par l'article précédent.

5. Il n'est rien innové à la loi du 28 pluviôse dernier, (Voyez *Code des Émigrés*, page 277) qui charge le Directoire exécutif de statuer définitivement sur les demandes en radiation de la liste des émigrés.

(*Bull. des Lois*, 78, 2.me S., n.° 712).

Loi du 7 fructidor an V,

Qui rapporte celles relatives à la déportation ou la réclusion des prêtres insermentés.

Le Conseil, etc..., considérant : qu'il est instant de faire jouir tous les Français des avantages des lois constitutionnelles.

Déclare qu'il y a urgence, et prend la résolution suivante :

Art. 1er. Les lois qui prononcent la peine de déportation ou de réclusion contre les ecclésiastiques qui étaient assujettis à des sermens ou à des déclarations, ou qui avaient été condamnés par des arrêtés ou des jugemens comme *réfrac-*

taires, ou pour cause *d'incivisme*, et contre ceux qui avaient donné retraite à des prêtres *insermentés*, sont et demeurent abrogées.

2. Les lois qui assimilent les prêtres déportés aux émigrés sont également rapportées. (Voyez *loi du 3 nivôse an* VIII).

3. Les individus atteints par les susdites lois rentreront dans tous les droits de citoyens Français, en remplissant les conditions prescrites par la constitution pour jouir de la susdite qualité.

Bull. des Lois, 139, 2.me S., n.° 1375).

Loi du 19 fructidor an V,

Qui condamne à la déportation plusieurs députés, directeurs, généraux et conventionnels. (Voy. *Loi du* 19 *brumaire an* VII.)

Ordonne que leurs biens seront séquestrés aussitôt après la publication de la présente loi ; que main levée ne leur en sera accordée que sur la preuve authentique de leur arrivée au lieu fixé pour leur déportation.

Autorise le Directoire à leur procurer provisoirement sur leurs biens, les moyens de pourvoir à leurs besoins les plus urgens. (Voyez *les Arrêtés des* 19 *pluviôse an* VI *et* 8 *frimaire an* VIII).

(*Bull. des Lois*, 2.me S., n.° 1400.).

Loi du 22 fructidor an V,

Qui contient les mêmes dispositions que la précédente contre divers propriétaires, entrepreneurs, directeurs, auteurs et rédacteurs de journaux. (Voy. *Loi du* 19 *brumaire an* VII.)

Autorise en outre le Directoire à faire pour son exécution, des visites domiciliaires aux termes de la Constitution.

Excepte de la présente résolution les citoyens connus pour prendre habituellement des notes dans les conseils.

(*Bull. des Lois*, 143, 2.me S., n.° 1405).

Loi du 12 nivôse an VI,

Qui ordonne la révision des listes d'émigrés et déportés des colonies.

(Voy. *Cod. des Émigrés*, page 332).

Arrêté du Directoire, du 19 pluviôse an VI,

Qui donne main-levée du séquestre établi sur les biens des individus déportés à Cayenne, en exécution de la loi du 19 fructidor an V.

Ordonne que si quelques sommes ont été versées par suite dudit séquestre, dans les caisses de la régie des Domaines, les receveurs en dresseront le compte tant en recette qu'en dépense, lequel sera arrêté par l'administration centrale; et que sur son ordonnance, le receveur fera le remboursement des deniers quelconques étant en sa caisse.

Ordonne en outre, que les frais d'inventaire ou autres qui auraient été payés par une caisse nationale sans qu'aucune recette les ait couverts, y seront remboursés par les fondés de pouvoirs, après avoir été réglés par le département; que l'arrêté de main-levée ne sera expédié que sur le vu de la quittance du receveur. (*Arrêté semblable du 7 thermidor an* VII. *Bull. des Lois*, 297, 2.me S., n.° 3165).

(*Bull. des Lois*, 181, 2.me S., n.° 1713).

Loi du 18 messidor an VI,

Qui autorise les visites domiciliaires pour l'arrestation des prêtres déportés.

(Voyez *Code des Émigrés*, page 354).

Loi du 19 brumaire an VII,

Relative aux individus qui se sont soustraits à la déportation, ou en ont quitté le lieu.

Le Conseil, etc..., considérant qu'il est instant d'assurer l'exécution des moyens de salut public prescrits par les lois des 19 et 22 fructidor an V.

Déclare qu'il y a urgence, et prend la résolution suivante:

Art. 1er. Sont assimilés aux émigrés, les individus qui, s'étant soustraits à la déportation prononcée contre eux par la loi du 19 fructidor an V, et en vertu de celle du 22 du même mois, ne se présenteront pas, dans les deux mois de la publication de la présente, à l'administration centrale du département où ils se trouveront, pour y recevoir connaissance de leur destination ultérieure. (Voy. *l'Arrêté qui suit et la loi du 3 nivôse an* VIII).

2. Les délais fixés par l'article précédent ne courront contre les individus mentionnés dans la loi du 22 fructidor an V auxquels la mesure de déportation n'a pas encore été individuellement appliquée, que du jour de la publication de l'arrêté qui l'aura prononcée.

Sont également assimilés aux émigrés, ceux qui, ayant subi la déportation, quittent le lieu où ils ont été déportés, et ceux qui, après avoir satisfait aux dispositions de l'article premier, disparaissent avant de l'avoir subie.

4. Il n'est dérogé par aucun des articles précédens aux lois existantes relativement à ceux desdits individus inscrits jusqu'à ce jour sur la liste des émigrés. (Voy. *loi du* 8 *brumaire an* VIII).

(*Bull. des Lois*, 240, 2.me S., n.° 2172).

Arrêté du Directoire, du 28 nivôse an VII.

Qui désigne l'île d'Oléron comme lieu de détention provisoire des individus frappés de déportation par les lois des 19 et 22 fructidor an V, sur ces motifs :

Que les circonstances et le mauvais état de la santé de plusieurs des individus qui ont fait, en exécution de la loi du 19 brumaire dernier, la déclaration de se soumettre en ce qui les concerne, aux dispositions de ces lois, ne permettent pas d'effectuer en ce moment leur translation au lieu précédemment assigné aux déportés.

(*Bull. des Lois*, [illegible], 2.me S., n.° [illegible])

Arrêté du Directoire, du 7 thermidor an VII.

Qui ordonne que les noms des individus dénommés dans la loi du 19 fructidor an V, qui n'ont pas subi leur déportation ni satisfait à la loi du 19 brumaire, ou qui ne se sont pas rendus à l'île d'Oléron, conformément à l'arrêté du 28 nivôse dernier, seront transmis aux administrations centrales de leur domicile respectif, pour être procédé à leur égard, en conséquence de l'article 3 de la loi du 19 brumaire.

(*Bull. des Lois*, 297, 2.me S., n.° 3166)

Loi du 8 brumaire an VIII.

Portant que la loi du 3 brumaire an IV (Voy. *Code des Lois*, 18) n'est point applicable aux parens et alliés des individus déportés par les lois des 19 et 22 fructidor an V, et qui ont été inscrits sur la liste des émigrés, en exécution de la loi du 19 brumaire an VII.

(*Bull. des Lois*, [illegible], 2.me S. n.° 3590).

ARRÊTÉ des Consuls, du 8 frimaire an VIII,

Relatif aux prêtres assermentés ou mariés, ou n'exerçant plus leur culte, dont la déportation aurait été ordonnée en application de la loi du 19 fructidor an V.

LES Consuls de la République, etc.....

Arrêtent ce qui suit :

ART. 1.er Les arrêtés du Directoire exécutif, tant individuels que collectifs, rendus en application de l'article 24 de la loi du 19 fructidor an V, sont rapportés en ce qui concerne les prêtres qui se trouvent compris dans l'une des trois classes suivantes :

1°. Ceux qui auraient prêté tous les sermens que les lois ont prescrits aux ministres du culte, et aux époques désignées par ces mêmes lois, et qui ne les ont pas rétractés.

2°. Ceux qui se seraient mariés ;

3°. Ceux qui n'ayant point exercé, ou qui ayant cessé d'exercer avant la loi du 7 vendémiaire an IV, le ministère de leur culte sans en avoir repris l'exercice depuis cette époque, n'étaient plus assujettis à aucun serment.

2. Les prêtres compris dans l'une de ces trois classes et qui se trouveraient actuellement détenus soit à l'île de Ré, soit à l'île d'Oleron, seront mis en liberté après avoir justifié de leur droit à l'une des exceptions ci-dessus déterminées, pardevant l'administration municipale dans l'arrondissement de laquelle ils se trouvent, et par des certificats authentiques délivrés par les administrations municipales des cantons où ils résidaient lorsque leur déportation a été prononcée, et visés par les administrations centrales de leurs départemens respectifs.

3. Ceux qui se sont soustraits à la déportation justifieront de leur droit à jouir de cette disposition, pardevant les administrations centrales de leur département.

4. Les individus désignés dans l'article 2 se feront déli-

vrér par l'autorité qui aura reconnu leur droit aux exceptions déterminées dans l'article 1.er, un acte authentique qui constate l'application qui leur en aura été faite.

5. Les administrations centrales adresseront au ministère de la police le tableau nominatif de tous les prêtres mis en liberté. Il sera fait mention dans ce tableau, du lieu dans lequel chacun de ces prêtres déclarera vouloir fixer sa résidence.

(*Bull. des Lois*, 337, 2.me S., n.° 3469).

Loi du 3 nivôse an VIII,

Qui déclare que tout individu nominativement condamné à la déportation, sans jugement préalable, par un acte législatif, ne pourra rentrer sur le territoire de la République, sous peine d'être considéré comme émigré, à moins qu'il n'y soit autorisé par une permission expresse du Gouvernement qui pourra le soumettre à tel mode de surveillance qui lui paraîtra convenable. (Voy. *l'Arrêté qui suit*).

(*Bull. des Lois*, 339, 2.me S., n.° 3493).

Arrêté des Consuls, du 5 nivôse an VIII,

Qui permet à plusieurs personnes y dénommées de rentrer sur le territoire de la République.

Les soumet à la surveillance de la haute police.

Enjoint aux administrations communales d'informer le ministre de la police de l'arrivée de chaque individu dans leurs arrondissemens respectifs.

Déclare que tout individu compris dans l'une des lois des 12 germinal an III et 19 fructidor an V, et non dénommé dans la présente, qui rentrera sur le continent français sans y être autorisé, sera considéré et poursuivi comme émigré :

Que les dispositions du présent arrêté seront sans effet à

l'égard de ceux qui étant actuellement sur le continent de la République ne se seront pas présentés dans le délai de deux décades devant la municipalité du lieu de surveillance qui leur est indiqué.

Accorde quatre décades à ceux qui se trouvent en ce moment en pays étranger.

(*Bull. des Lois*, 340, 2.me S., n.° 3507).

Arrêté du Directoire, du 10 nivôse an VIII,

Qui fait des fonds pour les dépenses des condamnés à la déportation, détenus aux îles de Ré et d'Oleron.

(*Bull. des Lois*, 241, 2.me S., n.° 2244).

Arrêtés du 13 nivôse an VIII,

Qui autorisent divers individus déportés par des actes législatifs à rentrer sur le territoire de la République.

(*Bull. des Lois*, 343, 2.me S., n.° 3523, 3524).

Arrêté du 19 fructidor an VIII,

Qui porte que tous les individus condamnés à la déportation autrement que par des actes du pouvoir judiciaire, et qui sont actuellement à la Guyane Française, seront transférés dans le plus court délai possible, dans les îles de Ré et d'Oleron, et mis sous la surveillance du préfet de la Charente-Inférieure.

Autorise ceux d'entre eux qui d'après les lois ou les actes du Gouvernement, croiraient avoir droit à leur mise en liberté, adresseront des lieux déterminés pour leur transfèrement par le présent arrêté, leurs réclamations aux autorités compétentes.

(*Bull. des Lois*, 43, 3.me S., n.° 285).

DÉCRET du 10 mars 1807,

QUI place dans la ci-devant Chartreuse de Pierre Châtel le dépôt provisoire des condamnés à la déportation.

(*Bull. des Lois*, 140, 4.me S. n.° 2247).

CODE

DES CONDAMNÉS RÉVOLUTIONNAIREMENT.

EXTRAIT des Lettres-patentes du 21 janvier 1790.

ART. 3. La confiscation des biens des condamnés ne pourra jamais être prononcée en aucun cas.

(*Collect. des Lois*, tom. I, pag. 468.)

LOI du 30 août 1792,

QUI ordonne que les biens de tous ceux qui seront convaincus d'avoir excité et fomenté des troubles, et de ceux qui auront pris part aux conspirations, seront confisqués au profit de la nation, et que le produit en sera appliqué au soulagement de ceux qui auront souffert de ces troubles. (Voy. *Décret du* 19 *mars* 1793).

(*Collect. des Lois*, tom. X, n°. 2325, pag. 749).

EXTRAIT du Décret du 10 mars 1793.

TIT. 2. ART. 2. Les biens de ceux qui seront condamnés à la peine de mort seront acquis à la République; et il sera pourvu à la subsistance des veuves et des enfans, s'ils n'ont pas de biens d'ailleurs (Voy. *le Décret qui suit, et ceux des 15 et 19 brumaire, 26 frimaire, an* II).

(*Collect. des Lois*, tom. XIII, n°. 544, pag. 592).

EXTRAIT du Décret du 19 mars 1793,

ART. 7. La peine de mort prononcée dans les cas déterminés par la présente loi emportera la confiscation des biens, et il sera pourvu sur les biens confisqués à la subsistance des pères, mères, femmes et enfans qui n'auraient pas d'ailleurs des biens suffisans pour leur nourriture et entretien; on prélevera en outre sur le produit desdits biens, le montant des indemnités dues à ceux qui auront souffert de l'effet des révoltes (Voy. *le Décret qui suit*).

(*Collect. des Lois*, tom. XIII, n°. 591, pag. 665).

DÉCRET du 15 brumaire an II,

Relatif aux Enfans en bas âge dont les pères auront subi un jugement qui emporte la confiscation des biens.

LA CONVENTION NATIONALE, sur la proposition d'un membre, décrète :

ART. Ier. Les enfans en bas âge, dont les père et mère auront subi un jugement qui emporte la confiscation des biens, sont déclarés appartenir à la République : en conséquence, il sera assigné un lieu où ils seront nourris et élevés aux dépens du trésor national (Voy. *le Décret qui suit*).

2. Le comité des Secours est chargé de présenter à la Convention nationale, sous trois jours, un projet de décret, afin qu'il soit assigné un local et un mode convenable pour la nourriture, l'entretien et l'éducation de ces enfans.

(*Décret de la Conv.*, n°. 399, pag. 7)

DÉCRET du 19 brumaire an II,

PORTANT, ART. 1er. Que les enfans dont les père et mère auront subi un jugement emportant la confiscation de leurs biens, seront reçus dans les hospices destinés aux enfans abandonnés, et élevés conformément à la loi du 1.er juillet dernier.

2. Que les personnes qui voudront élever chez elles de ces enfans, recevront l'indemnité accordée par la loi du 19 août dernier, en se conformant à ce qui est prescrit par cette loi (Voy. *Collect. des Lois*, tom. XV, n°. 1406, pag. 477).

Collect. des Lois, tom. XVI, n°. 1860, pag. 424.

DÉCRET du 29 brumaire an II,

Qui prononce la confiscation des biens de tout individu décrété d'accusation au tribunal révolutionnaire, qui se sera donné la mort.

LA CONVENTION NATIONALE, sur la proposition d'un membre, décrète :

ART. 1.er Les biens de tout individu décrété d'accusation, ou contre lequel l'accusateur public du tribunal révolutionnaire aura formé l'acte d'accusation, et qui se donnera la mort, seront acquis et confisqués au profit de la nation, de la même manière et dans les mêmes termes que s'ils avaient été condamnés.

2. Le présent décret aura son exécution, à compter du 10 mars 1793, jour de la formation du tribunal révolutionnaire.

3. La Convention renvoie à son comité de législation, pour lui présenter une nouvelle rédaction, les articles additionnels et les moyens d'exécution du présent décret.

(*Décret de la Conv.*, n.° 413, pag. 4).

DÉCRET du 21 frimaire an II,

Relatif à la remise des titres de créance des condamnés. (*Cod. des Emigrés*, pag. 154).

DÉCRET du 21 frimaire an II,

Relatif aux biens confisqués sur les particuliers condamnés dans les différens tribunaux de la République, ou mis hors la loi par un décret.

SUR la proposition d'un membre, la Convention Nationale décrète :

ART. 1.er L'administrateur des domaines nationaux rendra compte par écrit, sous huitaine, des diligences qu'il a dû faire pour mettre sous la main de la nation, et administrer ou faire vendre, à son profit, les biens confisqués sur les particuliers condamnés dans les différens tribunaux de la République, ou mis hors la loi par un décret.

2. L'agent du trésor public rendra compte, dans le même délai, des diligences qu'il a dû faire pour le recouvrement des créances appartenantes à la République.

(*Déc. de la Conv.*, n.° 435, pag. 12).

DÉCRET du 26 frimaire an II,

Relatif à l'administration et à la vente des biens confisqués au profit de la République.

LA CONVENTION NATIONALE après avoir entendu ses comités de législation, d'aliénation et des domaines, décrète ce qui suit :

ART. 1.er Les biens confisqués au profit de la République,

pour quelque cause et de quelque manière que ce soit, seront régis, administrés, liquidés et vendus comme les biens nationaux provenant des émigrés.

2. Il est enjoint à l'accusateur public de chacun des tribunaux criminels tant ordinaires qu'extraordinaires, et aux présidens de chaque commission militaire, d'adresser à l'administrateur des domaines nationaux et à la régie nationale de l'enregistrement et des domaines, dans la quinzaine de la publication du présent décret, des expéditions authentiques des jugemens qui, jusqu'à cette époque, auront prononcé des confiscations, ou ordonné des déportations; et d'en user de même à l'avenir pour tout jugement semblable dans les trois jours qui suivront l'exécution.

3. L'administrateur des domaines nationaux fera dresser et remettre au comité d'aliénation un tableau ou état nominatif de tous les individus dont les biens ont été jusqu'à présent confisqués au profit de la République, soit par les jugemens énoncés dans l'article précédent, soit par les décrets de mise hors de la loi, et autres rendus jusqu'à ce jour: les nom, prénom, qualité, profession, et dernier domicile de chaque individu y seront clairement désignés.

4. Ce tableau sera envoyé par l'administrateur des domaines nationaux à tous les départemens, districts, municipalités et à la régie nationale de l'enregistrement des domaines. Il sera lu, publié et affiché sans aucun délai dans toutes les parties de la République, avec injonction aux corps administratifs, et spécialement aux agens nationaux près les districts et les communes, de faire procéder chacun dans l'arrondissement où il exerce ses fonctions, à la recherche, et de surveiller le recouvrement des biens meubles ou immeubles appartenant aux individus compris dans ce tableau.

5. Le même tableau sera en outre envoyé à toutes les sociétés populaires, avec invitation de faire parvenir, tant aux corps administratifs de la situation des biens confisqués, qu'à l'administration des domaines nationaux et à la régie natio-

nale de l'enregistrement et des domaines, tous les renseignemens qu'elles pourront fournir.

6. Tous les mois l'administrateur des domaines nationaux fera dresser, publier et envoyer, selon le mode déterminé par les deux articles précédens, un tableau additionnel des individus dont les biens auront été confisqués au profit de la République, par les décrets rendus ou par les jugemens qui lui seront parvenus depuis la publication du premier.

7. Les agens nationaux près les districts, adresseront tous les mois à l'administrateur des domaines nationaux et à la régie nationale de l'enregistrement et des domaines, les renseignemens qu'ils se seront procurés sur les biens meubles et immeubles, corporels et incorporels de chacun des individus compris dans les tableaux qui leur auront été successivement envoyés.

8. Il est enjoint à tous détenteurs de biens meubles ou immeubles, et à tous les débiteurs généralement quelconques de créances ou autres effets appartenant aux individus compris dans le tableau ci-dessus mentionné, d'en faire leur déclaration au secrétariat de la municipalité du lieu de leur résidence, dans le cours de la décade qui suivra immédiatement la publication et l'affiche de chaque tableau, à peine d'être condamnés par voie de police correctionnelle, sur la poursuite de l'agent national du district, à une amende égale à la valeur des sommes ou des objets non déclarés, et d'être en outre traités comme suspects.

9. Ces déclarations seront dans la décade suivante, adressées à l'agent national près le district, par celui de la commune. L'agent national du district les fera passer dans la troisième décade, à l'administrateur des domaines nationaux et à la régie nationale de l'enregistrement et des domaines.

10. L'administrateur des domaines nationaux fera dresser tous les mois et remettra au comité d'aliénation et domaines réunis, un état composé de tous les états particuliers qui lui auront été envoyés par les agens nationaux des districts. Il y

sera fait mention des renseignemens qui lui auront été adressés par les sociétés populaires ou par toute autre voie.

11. Tout commissaire de police, huissier, gendarme ou autre fonctionnaire public chargé de l'arrestation d'un individu, qui, soit par le décret de mise hors de la loi ou d'accusation, soit par le mandat d'arrêt, soit par l'ordonnance de prise de corps, sera prévenu de crime attentatoire à la sûreté intérieure ou extérieure de la République, ou de fabrication, distribution ou introduction de faux assignats ou fausse monnaie, sera tenu, au moment où il exécutera sa mission (soit qu'il arrête le prévenu ou que celui-ci soit en fuite), d'appeler l'agent national de la commune, ou à son défaut, un officier municipal du lieu, pour apposer les scellés sur les papiers, meubles et effets du prévenu, et d'y établir un gardien, à peine de destitution, et de répondre du dommage que sa négligence aura causé à la République.

12. Celui qui aura apposé les scellés en exécution de l'article précédent, sera tenu d'en donner avis sur le-champ à l'accusateur public du tribunal pardevant lequel le procès est ou doit être porté, et à l'agent national près le district, dans l'étendue duquel s'est faite l'apposition des scellés.

13. Les dispositions de la loi du premier brumaire dernier, (voy. *Lois et Actes,* tom. VIII, pag. 7) relatives aux biens des condamnés pour crime de fabrication, distribution ou introduction de faux assignats ou fausse monnaie, sont rapportées en ce qu'elles ont de contraire à la présente loi.

14. Tout acte contenant donation, aliénation, reconnaissance, obligation ou engagement quelconque de la part d'un individu mis hors de la loi, déporté ou dont les biens ont été confisqués par jugement, est nul et sans effet à l'égard de la République, s'il n'a une date certaine et authentique antérieure; savoir, au décret de déportation ou de mise hors de la loi, pour ceux contre lesquels il a été prononcé en cette forme, soit nominativement, soit sous une dénomination

générique; et au décret d'arrestation ou d'accusation, mandat d'arrêt ou ordonnance de prise de corps, pour ceux qui auront été jugés contradictoirement ou par contumace.

(*Déc. de la Conv.*, n.° 440, pag. 8.)

DÉCRET du 9 ventôse an II,

RELATIF aux créances sur les condamnés par jugement emportant confiscation de biens. (1)

(Voy. *Cod des Déportés*, pag. 460).

EXTRAIT du Décret du 10 germinal an II,

ART. 3. Les sommes des émigrés et des condamnés appartenantes à la République, qui se trouvent dans les greffes des divers tribunaux et dans tout autre dépôt public, seront versées sur-le-champ dans la caisse du trésor public. (Voy. *Décret du* 28 *messidor an* II).

(*Déc. de la Conv.*, n.° 543, pag. 4).

DÉCRET du 23 floréal an III,

RELATIF aux rentes viagères dues par les condamnés.

(*Cod. des Émigrés*, page 163).

DÉCRET du 3 prairial an II,

CONCERNANT le paiement des frais d'administration des biens des condamnés.

(*Code des Emigrés*, page 163).

---

(1) *Voyez* Décret du 6 thermidor an II.

DÉCRET du 21 messidor an II,

QUI fixe le délai dans lequel les fonds appartenant aux négocians condamnés par les tribunaux révolutionnaires devront être versés dans les caisses des districts. (Voy. *Décret du 17 frimaire an* III, art. 22)

(*Code des Emigrés*, page 165).

DÉCRET du 28 messidor an II,

CONCERNANT le versement dans le Trésor national des sommes existantes dans les dépôts publics des condamnés.

(Voy. *Code des Emigrés*, page 166).

DÉCRET du 28 messidor an II,

QUI autorise les administrations de départemens à ordonnancer certaines sommes au profit des créanciers de ceux dont les biens sont séquestrés.

(Voy. *Code des Emigrés*, pag. 168).

DÉCRET du 6 thermidor an II,

Sur les difficultés élevées dans l'exécution de l'article 7 de celui du 9 ventose, relatif aux condamnés pour crimes emportant confiscation.

LA CONVENTION NATIONALE, après avoir entendu le rapport de son comité de législation sur les difficultés élevées dans l'exécution de l'article 7 de la loi du 9 ventôse, relative aux condamnés pour crimes emportant confiscation, décrète :

ART. 1.er Les condamnés pour crimes emportant confiscation, dont le dernier domicile n'est point désigné dans les jugemens qui contiennent leur condamnation, sont censés, relativement à tout ce qui concerne l'exécution de la loi du 9 ventôse, avoir eu pour dernier domicile le lieu de leur naissance indiqué par ces jugemens.

2. Si ces jugemens ne désignent pas le lieu de leur naissance, ils sont censés avoir eu pour dernier domicile le chef-lieu du département où siège le tribunal qui les a condamnés.

3. Les condamnés qui ont été portés dans les deux premières parties de la liste ordonnée par la loi du 9 ventôse, sans que leur dernier domicile y fût désigné, seront réemployés, de la manière prescrite par les deux articles précédens, dans la partie de la même liste qui sera publiée immédiatement après la présente loi; et le délai fixé par les articles 8 et 9 de la loi du 9 ventôse, ne courra, à l'égard de leurs créanciers et débiteurs, que du jour de cette publication.

(*Bull. des Lois*, 27, 1.re S., n.° 126.)

DÉCRET du 21 vendémiaire an III,

RELATIF à la levée des scellés apposés sur les meubles et effets des condamnés.

(Voy. *Code des Emigrés*, pag. 169.)

DÉCRET du 17 frimaire an III,

Sur les établissemens de commerce ou manufactures, dans lesquels étaient intéressés des individus dont les biens ont été confisqués au profit de la République, etc. (1).

LA CONVENTION NATIONALE, après avoir entendu le rap-

(1) *Voyez* la loi du 26 ventôse an III.

port de ses comités de commerce, de législation et des finances réunis, décrète ce qui suit :

TITRE PREMIER

Établissemens de commerce ou manufactures, dans lesquels étaient intéressés des individus dont les biens ont été confisqués au profit de la République.

Art. 1.er Les citoyens intéressés dans des établissemens de commerce ou manufactures, dont un ou plusieurs associés ont été frappés de confiscation, remettront au Directoire de leur district, dans une décade de la publication du présent décret, l'acte de leur société, et tous autres qui contiendraient des stipulations d'intérêt entre eux. Ces actes seront certifiés véritables par lesdits associés, cotés et paraphés sur-le-champ par l'administration du district, qui restera dépositaire d'une copie collationnée desdits actes.

2. Ils présenteront, dans le même délai, les registres-journaux des opérations faites pour le compte de la société : ces registres seront également cotés et paraphés sur-le-champ par l'administration du district, et leur seront rendus à la charge par eux de les représenter à toute réquisition.

3. Si les scellés empêchaient la remise des actes de société et registres désignés ci-dessus, ils seront levés sur-le-champ par le juge de paix, à la réquisition des parties intéressées, et réapposés, s'il y a lieu.

4. Une décade après la remise des registres et contrats de société, les associés, les veuves et enfans des individus dont les biens auront été confisqués, déclareront par écrit, entre les mains de l'administration du district, s'ils consentent à se charger, pour leur compte, de la masse de l'actif et du passif de la société, et d'entretenir en activité lesdits établissemens, aux conditions portées au présent décret.

5. Dans le cas où les associés ou autres individus nommés

par l'article précédent, auront déclaré qu'ils offrent de se charger de la masse de l'actif et du passif de la société, il sera nommé quatre experts-arbitres versés dans les affaires de commerce : deux seront choisis par les associés ou autres admis, et deux par le directeur des domaines du département ; et en cas de partage dans les opinions, l'administration du district nommera un sur-arbitre.

6. Ces arbitres procéderont, en présence des associés ou admis, à l'évaluation des marchandises et effets, meubles et immeubles servant à l'usage de la société, et ils dresseront l'état de l'actif et du passif, après avoir évalué séparément les créances douteuses et mauvaises.

7. Il sera alloué à chacun des experts-arbitres ou sur-arbitres 15 livres par jour, et le paiement sera pris sur la masse de la société, ainsi que tous autres frais de bureau.

8. Les experts remettront à l'administration du district, dans le délai d'un mois au plus tard, à partir du jour de leur nomination, l'état arrêté et signé de l'actif et du passif, et de ce qui reviendra à la nation pour la portion compétant les associés frappés de confiscation, déduction faite de tous frais.

9. Le Directoire du district, après s'y être fait autoriser par l'administration du département, donnera aux associés ou autres contractans, acte de cession et abandon de toutes les propriétés de la société, à charge par eux d'acquitter toutes ses créances, conformément aux états arrêtés et signés, portés en l'article précédent, et de payer le montant de la portion revenant à la nation, telle qu'elle aura été liquidée dans les susdits états.

10. Le paiement de la somme appartenant à la nation sera fait un quart dans un mois, et les trois autres quarts de six en six mois avec les intérêts.

11. Il sera donné par lesdits contractans, entre les mains du Directoire du district, un cautionnement valable pour

sûreté des engagemens et paiemens portés aux deux articles précédens.

12. Dans le cas où il résulterait des états dressés conformément à l'article 8, que l'actif de la société est inférieur au passif, le Directoire du district convoquera les créanciers, et leur donnera acte de l'abandon de toute prétention de la part de la nation, et les créanciers se réuniront ensuite pour agir, ainsi qu'il est d'usage à l'égard des maisons de commerce en faillite.

13. Il n'est pas dérogé par le présent décret aux conditions contenues dans les contrats de société.

TITRE II.

Établissemens de commerce et manufactures, desquels les individus frappés de confiscation étaient seuls propriétaires.

ART. 14. Dans le cas où des individus frappés de confiscation possédaient seuls leurs établissemens de commerce ou manufactures, les veuves et les enfans, ou, à défaut, des citoyens versés dans cette partie de commerce, choisis par l'administration du district, seront admis à se charger de la masse de l'actif et du passif des établissemens, aux conditions portées au présent décret.

15. A défaut d'offres à cet égard, l'administration du district fera publier, par la voie des affiches, le détail, la nature, l'étendue et la situation desdits commerce, usines et ateliers, et les conditions portées au présent décret en faveur de ceux qui se chargeront de ces établissemens.

16. Si, un mois après la publication ordonnée par l'article 15, aucun citoyen ne s'était présenté pour se charger de la suite de ces établissemens auxdites conditions, il sera procédé à la liquidation dans les formes prescrites par les lois.

TITRE III.

Dispositions générales.

ART. 17. Dans les communes de Lyon, Bordeaux, Marseille et Nantes, le directeur des domaines nationaux sera aidé, dans les liquidations ordonnées par le présent décret, par un bureau de commerce composé d'un nombre suffisant de négocians expérimentés, lesquels seront choisis par les représentans du peuple en mission, ou, à défaut, par le comité de commerce de la Convention.

Le district leur assignera un local pour leurs séances : les frais de bureau seront payés comme ceux des directoires relatifs aux biens confisqués.

18. Seront admis à la liquidation, conformément aux usages du commerce, les billets, factures et autres effets commerciaux, quoiqu'ils n'aient pas été enregistrés, pourvu cependant qu'ils se trouvent portés à leurs dates respectives sur les registres desdits commerçans, tenus en bonne forme.

19. Les administrations de district qui, par l'article 14, doivent faire choix des citoyens propres à se charger de la suite des commerces et ateliers, le feront dans les quatre communes ci-dessus désignées, sur l'indication du bureau de commerce.

20. Les tribunaux de commerce jugeront toutes les difficultés relatives à la liquidation ordonnée par le présent décret : ces tribunaux seront promptement établis dans les communes où ils ont cessé leurs fonctions.

21. Les dispositions du présent décret sont applicables à toute espèce de commerce, même de banque, et à tout genre de fabriques et usines.

22. La Convention Nationale rapporte la loi du 21 messidor, relative au recouvrement de l'actif appartenant à la République par la condamnation de banquiers et commerçans.

26. Les associés dans les établissemens dont portion se trouverait sujette au séquestre ou au dépôt, en conserveront la libre et entière administration, en donnant bonne et valable caution devant le directoire de district.

(*Bull. des Lois*, 97, 1.re S, n.° 497.)

Décret du 20 frimaire an III,

Qui suspend provisoirement toute action sur les biens mobiliers des condamnés.

(*Voy. Code des Déportés*, pag. 466.)

Décret du 22 frimaire an III,

Qui rapporte le précédent.

(*Voy. Eodem*, pag. 467.)

Loi du 29 nivôse an III,

Qui autorise le comité de législation à statuer sur la mise en liberté des citoyens condamnés à la peine de mort, pourvu que les jugemens ne soient causés ni pour délits ordinaires, ni pour fait de royalisme.

(*Bull. des Lois*, [illegible], 1.re S, n.° 698.)

Loi du 29 nivôse an III,

Qui ordonne que les personnes condamnées à quelque peine que ce soit pour avoir pris part à la révolte qui a éclaté dans les départemens formant l'arrondissement des armées de l'Ouest, des côtes de Brest et de Cherbourg, mais dont les jugemens n'ont pas été exécutés, jouiront des effets de l'amnistie accordée par le décret du 12 fri-

maire,

maire (Voy. *Bull. des Lois*, 93, n.° 479), et seront mises sur-le-champ en liberté.

(*Bull. des Lois*, 113, 1.re S., n.° 597.)

DÉCRET du 8 pluviôse an III,

PORTANT que les linges, hardes, bijoux, meubles et effets appartenant aux époux survivans ou aux enfans des condamnés, ou à leur usage journalier, leur seront remis sur un simple état, sans délai et sans frais; et qu'à cet effet, les scellés et séquestres, s'il y en a, seront levés (Voy. *Loi du 13 ventôse an III.*)

(*Décr. de la Conv.* n.° 844, pag. 6.)

LOI du 11 pluviôse an III,

Qui autorise le comité de législation à statuer sur les réclamations ayant pour objet la confiscation et le séquestre des biens qui auraient été la suite de jugemens restés sans exécution, rendus pour délits non ordinaires, etc. (1)

LA CONVENTION NATIONALE, après avoir entendu le rapport de son comité de législation, décrète :

ART. 1.er Le comité de législation, auquel les décrets du 29 nivose (Voy. *ce Recueil*) ont attribué, soit particulièrement, soit concurremment avec le comité de sûreté générale, l'examen des jugemens non exécutés, rendus pour délits non ordinaires, ni pour cause de royalisme, de ceux portant peine de la déportation, en conséquence de l'article III du titre II de la loi du 10 mars 1793 (2), et la

(1) *Voyez* Loi du 28 thermidor an III.

(2) *Voyez* cet article, cité à la suite de la loi du 29 nivôse, p. 54.

mise en liberté des individus condamnés, pourra statuer sur les réclamations qui auront pour objet la confiscation et le séquestre des biens qui auraient été la suite de ces jugemens.

2. Le comité ne pourra statuer que sur les amendes qui n'auront pas été payées.

3. Le séquestre et la confiscation des biens pourront être levés. Les individus mis en liberté y seront réintégrés à la charge d'acquitter les frais de scellés, garde, séquestre, régie et administration.

4. Les baux à fermes qui pourraient avoir été faits au nom de la nation par les corps administratifs, ne pourront être résiliés que conformément aux dispositions de l'article XV du titre II de la loi du 5 novembre 1790 (1).

5. Dans les cas où les biens auraient été vendus, les acquéreurs y seront maintenus, sauf les droits des ci-devant propriétaires au recouvrement du prix, d'après les conditions des ventes : il y sera statué définitivement par le comité des finances.

6. La même disposition aura lieu relativement aux biens des personnes détenues comme suspectes, et qui depuis ont été mises en liberté.

7. Il n'est pas dérogé par le présent décret aux lois relatives aux émigrés et leurs complices, ni aux ecclésiatiques qui ont encouru la peine de la déportation.

(*Bull. des Lois*, 118, 1.re S. n.o 622).

---

(1) *Relative à la vente et administration des domaines nationaux.*

» L'acquéreur ne pourra expulser le fermier, même en offrant » de l'indemniser, qu'après l'expiration de la 3.e année, ou de la » 6.e, si la 4.e était commencée, ou de la 9.e, si la 7.e était » commencée, sans que dans ces cas les fermiers puissent exiger » d'indemnités. »

Loi du 13 pluviôse an III,

Qui ordonne la remise des linges, hardes et effets appartenant aux époux survivans ou aux enfans des condamnés (1).

(*Bull. des Lois*, 122, 1.re S. n.° 647).

Loi du 13 ventôse an III,

Qui ordonne la remise des linges, bijoux et effets appartenant aux époux survivans ou aux enfans des condamnés, et la levée des séquestres ou scellés mis sur leurs biens meubles et immeubles (2).

La Convention Nationale, après avoir entendu ses comités de législation et des finances, décrète :

Art. 1.er Les linges, hardes, bijoux, meubles et effets appartenant aux époux survivans, ou aux enfans des condamnés, ou à leur usage journalier, leur seront remis sur un simple état, sans délai et sans frais.

2. Tous séquestres ou scellés mis sur les biens meubles ou immeubles appartenans par la loi, la coutume ou statuts, par contrat, ou à tous autres titres, aux époux survivans ou aux enfans des condamnés, seront levés sans délai, afin que les propriétaires en jouissent librement, à moins que lesdits scellés ou séquestres aient été mis pour causes personnelles auxdits propriétaires.

3. S'il a été vendu quelques-uns desdits biens ou effets mentionnés aux articles précédens, le prix en sera remboursé aux propriétaires sur le pied et aux conditions des ventes.

---

(1) Ce décret forme l'article premier de celui du 13 ventôse, contenant des dispositions générales sur cette matière. (*Voyez* ci-après à la date du 13 ventôse.)

(2) *Voyez* Loi du 25 germinal an III.

4. Les effets nécessaires aux veuves et enfans des condamnés, notamment les comestibles qui se trouveront dans ce genre de successions acquises à la nation, seront délivrés aux veuves et enfans des condamnés, sur leur demande, pour le prix réglé par des états estimatifs être imputé sur les droits desdits survivans, ou sur les secours à leur accorder.

5. S'il se trouve des logemens libres dans lesdites successions, il en sera laissé ou accordé jusqu'à la liquidation et à la convenance desdits survivans ou enfans, arbitrés par les corps administratifs.

6. Lorsqu'il se trouvera dans les successions des condamnés des objets à diviser, soit en propriété, soit en jouissance, auxquels aient droit les époux survivans, les enfans ou autres, il sera, concurremment avec les parties intéressées, et à la diligence des agens nationaux de district, dressé des états et inventaires exacts desdits objets.

7. Si les époux survivans, enfans ou autres intéressés aux susdits objets, en réclament la jouissance provisoire, ils l'obtiendront [illegible] canton, et à la charge d'en rendre compte lors des liquidations et partages, comme aussi d'entretenir provisoirement les baux, s'il y en a.

8. Les époux survivans ou enfans qui n'auront que des créances ou des droits à exercer sur lesdites successions, en recevront, jusqu'à leur liquidation, les intérêts par aperçu au denier vingt-cinq, à dater du jour où ils auront été privés de leur jouissance.

9. Les époux survivans ou enfans des laboureurs ou cultivateurs exploitant par eux-mêmes des terres à eux affermées, auront la faculté d'acheter la portion des bestiaux, effets mobiliers et instrumens servant à ladite exploitation, échue à la République, ainsi que de se faire subroger dans les droits du condamné, au bail à ferme.

10. Ces bestiaux, instrumens aratoires et autres objets, leur seront cédés aux mêmes formes et conditions déter-

nées par [illegible] de [illegible] dont [illegible] (*Voy.* [illegible] *Recueil*)

11. Les dispositions des deux articles [illegible] seront applicables aux frères et sœurs [illegible] qui [illegible] occupés avec eux d'exploitation de [illegible]

12. Les époux [illegible] ou [illegible] dans les [illegible] desquels se trouvent [illegible] de commerce ou des ateliers [illegible], seront pareillement [illegible] dans [illegible] qui sera nécessaire pour la continuation [illegible] établissements ou ateliers.

13. Les citoyens [illegible] été au service [illegible] appointements des condamnés, et dont les effets [illegible] seront sous le séquestre ou le scellé [illegible] en obtiendront la restitution sans délai [illegible] le plus tôt [illegible] remis, s'il y [illegible] dispositions de l'article [illegible]

14. Les citoyens ayant été au service [illegible] des émigrés ou déportés, [illegible] de la présente loi. (*Voy. Loi* [illegible])

15. Les corps administratifs [illegible] *mission* [illegible] nationaux [illegible] la Convention nationale [illegible] comité [illegible] résoudre les difficultés.

(*Bull. des Lois*, [illegible])

(1) Ces [illegible] été [illegible] par décret [illegible] ventôse (*Bull. des Lois* [illegible] N.° 698.)

Loi du 26 ventôse an III,

Qui modifie et interprète celle du 17 frimaire dernier, sur les établissemens de commerce ou manufactures dans lesquels étaient intéressés des individus dont les biens ont été confisqués au profit de la République.

La Convention Nationale, après avoir entendu le rapport de ses comités de législation, de commerce et des finances, décrète :

Art. 1.er Le décret du 17 frimaire, an troisième de la République, sur les établissemens de manufactures et de commerce, est maintenu, sous les conditions et modifications portées dans les articles suivans : toute loi contraire est rapportée.

2. La Convention nationale n'a point entendu, par ce décret, priver les associés intéressés dans les marchandises et autres objets mobiliers des sociétés de manufactures et de commerce, du droit de requérir la cession cumulative, par expertise, des ateliers, usines et immeubles servant aux établissemens et appartenant *aux sociétés* (1).

3. Les veuves et enfans des individus frappés de confiscation, qui auraient part dans ces ateliers, usines et immeubles, seront préférés aux associés seulement intéressés dans les marchandises et autres objets mobiliers.

4. Les marchandises, effets, meubles et immeubles servant à l'usage des sociétés mentionnées dans le décret du 17 frimaire, sont réduits aux objets essentiellement indispensables pour le maintien des établissemens de manufactures et de commerce.

---

(1) Ces mots, aux sociétés, ont été remplacés par ceux-ci, *à la nation*, par décret du 4 germinal an III. (*Bull. des Lois*, 132, 1.re Série, N.° 719.)

5. Aucune vente ou cession par expertise ne sera désormais consentie, d'ateliers, usines et immeubles dépendant desdits établissemens, que sur l'avis des administrations de district et les arrêtés de celles de département.

6. Les associés des émigrés et autres individus frappés de confiscation, continuent d'être assujettis à remettre, dans quinzaine, au directoire du district, le bilan de la société au moment de l'émigration ou de la condamnation, et dans les vingt-quatre heures, leur livre-journal, pour être coté et paraphé.

7. Toute loi portant atteinte au pouvoir du corps législatif, de disposer de portions du domaine national sur estimation par expertise pour cause d'utilité publique, est rapportée.

(*Bull. des Lois*, 130, 1.re S., n.° 705).

Loi du 30 ventôse an III,

PORTANT qu'il sera sursis à la vente des biens confisqués par suite des jugemens des tribunaux révolutionnaires, commissions militaires ou populaires; que toutes les ventes de biens confisqués en exécution desdits jugemens sont confirmés, sauf à rendre aux héritiers des condamnés la valeur des portions qui pourraient leur revenir s'il y a lieu. (*Voy. art. 21 de la loi du 21 prairial an III.*)

(*Bull. des lois*, 131, 1.re S., n.° 711.)

Loi du 26 germinal an III,

QUI déclare que la loi du 13 ventôse contenant des dispositions générales en faveur de ceux qui y sont désignés ne sera susceptible d'aucune exception sous prétexte de décrets antérieurs contraires.

Rétablit l'omission des mots *leurs enfans* dans l'article 14 de cette loi.

(*Bull. des Lois*, 137, 1.re S., n.° 768.)

Loi du 14 floréal an III,

Qui déclare que le principe de la confiscation est maintenu à l'égard des conspirateurs, etc. ; et néanmoins, considérant l'abus que l'on a fait des lois révolutionnaires ; ordonne que les biens des condamnés depuis l'époque du 10 mars 1793 seront rendus à leur famille, sauf les exceptions, et sans qu'il soit besoin de révision des procédures.

Renvoie au comité de législation pour présenter dans six jours la série de ces exceptions ainsi que le mode de restitution. (Voyez *loi du 21 prairial an* III).

(*Bull. des Lois*, 142, 1.re, S., n.° 800).

Loi du 28 floréal an III,

Contenant la déclaration à faire par les débiteurs de ceux qui ont été frappés de confiscation.

(Voy. *Cod. des Émigrés*, page 238).

Loi du 18 prairial an III,

Portant que l'arrêté du 12 floréal sera appliqué aux baux des biens de ceux qui après avoir été condamnés ont été relevés de leur condamnation.

(Voy. *Code des Emigrés*, page 240).

Loi du 21 prairial an III,

Qui détermine le mode de restitution des biens des Condamnés (1).

La Convention Nationale, considérant que, par son dé-

---

(1) *Voyez* la Loi du 25 messidor an III.

cret du 14 floréal dernier, elle a maintenu le principe de la confiscation des biens à l'égard des conspirateurs, des émigrés, des fabricateurs ou distributeurs de faux assignats et de fausse monnaie, et des dilapidateurs de la fortune publique;

Que néanmoins, considérant l'abus que l'on a fait des lois révolutionnaires, l'impossibilité de distinguer par des révisions les innocens des coupables, et qu'il y a moins d'inconvéniens et plus de justice et de loyauté à rendre des biens aux familles de quelques conspirateurs, que de s'exposer à retenir ceux des innocens, elle a décrété que les biens des condamnés révolutionnairement, depuis l'époque du 10 mars 1793 (vieux style), seraient rendus à leurs familles, sauf les exceptions, et sans qu'il soit besoin de révision des procédures;

Qu'en conséquence, elle a ordonné qu'il lui serait présenté un projet sur la série de ces exceptions et le mode de restitution;

Et, après avoir entendu le rapport de son comité de législation, décrète ce qui suit :

SECTION PREMIÈRE. — *De la Restitution et des Exceptions.*

ART 1.er Toutes les confiscations de biens, autres que celles ci-après maintenues, prononcées, depuis le 10 mars 1793 (vieux style), par les tribunaux ou commissions révolutionnaires, militaires ou populaires, et même par les tribunaux ordinaires jugeant révolutionnairement, jusqu'au jour de l'installation du tribunal révolutionnaire, réorganisé en exécution de la loi du 8 nivôse de l'an III, sont considérées comme non-avenues; les séquestres sont levés : les époux survivans et héritiers jouiront conformément aux lois et aux dispositions de la section deuxième.

2. Sont néanmoins maintenues les confiscations des biens, droits et actions de Louis Capet, de sa veuve, de sa sœur et

de Philippe d'Orléans; et il n'est point d'ailleurs dérogé aux décrets qui prononcent la confiscation, ou ordonnent la main-mise nationale sur les biens des autres individus de la famille des Bourbons.

3. Les confiscations de biens prononcées contre les Dubarry sont maintenues.

4. Sont pareillement maintenues les confiscations des biens de ceux qui ont été mis hors la loi à raison des conspiration et révolte qui ont éclaté le 9 thermidor. (V. *Loi du 5 germ. an* V).

5. Sont également maintenues les confiscations prononcées par les jugemens rendus dans les formes prescrites par la loi du 8 nivôse de l'an III, relative à la nouvelle réorganisation du tribunal révolutionnaire, ainsi que celles qui l'ont été postérieurement, ou qui pourront l'être par les tribunaux ou commissions, même militaires, établis par la Convention. (Voy. *Loi du 4 frimaire an* VI).

6. Néanmoins, toutes les confiscations prononcées jusqu'à ce jour, et à quelque époque que ce soit, pour prétendu fédéralisme ou pour recèlement d'individus, sont déclarées non-avenues.

7. La disposition de l'article premier, en ce qu'elle ordonne la restitution des biens confisqués par des jugemens rendus révolutionnairement, ne préjudiciera point aux droits, créances, actions et indemnités de la République sur les biens des régisseurs, fournisseurs, comptables ou dilapidateurs qui auront été condamnés révolutionnairement; lesdits droits, créances, actions et indemnités sont réservés pour être exercés civilement : à cet effet, les hypothèques et séquestres établis avant les condamnations à mort, tiennent et subsistent.

Il en sera de même pour les biens des fermiers-généraux, dans tous les cas où le comité des finances n'aurait pas converti ou ne convertirait pas le séquestre en opposition, conformément à la loi du 23 frimaire dernier.

8. Les confiscations de biens prononcées contre les faux-

[illegible], fabricateurs et distributeurs de faux assignats, par des jugemens rendus par les tribunaux ordinaires, dans les formes prescrites par la loi du 16 septembre 1791 et autres interprétatives ou additionnelles, sont maintenues.

9. Il n'est point dérogé, par l'article premier, aux lois précédentes qui ont décrété la confiscation des biens des émigrés : en conséquence, nonobstant la disposition dudit article premier, sont maintenues les confiscations des biens de ceux dont les noms sont inscrits sur la liste des émigrés, et qui ont été condamnés ou exécutés comme tels, même par les tribunaux révolutionnaires, commissions militaires, ou par les tribunaux ordinaires ou autres jugeant révolutionnairement.

10. Les parens des condamnés ou exécutés pour fait d'émigration, et qui prétendront que leurs noms ont été inscrits mal à propos sur la liste, pourront se pourvoir en radiation dans la forme ordinaire ; et si cette radiation est prononcée, la confiscation sera sans effet.

11. Les héritiers qui voudront ainsi établir la preuve de non-émigration, seront tenus de présenter leur réclamation et les certificats de résidence, dans le délai de deux mois, à peine de déchéance. Les réclamations déjà rejetées par le ci-devant conseil exécutif ou le comité de législation ne pourront être reproduites.

12. Les parens de ceux qui ont été pris ou sont décédés les armes à la main, combattant contre les Français, ne pourront pas user de la faveur accordée par les articles précédens, dans le cas même où le nom de l'individu ne serait pas inscrit sur la liste des émigrés.

13. Les comités de législation et des finances feront incessamment un rapport sur les secours que la loi du 10 mars 1793 accorde aux veuves et enfans indigens des condamnés, et dont les biens demeurent confisqués aux termes du présent décret.

Section II. — *Du Mode de Restitution.*

16. Les inventaires, partages, cessions, estimations et autres arrangemens faits en vertu des lois précédentes, entre les agens du trésor public, les veuves des condamnés et les associés de leurs maris, seront exécutés, en satisfaisant par les veuves et associés aux conditions desdits arrangemens, et en payant aux héritiers la part qui serait revenue au trésor public, si la restitution ci-dessus accordée n'avait pas eu lieu.

15. Lorsque le condamné à mort naturelle ou civile n'aura laissé ni enfans ni ascendans, le conjoint survivant jouira pendant sa vie de l'usufruit de la moitié des biens qui avaient été confisqués et qui sont restitués, si mieux il n'aime opter ses avantages légaux ou conventionnels, qui lui appartiendront outre sa part dans la communauté.

Il sera tenu de faire cette option dans le délai de deux mois, à compter de la publication de la présente loi; passé ce délai, il sera réduit aux droits qu'il avait par la loi ou la coutume, ou par convention ou disposition.

16. Si le condamné a laissé des enfans, ou un ou plusieurs ascendans, l'usufruit accordé par l'article précédent ne sera que du quart des biens restitués, sauf l'option énoncée audit article.

17. Les biens meubles et immeubles qui avaient été frappés de la confiscation levée par la présente loi, et qui seront encore sous la main de la République, seront remis au conjoint survivant, aux enfans ou autres héritiers; auquel effet, les scellés seront reconnus et levés sans préjudice aux droits des créanciers.

18. Les survivans ou héritiers ne pourront rien réclamer du trésor public pour restitution de loyers, intérêts ou fruits perçus par la République, jusqu'au 14 floréal dernier. Ces objets resteront compensés avec les frais de gardien et de séquestre; ils ne pourront rien réclamer non plus contre le

trésor public, pour défaut de rentrée des créances ni pour retard de réparations ; ils reprendront les choses dans leur état actuel, sauf les droits qu'ils pourront faire valoir devant les tribunaux contre les particuliers, administrateurs ou préposés qu'il accuseront d'enlèvement, de soustraction ou d'autres abus.

19. Les bijoux, or, argent et autres effets des condamnés, qui ont été déposés dans les greffes ou autres lieux, lors de leur arrestation ou condamnation, et qui existent encore en nature, seront remis à leurs héritiers.

20. Les bois de haute-futaie qui auraient été coupés ou abattus par les ordres de corps administratifs ou agens nationaux, seront estimés, eu égard à leur valeur au temps de l'enlèvement, pour le prix être restitué de la manière ci-après indiquée.

21. Les ventes de meubles et immeubles des condamnés, faites antérieurement à la promulgation du décret de sur séance du 30 ventôse, sont confirmés. Le prix seul qui a été ou qui sera payé au trésor public sera restitué au conjoint survivant, ou aux héritiers du condamné.

22. Les receveurs, régisseurs ou séquestres fourniront dans le mois aux héritiers un état détaillé de ce que le trésor public a tiré par la suite des confiscations ci-dessus.

23. Cet état sera vérifié par les administrateurs du district, ordonnancé par ceux du département, chacun en ce qui les concerne ; et les sommes nettes portées auxdits états seront remboursées par les receveurs de districts dans les caisses desquels avaient été faits les versemens.

24. La totalité des remboursemens à faire par la République, en exécution de la présente loi, sera faite en bons au porteur admissibles en payement des biens d'émigrés seulement.

25. Toute prescription est déclarée interrompue à compter du jour de l'arrestation du condamné, jusqu'au jour de la publication de la présente loi.

(*Bull. des Lois*, 154, 1.re S., n.° 968).

Loi du 25 messidor an III,

Relative au mode de liquidation des créances et droits à répéter sur les biens nationaux provenant des confiscations maintenues par la loi du 21 prairial dernier.

La Convention Nationale, après avoir entendu le rapport de son comité de législation, décrète :

Art. 1.er Les créances et droits à répéter sur les biens nationaux provenant des confiscations maintenues par la loi du 21 prairial dernier, seront reconnus, réglés, liquidés et payés conformément aux dispositions de la loi du premier floréal an III (Voy. *Code des Émigrés*), sauf les modifications ci-après.

2. Tous titres à charge des individus dont les biens ont été confisqués, ne seront valables et n'auront d'effet à l'égard de la République, qu'autant qu'ils seront revêtus d'une date certaine, antérieure, savoir à la publication du décret de confiscation, d'arrestation, d'accusation ou de mise hors de la loi, pour ceux à l'égard desquels il a été prononcé en ces formes, soit nominativement, soit sous une dénomination générique ; et à la notification du mandat d'arrêt ou de prise de corps, pour ceux qui auront été jugés contradictoirement ou par contumace.

3. Le dépôt des titres à charge des condamnés n'aura lieu que pour les biens dont ils étaient saisis, ou auxquels ils avaient un droit ouvert au jour de leur jugement.

4. Toutes les dispositions des lois antérieures, contraires à celles de la présente sont rapportées.

(*Bull. des Lois*, 163, 1.re S., n.° 957).

Loi du 28 thermidor an III,

Relative aux jugemens rendus révolutionnairement depuis le 10 mars 1793, jusqu'au 8 nivose an III, portant peine afflictive ou infamante, etc. contre des personnes actuellement vivantes.

La Convention Nationale, après avoir entendu le rapport de son comité de législation sur l'insuffisance et les inconvéniens des lois des 29 nivôse et 11 pluviôse de l'an III (Voy. *ce Recueil*), décrète ce qui suit :

Art. 1.er Tous les jugemens rendus révolutionnairement depuis le 10 mars 1793 (*vieux style*) jusqu'au 8 nivose de l'an III de la République, contre des personnes actuellement vivantes, portant peine afflictive ou infamante, détention ou emprisonnement, sont déclarés non avenus, sauf les révisions et modifications suivantes :

2. Sont réputés jugemens révolutionnaires, dans l'intervalle énoncé en l'article précédent, ceux qui ont été rendus,

1.° Par le tribunal révolutionnaire établi à Paris;

2.° Par les tribunaux ou commissions populaires et autres instituées pour juger à l'instar du tribunal révolutionnaire de Paris;

3.° Par les tribunaux criminels de département, lorsqu'ils ont instruit et jugé autrement que sur une déclaration du juré ordinaire, conformément à la loi du 16 septembre 1791 ou sur celle d'un juré spécial tiré au sort, dans le cas où la même loi et autres de l'Assemblée Constituante l'ordonnaient;

4.° Par des tribunaux ou commissions militaires jugeant des individus non militaires et pour des faits à eux extraordinairement attribués.

3. Ces jugemens et les pièces du procès tiendront lieu de

dénonciation et de mandat d'arrêt devant le directeur du juré du district dans le ressort duquel on présume que le délit a été commis; ou devant celui du dernier domicile de l'individu, lorsque le lieu du délit ne sera pas déterminé, ou lorsqu'il sera dénoncé comme commis dans plusieurs districts.

4. Les prévenus seront en conséquence extraits des maisons ou lieux de force ou de détention, ou des prisons dans lesquels ils se trouvent, et conduits, sous bonne et sûre garde, de la maison d'arrêt auprès du tribunal de district compétent, et ce à la diligence des commissaires nationaux près les tribunaux des districts dans lesquels ils se trouvent.

5. En se conformant à la loi du 16 septembre 1791, le directeur du juré dressera, s'il y a lieu, un acte d'accusation dans la décade au plus tard après la remise du prévenu et des pièces.

6. Si le jury déclare qu'il y a lieu à accusation, l'accusé sera mis en jugement à la forme de la même loi et autres additionnelles ou explicatives.

7. S'il est déclaré convaincu, il sera condamné à la peine portée par la loi applicable au fait. Néanmoins, si cette peine se trouve plus grave que celle à laquelle il a été condamné par le premier jugement, le tribunal criminel ne prononcera que la confirmation de cette peine, et, dans tous les cas, imputera le temps de la détention.

(*Bull. des Lois*, 172, 1.re S., n.° 1031).

Loi du 1.er fructidor an III,

Qui applique diverses dispositions de la loi du 8 floréal dernier à ceux dont les biens sont frappés de confiscation.

(Voy. *Code des Emigrés*, pag. 249).

Loi du 6.e jour complémentaire de l'an III,

Relative aux bons au porteur admissibles en paiement des biens des condamnés.

(Voy. *Code des Émigrés*, pag. 261).

Loi du 18 ventôse an IV,

Qui déclare admissibles en cassation tous les actes en recours, adressés en temps et lieu à la Convention Nationale, et mentionnés sur les régistres des comités.

Le Conseil... etc... considérant qu'il est pressant de lever toute incertitude sur l'utilité des réclamations formées à la Convention Nationale par les condamnés, pour leur conserver le délai du recours en cassation.

Déclare qu'il y a urgence...... et prend la résolution suivante :

Art. 1.er Les réclamations adressées à la Convention Nationale par des pétitions ou par des lettres dans les délais déterminés par les lois des 16 septembre 1791, 27 septembre 1792, et 14 thermidor an III, de la part des condamnés par jugemens des tribunaux criminels, et mentionnés sur les registres des comités, sont déclarées utiles pour conserver le délai du recours au tribunal de Cassation, et suspendent l'exécution des jugemens de la même manière que si les réclamans s'étaient pourvus directement à ce tribunal.

2. En conséquence, toutes les pétitions de ce genre sur lesquelles il n'a point été définitivement statué par des décrets de la Convention Nationale, sont renvoyés au tribunal de Cassation, pour y être procédé conformément à la loi.

3. Les condamnés qui, sans avoir égard aux réclamations portées à la Convention Nationale dans les délais, ont été déclarés déchus par le Tribunal de Cassation pour ne s'être pas

pourvus à temps, sont remis au même état qu'avant les jugemens de déchéance, il sera de nouveau procédé en ce qui les concerne, ainsi qu'il est dit à l'article précédent.

4. Les registres dans lesquels sont enregistrées les pétitions des condamnés, seront clos et arrêtés dans les 24 heures de la promulgation de la présente résolution.

Le directoire exécutif est chargé d'y faire procéder par les ministres dans les bureaux desquels les registres sont déposés.

5. De pareilles réclamations ne pourront plus être adressées au Corps législatif; et s'il lui en était adressé, elles seront considérées comme non avenues.

(*Bull. des Lois*, 31, 2.me S., n.° 221).

Loi du 29 floréal an IV,

Qui affecte une somme au remboursement du prix des objets mobiliers enlevés d'une manière illégale, et non existans en nature.

Le Conseil, considérant que la justice et l'humanité réclament la prompte exécution des décrets rendus en faveur des héritiers des condamnés, des personnes rayées de la liste des émigrés, des détenus et de tous ceux à qui des effets ont été enlevés d'une manière contraire aux lois; que si des circonstances impérieuses n'ont point jusqu'ici permis de satisfaire entièrement à cette dette nationale, les besoins pressans de plusieurs citoyens qui se trouvent dans le cas d'une juste réclamation, ne permettent point qu'on diffère plus long-temps de rendre à tous une justice qui leur est due,

Déclare qu'il y a urgence..... et prend la résolution suivante :

Il sera mis à la disposition du ministre des finances une somme de douze millions, valeur fixe, pour effectuer le remboursement du prix des objets mobiliers qui n'ont pu ou qui ne pourront être rendus en nature aux héritiers des condamnés, aux personnes rayées de la liste des émigrés, et autres qui, d'après les lois sont fondées à faire des réclamations.

(*Bull. des Lois*, 48, 2.me S., n.° 408).

Loi du 20 prairial an IV,

Qui établit un mode pour statuer sur les prédécès de plusieurs individus, se succédant de droit et morts dans la même exécution.

Le Conseil.... etc.... considérant qu'il est instant de tracer aux tribunaux une marche certaine et régulière, lorsqu'il sera impossible de constater le prédécès de deux personnes se succédant de droit et mises à mort dans la même exécution.

Déclare qu'il y a urgence, et prend la résolution suivante.

Lorsque les ascendans, les descendans et toutes personnes qui se succèdent de droit, auront été condamnés au dernier supplice, et que mis à mort dans la même exécution, il devient impossible de constater leur prédécès, le plus jeune des condamnés sera présumé avoir survécu.

(*Bull. des Lois*, 52, 2.me S., n.° 453).

Loi du 5 germinal an V,

Qui lève le séquestre des biens des individus mis hors de la loi, à raison des conspirations et révoltes qui ont éclaté le 9 thermidor an II.

Le Conseil.... considérant que la loi du 21 prairial an III, déclare solemnellement qu'il y a plus de justice et de loyauté à rendre les biens aux familles de quelques conspirateurs, que de s'exposer à retenir ceux des innocens; que ce principe a servi de base à la loi du 2 fructidor an IV, rendue sur la demande de la famille Dubarry;

Considérant enfin que les dispositions d'une loi pénale, qui ne portent que sur quelques individus, ne peuvent trop tôt être écartées de la législation d'un peuple libre.

Déclare qu'il y a urgence..... et prend la résolution suivante;

ART. 1.er L'article 4 de la loi du 21 prairial an III, relatif aux biens des individus qui ont été mis hors de la loi, à raison des conspirations et révoltes qui ont éclaté le 9 thermidor, est rapporté.

2. Le séquestre desdits biens est levé: en conséquence les héritiers de ces individus en jouiront dans l'état où ils se trouvent actuellement aux charges de droit, et conformément aux dispositions de la loi du 21 prairial an III. (Voy. *la loi qui suit*).

(*Bull. des Lois*, 115, 2.me S., n.° 1102.).

Loi du 4 frimaire an VI,

Qui rapporte l'article 5 de la loi du 21 prairial an III.

Déclare les articles 1 et 2 de la loi du 5 germinal an V, applicables aux héritiers des condamnés par les tribunaux révolutionnaires réorganisés après le 9 thermidor an II.

(*Bull. des lois*, 161, 2.me S., n.° 1575).

Loi du 18 pluviôse an VI,

Relative à la liquidation des créances sur les condamnés.

(Voy. *Cod. des émigrés*, page 338).

ARRÊTÉ du 28 vendémiaire an IX,

Qui raye de la liste des émigrés ceux qui ont été exécutés en vertu de jugemens révolutionnaires.

(Voy. *Cod. des émigrés*, page 394).

EXPOSÉ

DES MOTIFS DU PROJET DE LOI,

Relatif aux Indemnités à accorder aux anciens possesseurs de biens vendus au profit de l'État ; par M. de Martignac, Ministre-d'État, Député, Commissaire du Roi à l'effet de soutenir la discussion dudit Projet.

Messieurs,

Le Roi nous a ordonné de vous apporter un projet de loi tendant à accorder une indemnité aux anciens propriétaires des biens fonds confisqués et vendus au profit de l'État, dans les temps de nos discordes civiles.

Les motifs qui ont déterminé le Roi à vous proposer ce grand acte de justice et de sagesse n'ont pas besoin d'être longuement développés devant vous. Lorsque les tempêtes politiques sont calmées, lorsque le règne des passions et des partis est arrivé à son terme, la raison et la vérité se font entendre d'elles-mêmes ; ce qui est généreux et juste, ce qui est utile et bon se manifeste à tous les esprits, se fait entendre à tous les cœurs, et ne peut plus être ni justifié ni expliqué.

Vous le savez, Messieurs, à cette époque de douloureuse mémoire, qui sépara la famille de nos Rois et le sol de la France, le cœur des hommes de bien fut incertain et partagé. Les uns jugèrent que la prudence, les intérêts de l'État et du pays, les attachaient au sol brûlant, mais toujours cher de la patrie ; d'autres virent l'honneur sur la terre étrangère où une royale infortune avait cherché un asile, et où la fidélité leur sembla devoir suivre le malheur ; un grand nombre de Français quittèrent alors leur pays, déjà menacé de tous les maux que traîne après soi l'anarchie : à Dieu ne plaise que nous tracions ici les sinistres événemens qui ont marqué ces temps de trouble et de désordre dont tous nos efforts doivent tendre à effacer le souvenir !

Nous ne rappelerons de tant de maux que ceux que la justice et la prudence ordonnent de réparer, et qui ne peuvent être oubliés qu'à ce prix.

Des actes sévères et menaçans rappelèrent en France ceux qui s'en étaient éloignés. Un refus que tout le monde comprend aujourd'hui attira sur eux des lois de vengeance et de fureur, l'exil éternel ou la mort.

Ces lois ne suffirent pas.... Il fallait chercher un moyen de frapper à la fois et les absens et leurs familles ; l'esprit de haine le trouva : leurs propriétés furent successivement séquestrées, confisquées et mises en vente ; des lois nombreuses ordonnèrent, ordonnèrent encore, pressèrent de toute la puissance de la force et de la terreur une expropriation trouvée trop lente.

Les biens des émigrés furent divisés, subdivisés et vendus.

Plusieurs années s'écoulèrent.

Lorsque les évènemens eurent changé la situation des émigrés et leur eurent permis de revoir la France, un nombre assez considérable d'entre eux y rentrèrent, et quelques-uns obtinrent la restitution de celles de leurs propriétés qui étaient restées au pouvoir de l'État.

Les choses étaient dans cette situation lorsque Louis XVIII remonta sur le trône des ses aïeux.

L'un des premiers désirs de son cœur fut sans doute de secourir ceux dont l'honorable détresse se rattachait à ses propres malheurs ; mais le premier besoin de sa sagesse fut d'assurer la paix publique dans le royaume qui lui était rendu. Vingt-cinq années avaient passé sur la France, et la profonde trace de leur passage se rencontrait à chaque pas.

La Charte, gage de sécurité, monument de modération, déclara toutes les propriétés inviolables et comprit expressément dans cette inviolabilité celles qu'on appelait *nationales*.

Elle proclama qu'entre les propriétés la loi n'admettait aucune différence; et vous savez, Messieurs, si cette déclaration du monarque législateur a été respectée en France.

Cependant ces familles, dépossédées pendant une absence aujourd'hui si hautement légitimée, dépouillées à leur retour de toute espérance de restitution, avaient à la bienveillance du Roi et à la justice du pays des droits qui ne pouvaient pas être méconnus. Leur champ, leur maison, l'héritage de leur famille, avaient été confisqués et vendus au profit de l'État. Auprès d'une nation généreuse et loyale, c'était là comme une sorte de créance qui ne devait pas être contestée.

Une indemnité devait donc être la suite de l'inviolabilité des contrats passés sous l'empire des confiscations.

Tous les cœurs le sentirent, mais le soin d'exprimer le premier ce noble sentiment appartenait à l'un des plus illustres chefs de cette armée qui fut quelque temps la consolation et toujours la gloire de notre patrie. La France conservera le souvenir de l'appel fait à sa loyauté par un noble pair, dès les premiers mois qui suivirent la restauration du trône légitime.

D'autres obligations, d'autres besoins, forcèrent d'ajourner l'exécution d'une mesure dont les esprits droits et les âmes généreuses sentaient dès-lors la convenance et la nécessité.

La Charte avait dit aussi : « La dette publique est garantie ; toute espèce d'engagement pris par l'État avec ses créanciers est inviolable. » Il fallait accomplir cette grande et solennelle promesse, et jeter ainsi, par ce haut témoignage de respect pour tous les engagemens contractés au nom de l'État, les vrais fondemens de la fortune publique.

On se contenta donc d'étendre à toutes les familles d'émigrés les remises faites à quelques-uns de leurs biens non-vendus, et de leur faire l'abandon des portions du prix de vente qui n'étaient pas encore rentrées dans les caisses du domaine. Telles furent les dispositions de la loi du 5 décembre 1814.

Bientôt des malheurs nouveaux vinrent assaillir la France. Les charges d'une longue occupation se joignirent aux charges déjà existantes ; le Roi et la France s'entendirent encore pour les acquitter. Le temps, les ressources de notre pays, l'esprit de justice et de loyauté qui anime ses habitans, et le crédit qui naît de la confiance et qui la soutient, en donnèrent l'heureuse possibilité.

Déjà Louis XVIII s'occupait de proposer aux Chambres les moyens de sceller, par un acte réparateur, une réconciliation générale ; déjà des réserves étaient préparées, lorsque les périls dont se vit menacé le roi d'Espagne, et la sûreté de nos frontières, nous imposèrent de nouveaux sacrifices. La guerre faite à la révolution espagnole retarda encore l'accomplissement d'un projet dès long-temps conçu par la royale sagesse.

Il vous en souvient, Messieurs, à l'ouverture de la dernière session, ce Roi juste et bienfaisant, dont vous ne deviez plus entendre la voix paternelle, vous exprima son désir de fermer les dernières plaies de la révolution. Vos ames comprirent aisément la sienne, et vos vœux appliquèrent ces consolantes paroles à la fidélité malheureuse et dépouillée.

Le moment est enfin venu où ce désir peut être satisfait, où cet acte d'une honnête et saine politique peut être accompli. La libération de l'arriéré, l'heureux état de nos finances, la puissance toujours croissante de notre crédit, la bonne et sûre intelligence qui règne entre le Roi et les autres Gouvernemens, permettent enfin de sonder cette plaie que la restauration a laissée saignante, et qui porte sur le corps entier, quoiqu'elle paraisse n'affecter qu'une de ses parties.

Le temps est arrivé où il est possible de dire à ceux qu'on a dépouillés de leur héritage et qui ont supporté ce malheur avec une si constante résignation : « l'État vous a privés de vos biens ; il en a transmis la propriété à d'autres dans des temps de trouble et de désordre ; l'État, rendu à la paix et à la légitimité, vient vous offrir le dédommagement qui est en son pouvoir ; recevez-le, et que la funeste trace des confiscations et des haines s'efface et disparaisse pour jamais. »

Tel est, Messieurs, le grand et légitime but du projet de loi que le Roi nous a ordonné de vous présenter.

Proclamé par la justice, sanctionné par l'intérêt général, le principe sur lequel ce projet repose a quelque chose de noble, de vrai, de satisfaisant, qui semble de nature à concilier tous les esprits, et qui n'a besoin que d'être énoncé.

De tous les droits dont la société permet et doit la conservation, le droit de propriété est sans doute le plus sacré, celui auquel se rattache plus fortement la garantie des autres.

De toutes les peines que peuvent prononcer les lois, et que doit appliquer la justice humaine, la plus cruelle, c'est la confiscation de tous les biens, châtiment odieux qui frappe le condamné jusque dans sa postérité, et par qui l'État s'enrichit des dépouilles de ceux qu'il a privés de leur père.

En 1790, elle fut abolie par un décret solennel, au nom de la justice et de l'humanité ; et peu de mois après elle fut rétablie au nom de la vengeance et de la haine.

Et comment le fut-elle ? par une mesure générale, prononcée et appliquée par la loi elle-même, et qui enveloppa toutes les familles de ceux que leur devoir et leurs dangers avaient contraints à fuir leur patrie. Elle ne se borna pas cette fois à dépouiller les enfans ; elle remonta pour frapper, et, héritière anticipée, elle alla saisir la part promise par la nature au fils émigré jusque dans les mains du père vivant.

Ces lois funestes ont disparu ; la confiscation judiciaire elle-même a été effacée de nos codes, où elle avait été replacée. Le Roi l'a abolie à son retour ; et sa sagesse éclairée, luttant d'avance contre les fautes de l'avenir, a déclaré qu'elle ne pourrait être rétablie.

Ces dispositions bienfaisantes n'ont pu rétroagir; elles n'ont pu franchir l'intervalle qui sépare le mois de mai 1814 du mois de janvier 1790, pour rejoindre ainsi l'un des premiers bienfaits de Louis XVIII à l'un des derniers bienfaits de Louis XVI.

Des transactions nombreuses avaient été passées sous l'empire des lois abolies; la prudence du monarque pacificateur les a maintenues. La Charte, qui a prêté à ces transactions l'appui de l'autorité souveraine et légitime, les a déclarées inviolables. Un respect entier, profond, sans réserve, sans controverse, est dû à cette auguste sanction.

Mais quand le respect pour le droit de propriété, quand l'obligation de réparer le dommage injustement souffert, ne seraient pas écrits aussi dans les lois de tous les peuples, il est dans les consciences quelque chose de plus fort que les lois elles-mêmes, qui avertirait que l'État, au nom duquel ces confiscations et ces ventes ont été faites, que l'État, qui a reçu le prix, qui en a joui trente années, doit un dédommagement à ceux qui furent ainsi violemment dépossédés.

Quelques voix cependant s'élèvent pour repousser cette réparation, que de si grands intérêts réclament.

On a demandé pourquoi les pertes dont l'émigration a été la cause seraient les seules pour lesquelles un dédommagement serait jugé nécessaire, pourquoi les malheurs de ce genre seraient la seule plaie qu'il fût juste et humain de cicatriser.

« La réduction de la dette publique, a-t-on dit, a privé les créanciers de l'État des deux tiers de leurs créances. Le *maximum*, les assignats, les désastres de la guerre, ont frappé de nombreuses familles. Pourquoi tous ceux qui ont été ainsi dépouillés n'auraient-ils pas des droits à une réparation qu'on ne veut accorder qu'à quelques malheurs et à quelques victimes? Il y a impossibilité de réparer toutes les pertes, et il y aurait injustice à n'en réparer que quelques-unes. »

Vous avez déjà, Messieurs, pressenti la réponse : sans doute la révolution a produit des maux de toute espèce ; on trouve des malheurs partout où l'on reconnaît la trace de ses fureurs et de ses folies.

Sans doute il faut renoncer à guérir tant de maux directs. Les richesses de la France rendue à l'ordre et à la légitimité ne suffiraient pas pour réparer les pertes qu'avait subies la France appauvrie par l'anarchie et par la licence.

Mais, si parmi ces maux que la révolution a faits, il en est que la justice signale comme les plus graves et les plus odieux, et la raison comme les plus funestes; s'il en est dont l'origine soit un attentat aux droits les plus saints, et la trace une cause toujours subsistante de division ou de haine, l'impuissance où nous serions de guérir tous les autres doit-elle nous empêcher de porter à ceux-là un remède qui serait en notre pouvoir?

Les émigrés ont tout perdu à la fois. Tous les maux qui ont pesé sur la France les ont frappés, et ils ont souffert, en outre, des malheurs plus graves encore et qui n'ont été réservés que pour eux.

Les créanciers de l'État, victimes d'une coupable infidélité, ont perdu les deux tiers de leurs créances, mais ils en ont conservé une partie; et la funeste mesure qui les a dépouillés de l'autre, leur a du moins laissé leurs autres propriétés.

Le *maximum*, les *assignats*, ont altéré et détruit, au préjudice des négocians et des capitalistes, les valeurs qu'ils avaient dans leurs mains; mais ils n'ont porté aucune atteinte à leur fortune immobilière.

Ceux qui ont souffert des maux de la guerre, ont vu dévaster leurs champs et leurs asiles; mais le sol au moins leur est resté.

Les lois sur les émigrés leur ont tout ravi aussi, leurs créances, leurs meubles, leurs revenus, mais, de plus, ces lois cruelles les ont privés, et les ont privés seuls, de leurs champs, de leur maison, de la partie de ce sol natal, pour la conservation de laquelle le propriétaire a droit de demander à la société protection et garantie.

C'est pour ce dernier malheur qu'une réparation est demandée. Celui-là sort de la classe commune; aucun autre ne peut lui être comparé. S'il n'est qu'une classe de victimes à qui une réparation puisse être accordée, c'est à celles qui l'ont souffert que la justice la doit.

Et si ce n'était pas à cause de l'étendue de la perte, Messieurs, ce devrait être à cause de son origine et de sa nature.

L'acte qui les a dépouillés, ce ne fut pas cette confiscation que des lois criminelles prononcent pour l'avenir contre un crime qu'elles signalent, et qui est destiné à être appliqué par les tribunaux. Odieuse, parce qu'elle frappe au delà du coupable, une pareille disposition offre du moins quelque garantie dans l'impartialité du juge qui doit l'infliger.

La confiscation lancée contre les émigrés ne fut pas une peine établie, mais une vengeance exercée. Ce fut la confiscation en masse, cette confiscation qui marche à la suite des proscriptions, celle qui fut jetée dans Rome par Sylla, et que la puissance de la force prononce contre tous ceux que poursuit son ressentiment.

Ces lois violentes, ces lois de colère qui portent atteinte soit à l'existence, soit à la propriété d'une masse entière de citoyens, sont de grandes calamités par lesquelles tous les fondemens de la société sont ébranlés.

Dès l'instant où la terre du plus faible peut passer par un acte d'autorité au pouvoir du plus fort, il n'y a plus ni garantie ni sécurité, et le lien social est brisé.

De tels actes sont des abus de la force, qu'aucun exemple ne peut justifier, et contre lesquels les amis de l'ordre, les écrivains courageux, les publicistes renommés, ont dans tous les temps élevé la voix.

Il importe qu'un exemple mémorable et utile pour tous apprenne que les grandes injustices doivent, avec le temps, obtenir de grandes réparations.

Cet exemple, c'est à la France qu'il appartient de le donner. C'est sous l'empire d'un Roi protecteur de tous les droits, c'est sous l'influence d'une Charte éminemment conservatrice, qu'il doit être offert avec franchise et loyauté, comme un gage de plus, comme une garantie nouvelle.

Aussi, Messieurs, le dédommagement qui ne peut être accordé pour toutes les pertes, doit l'être pour les suites de la confiscation prononcée contre les émigrés, d'abord parce que les pertes des émigrés ont été entières, et que celles des autres n'ont été que partielles; ensuite, parce qu'il y a dans la violence qui les a dépouillés de leurs biens quelque chose d'odieux et de dangereux qui demande, qui exige une réparation.

Mais ce n'est pas tout: des motifs d'une autre nature le disent assez hautement que les maux pour lesquels un remède se prépare ne peuvent être confondus avec les autres, et que les plus grands intérêts, les intérêts de tous, sont attachés à leur guérison.

Qui ne sent comme nous, Messieurs, le besoin d'effacer sur de nombreuses portions de notre terre la trace des confiscations? Qui ne sent surtout le besoin d'éteindre sans retour les divisions et les haines? et qui pourrait nier qu'une grande mesure qui atteindrait ce double but ne fût un véritable bienfait pour la France entière?

Cette mesure est celle que nous vous proposons.

Malgré la sécurité profonde où sont et où doivent être les nouveaux propriétaires, malgré l'irrévocable sanction accordée à leurs titres, l'opinion publique, il faut bien le dire, persiste à reconnaître encore la ligne que la loi a effacée.

Les biens confisqués sur les émigrés trouvent difficilement des acquéreurs, et leur valeur dans le commerce n'est point en proportion avec leur valeur matérielle.

L'indemnité allouée aux anciens propriétaires peut seule rendre commun à l'opinion le langage de la loi et de la Charte, et ce n'est que par elle que peut disparaître la différence qui existe encore entre les propriétés du même sol.

Par ce moyen, la réparation proposée profitera à l'État, en rendant des fonds devenus stériles pour lui à une circulation productive; mais elle lui profitera bien plus et bien mieux encore, en affermissant l'union et la paix, source première de toutes les prospérités.

Quelle que soit l'admirable résignation avec laquelle les anciens propriétaires ont supporté leur sort, il y a dans ce rapprochement continuel de l'homme dépouillé de l'objet matériel dont il a été privé et du possesseur actuel, une action constante qui ne permet pas aux souvenirs de s'effacer, et aux passions de s'éteindre. C'est le frottement qui entretient et ranime les plaies.

Sans doute ceux que la révolution a frappés dans leurs créances, dans leur état, dans leur fortune mobilière; ceux qui ont souffert du fléau de la guerre, conserveront de tant de pertes un souvenir pénible et douloureux; mais le ressentiment qu'ils éprouvent n'a pas du moins d'objet particulier présent; c'est la Loi, c'est l'État, c'est la guerre qu'ils accusent; leurs malheurs n'ont pas laissé dans des mains étrangères des monumens toujours subsistans destinés à frapper constamment leur vue, et à servir comme de plaintes continuelles et de reproches éternels.

De pareils souvenirs s'effacent; mais la confiscation immobilière n'est pas née de ces calamités dont la trace soit fugitive. Elle produit un souvenir vif et profond sans cesse présent, sans cesse renouvelé, qui s'identifie avec le sol, qui se perpétue avec lui, et qui, pour avoir sommeillé quelque temps, n'en est pas moins toujours prêt à se ranimer.

D'autres terres sont encore, après des siècles, sillonnées par ces volcans. Le Roi demande votre secours, Messieurs, pour les éteindre dans votre patrie, et déjà vos vœux sont allés au-devant des siens.

Nous vous proposons donc de reconnaître qu'une indem-

elle doit être allouée aux familles françaises au préjudice desquelles les biens-fonds situés en France ont été confisqués et vendus en vertu des lois sur les émigrés.

Le capital de cette indemnité doit représenter une valeur à peu près égale à celle qu'elle est destinée à remplacer. Une indemnité fractionnelle, un simple secours accordé au malheur, n'atteindrait pas le but que le Roi se propose, et vers lequel doivent tendre vos efforts. L'empreinte de la confiscation resterait toujours sur les biens vendus; les anciens propriétaires seraient encore dépouillés, et les deux classes de propriétés ne verraient pas s'opérer la fusion conciliatrice.

Il faut donc que le capital de l'indemnité représente approximativement le capital de la valeur perdue. D'accord sur le premier point, on doit l'être également sur celui-ci.

Les véritables difficultés commencent à l'exécution de la mesure.

Pour déterminer le montant de l'indemnité, la première obligation était de connaître la valeur des propriétés vendues, et rien ne peut offrir plus d'embarras à l'esprit que l'adoption d'une base pour cette appréciation.

Il était impossible de la chercher dans les impositions actuelles. D'une part, l'état des choses a subi, durant un intervalle de trente années, des modifications telles, que la valeur d'aujourd'hui n'est plus en rapport avec celle d'autrefois : des édifices ont été démolis ou élevés; des terrains ont été défrichés ou plantés, accrus ou diminués; des terrains incultes ont été mis en rapport; d'autre part, quelques fonds possédés par divers propriétaires ont été acquis par fraction et réunis sous une seule exploitation. D'autres, au contraire, ont subi des divisions diverses. Il serait impossible, si nous en avions acquis la certitude, de trouver l'application des articles compris dans le rôle actuel des contributions aux biens vendus depuis trente ans.

La plus grande partie de ces inconvénients se retrouvait dans l'estimation à faire par experts, et [illegible] assurerait d'autres d'une nature peut-être plus grave. Les visites et les expertises placeraient les nouveaux propriétaires en contact nécessaire et prolongé avec les anciens, et ne conduiraient qu'à des résultats vagues, arbitraires, appuyés sur des souvenirs et des conjectures. Elle mettrait ainsi aux prises les intérêts et les passions, sans aucune utilité pour la justice et pour la vérité.

Ce n'est pas tout. Le Gouvernement, en venant proposer aux Chambres une grande mesure qui exige un grand sacrifice, ne peut se présenter à elles qu'avec des documens qui leur permettent d'en déterminer l'étendue. Notre premier devoir était de vous la faire connaître, et ce devoir ne pouvait être rempli si la base de l'indemnité restait soumise à des opérations éventuelles dont il serait impossible de prévoir les résultats.

On avait pensé que les matrices de la contribution foncière existant à l'époque des ventes pourraient fournir des indications suffisantes; nous y avons recouru et il nous a été démontré qu'il fallait encore renoncer à cette voie. Les états de section, les matrices de rôles et les rôles de 1793 n'existent plus dans une grande partie des départemens. Le renouvellement de ces états ayant été opéré en 1797, 1801, 1802 et depuis, les matrices primitives ont été considérées comme inutiles et n'ont pû être conservées. Au surplus, leur incroyable inexactitude, que tout le monde connaît depuis long-temps, ne permet guère d'en regretter la perte.

Il a donc fallu recourir à d'autres moyens, chercher dans les actes qui étaient en notre pouvoir des documens positifs qui fussent de nature à écarter toute possibilité d'arbitraire, et qui offrissent toutes les garanties que peut comporter cette difficile opération.

Les ventes des biens d'émigrés ont commencé en 1793; elles ont continué pendant près de dix ans. Elles ont été faites contre des assignats, contre des mandats, contre des bons de remboursement des deux tiers, contre des bons

34..

du tiers consolidé, contre du numéraire. La valeur représentative des propriétés vendues a donc subi toutes les chances et toutes les variations qui se rattachent aux époques, aux localités et à la valeur des monnaies diverses reçues en paiement.

Les aliénations ont été opérées en vertu des lois différentes et nombreuses qui ont prescrit des formes diverses plus ou moins favorables à l'évaluation des prix.

Vous concevrez aisément, Messieurs, combien il était difficile de saisir au milieu de tant d'incertitudes et d'embarras une base satisfaisante à laquelle on pût s'arrêter avec quelque sécurité.

Celle qui se présentait avec le plus d'avantage était incontestablement le revenu de 1790, régulièrement constaté, évalué en numéraire d'après des documens alors récens et à peu près certains ; le revenu de 1790 offrait un point de départ d'où l'on pouvait arriver à la vérité.

Cette base se retrouve dans les ventes faites depuis la loi du 12 prairial an III. Toutes les lois postérieures à cette époque prescrivent l'indication dans les procès-verbaux du revenu en numéraire, valeur de 1790.

L'élément principal de cette fixation était pris dans les baux à ferme. On faisait entrer dans la composition du prix tout ce que le fermier était tenu de payer ou de faire, les impositions, les charrois, les corvées. On y comprenait même les dîmes, les droits féodaux et toutes les autres charges imposées par le bail au fermier, et dont la suppression récemment ordonnée devait tourner au profit du propriétaire.

A défaut de baux seulement on recourait au rôle de la contribution de 1793 qui était alors en vigueur : enfin pour les maisons et usines, des experts étaient chargés d'en faire l'estimation en capital et en revenu valeur de 1790.

Telles étaient les bases prescrites par la loi du 28 ventôse an IV, en vertu de laquelle a été faite la partie la plus considérable des ventes, et par les lois postérieures. L'exécution de ces dispositions se retrouve dans tous les procès-verbaux faits depuis cette époque.

Ces lois ont varié suivant les monnaies et les circonstances pour la formation du capital à l'aide de la multiplication du revenu. Les uns forment ce capital de soixante-quinze fois le revenu ; d'autres, de vingt-deux fois pour les immeubles ruraux, et de dix-huit pour les maisons ; on en trouve qui le portent à seize ; d'autres à dix et à six ; mais le point de départ est toujours demeuré le même ; c'est le revenu de 1790, et ce point de départ offre un moyen facile de fixer la valeur numéraire des immeubles vendus.

Les ventes faites en exécution de ces lois sont au nombre de 81,455. Le revenu des fonds compris dans les ventes évaluées dans les procès-verbaux s'élève à 34,620,580 fr. 79 c. En multipliant ce revenu par 20, c'est-à-dire dans la proportion juste et ordinaire, on trouve une somme capitale de 692,407,615 fr. 80 c. Cette somme représente, avec autant d'exactitude qu'il est possible de l'espérer, la valeur des immeubles vendus.

L'application de cette règle porte sur plus de la moitié en somme des ventes opérées ; mais il a fallu recourir à d'autres voies pour les adjudications antérieures au 12 prairial an III.

Les premières lois qui ordonnèrent la vente des biens d'émigrés, n'avaient pas prescrit l'évaluation des revenus de 1790 ; elles n'avaient ordonné qu'une simple estimation des lots mis en vente.

Quelques procès-verbaux faits en exécution de ces lois contiennent bien l'indication des baux de 1790 comme élément de l'estimation de la propriété, mais ce sont là des exceptions qui ne pouvaient pas servir de règle.

L'administration des domaines a fait faire, par des agens, de recherches de toute espèce, afin de déterminer, par d'autres documens que les procès-verbaux, les revenus de 1790. L'opération demandée a été faite, mais ceux qui y ont présidé dans les départemens ont fait connaître l'insuffisance des moyens qu'ils ont pu employer et le peu de garantie qu'offraient les résultats.

On a alors cherché une base dans l'estimation qui avait précédé l'adjudication, en appliquant le tableau de dépréciation au montant de l'estimation et au jour où elle a été faite; mais on s'est aisément convaincu du peu d'exactitude de ces opérations, et on a reconnu que le prix de l'adjudication déterminé par les enchères se rapprocherait davantage de la vérité.

Pour obtenir ce résultat, il fallait appliquer, non comme on l'a fait habituellement, le cours des jours où les paiemens successifs ont eu lieu, ce qui ne laissait au prix stipulé aucune valeur déterminée, mais celui du jour où l'adjudication a été faite. On a fait cette application à l'aide de l'échelle de dépréciation dressée à la trésorerie, et on est demeuré convaincu encore qu'elle ne donnait pas au produit une valeur approximative de celle de l'immeuble.

Un nouvel essai a été alors tenté, et celui-là était indiqué par les réflexions les plus justes et les plus naturelles.

Pendant la durée des assignats, rien n'a été plus mobile, plus varié, plus indécis que le cours de cette monnaie. Soumis à l'action immédiate de la politique, tirant toute leur valeur du fanatisme de l'opinion ou de l'empire de la crainte, les assignats ont dû subir dans chaque localité l'influence des partis et des circonstances. On en a la preuve en jetant les yeux sur les tableaux de dépréciation rédigés dans les divers départemens, et en y voyant que le même jour les assignats sont cotés à 75 pour cent dans un département, et à 27 dans un autre.

La raison et la justice indiquaient qu'il fallait recourir à cette voie; que les résultats des adjudications devaient être en rapport nécessaire avec la valeur d'opinion donnée aux assignats dans le lieu où les adjudications ont été faites; que le prix devait avoir été plus ou moins élevé suivant la dépréciation plus ou moins considérable du signe monétaire.

On a donc fait faire aux ventes antérieures à la loi du 12 prairial an III l'application du tableau des départemens où elles ont été consommées. Le résultat de cette opération dans son ensemble, a donné plus du quart en sus de la somme produite par l'application de l'échelle de la trésorerie. Rapprochée ensuite du revenu de 1790, indiqué, mais seulement d'une manière approximative, par les directeurs des domaines des départemens, il s'est trouvé que cette base donnait pour terme moyen entre 18 et 19 fois le revenu.

Nous sommes dès-lors demeurés convaincus qu'au milieu des difficultés qui s'offrent ici de toutes parts, il convenait de s'arrêter à ce dernier parti, dont nous pouvons vous indiquer les résultats.

370,617 ventes ont été faites sous l'empire de ces premières lois. Le nombre en est beaucoup plus considérable que dans la principale catégorie, parce que les fonds vendus étaient alors beaucoup plus morcelés.

Le produit des adjudications déterminé par l'application de l'échelle de la trésorerie, offrait un capital de 469,306,630 fr. 99 c.

Le même produit sur le tableau des départemens présente une masse de 605,352,992 fr. 16 c., c'est-à-dire 136,046,361 fr. 17 c. de plus.

Le capital formé par la multiplication du revenu de 1790, tel qu'il avait pu être approximativement déterminé, se serait élevé à environ 660 millions.

La différence n'est donc que d'environ 55 millions.

Tels sont les résultats de la mesure proposée pour la partie des ventes que n'a pas précédée l'indication du revenu de 1790.

Nous ne prétendons pas qu'elle soit sans inconvéniens, ni même que les inconvéniens qu'elle offre soient légers. Nous reconnaissons que cette égalité apparente que le terme moyen peut offrir, et qui se retrouve dans les masses, ne se retrouvera pas toujours dans les applications de détail; nous ne doutons pas au contraire que ces applications ne présentent souvent des inégalités multipliées et considérables.

Ce n'est qu'après avoir fait essayer tous les autres modes que la réflexion, l'expérience, les recherches ont pu indiquer, qu'on s'est déterminé à proposer au Roi celui que nous vous présentons.

Il importait essentiellement, et vous le reconnaîtrez avec nous, de trouver des bases positives, uniformes, dont l'emploi ne pût rien laisser à l'arbitraire, et dont l'application se bornât à une opération matérielle. Le mode proposé offre cet avantage, et vous verrez tout à l'heure qu'il rend la liquidation de l'indemnité aussi simple dans son exécution que sûre et impartiale dans ses résultats.

Convaincus, comme vous le serez tous, Messieurs, de la nécessité d'une disposition absolue et générale, et des dangers sans nombre qu'offrirait la multiplicité des catégories et des exceptions, nous avons écarté presque toutes celles qui se sont présentées.

Une seule exception nous a paru devoir être faite pour ceux qui sont rentrés en possession de leurs biens, et vous concevrez aisément, Messieurs, sa justice et sa nécessité.

Ainsi, la loi du 9 floréal an III prescrivait à tout ascendant dont un émigré se trouvait l'héritier présomptif, de faire dans un délai déterminé la déclaration de ses biens et de son passif. L'estimation et la liquidation opérées, on réglait le partage, et la part qu'aurait eue l'émigré était attribuée à l'état.

C'est ce qu'on appelait le partage de *présuccessions* ?

L'article 20 autorisait l'ascendant à racheter, au prix de l'estimation, les portions de ses anciens biens réunies au domaine de l'état. Ces rachats ont dû être et ont été en effet assez fréquens.

Dans ce cas particulier, il est évident que la propriété n'a pas changé de maître, que la confiscation n'a coûté au propriétaire et à sa famille d'autre sacrifice que le montant de l'estimation payé pour rachat de la portion confisquée, et que le remboursement de la valeur réelle de la somme payée est la seule indemnité qui doive être accordée.

Aussi, vous proposons-nous de décider que, dans ce cas, l'indemnité sera égale au montant de l'estimation, et que pour fixer la valeur réelle de la somme payée, l'échelle de dépréciation du département, pour les assignats, et le tableau du cours pour les autres effets publics seront appliqués à chacune des sommes versées à la date des versemens.

La même règle doit être suivie dans des situations pareilles.

Ainsi, il est arrivé souvent que les parens et les amis de l'émigré ont acheté des biens confisqués pour lui ou pour sa famille, et que la propriété est ainsi revenue directement à ses anciens possesseurs.

Ce cas particulier est nécessairement compris dans l'exception que nous venons de rappeler. Lorsque l'ancien propriétaire ou ceux qui le représentent, auront acquis de l'état les biens confisqués sur la tête du premier, l'indemnité sera composée d'un capital égal à la valeur réelle des sommes qui auront été payées à l'état.

Enfin l'émigré ou ses héritiers ont quelquefois racheté leurs anciennes propriétés de ceux qui les avaient acquises.

Dans ce cas, l'indemnité doit être égale à la valeur réelle qu'ils justifieront avoir payée pour le rachat; mais elle ne pourra jamais excéder celle qui est déterminée par les dispositions générales de la loi.

Si la justification n'est pas faite, le prix du rachat sera présumé avoir été le remboursement des valeurs réelles versées par l'acquéreur originaire dans les caisses de l'état, et l'indemnité sera réglée sur cette base.

Telles sont les seules dispositions spéciales que nous a paru devoir contenir le projet de loi; elles apporteront dans les résultats définitifs quelque réduction qu'il n'est pas possible d'évaluer encore.

Il faudra déduire du capital représentant la valeur des biens vendus le montant des sommes payées à la décharge des émigrés, et dont la liquidation a été faite, d'abord par les administrations départementales, ensuite par le conseil général de la liquidation, et enfin par l'administration des domaines. Il a été fait un relevé de ces divers paiemens.

On n'a pas compris dans ce relevé les secours donnés aux femmes et aux enfans des émigrés, les gages de leurs domestiques et les autres charges de la même nature, acquittées pour eux par les directoires de district. Ces paiemens s'élèvent à 77 millions; mais ils ont été prélevés sur le prix des meubles, sur les revenus des biens sequestrés; et comme l'indemnité ne se compose que du prix des immeubles vendus, on a cru juste de ne pas porter en déduction des charges étrangères à la propriété et qui ont été prélevées sur d'autres produits.

On a joint seulement aux sommes liquidées par suite de la confiscation des propriétés foncières, les reliquats d'escompte versés dans les mains des anciens propriétaires ou de leurs familles depuis la loi du 5 décembre 1814.

Ces diverses déductions qui devront s'opérer sur le compte de chaque émigré pour les sommes payées à lui, s'élèvent à 329,940,645 francs.

Dans l'état actuel des choses, voici donc ce que présentent les documens que nous avons sous les yeux.

Les biens dont le revenu a été évalué, et dont la valeur se trouve formée par la multiplication de ce revenu, s'élèvent à . . . . 692,407,615 f. 80 c.

Ceux dont la valeur est déterminée par le prix d'adjudication réduit sur l'échelle des départemens, représentent une somme de . . . 605,352,992 f. 16 c.

La valeur totale s'élève donc à . 1,297,760,607 f. 96 c.

Report.	1,297,760,607 f. 96 c.
La masse des déductions indiquée par le relevé du passif est portée à .	307,940,645
Le capital pour lequel l'indemnité doit être accordée demeure donc fixe à	987,819,962 f. 96 c.

Ainsi que vous l'avez aisément pressenti, il ne peut être question de payer un capital aussi considérable aux familles dépossédées. C'est un intérêt juste et modéré qui peut leur être alloué, et cet intérêt doit être demandé, non aux impôts, mais au crédit ; non par un emprunt qui enlèverait une partie des avantages, mais par une émission de rentes au profit de ceux à qui l'indemnité est dévolue.

Le projet de loi tend donc à créer, en leur faveur, des rentes nouvelles. Ces rentes représenteront un intérêt de 3, au capital de 100.

Dégagé des contributions et de toutes les charges diverses qui pèsent sur la propriété immobilière, un revenu de 3 pour 100 offre au propriétaire devenu rentier, un dédommagement équitable ; et ce n'est pas à ceux qui ont attendu si long-temps sans murmure et sans plainte, qu'il sera nécessaire de faire remarquer qu'il s'agit pour le pays de reconnaître près d'un milliard de capital et de créer 30 millions de rentes.

Il vous est donc proposé, Messieurs, d'autoriser l'émission de trente millions de rentes à 3 pour cent.

Vous concevez aisément encore que cette émission ne peut être simultanément opérée. Trop de fortunes, trop d'élémens de prospérité sont attachés au crédit, pour qu'il soit permis de le compromettre par des mesures précipitées et imprudentes. L'intérêt de tous, l'intérêt particulier de ceux à qui des dédommagemens vont être offerts, commandent des précautions et des ménagemens.

C'est dans le crédit qu'ils trouveront l'accroissement naturel de leur propriété nouvelle. L'atteinte que ne manquerait pas d'y porter une émission disproportionnée, ferait passer dans leurs mains des valeurs affaiblies, et cette exécution empressée, loin de les servir, leur serait évidemment funeste.

Le projet de loi divise par cinquième les rentes dont il propose l'émission.

Les propriétaires dépossédés, ou leurs familles, recevront, chaque année, à partir du 22 juin prochain, un cinquième du montant de l'indemnité liquidée en leur faveur. Les intérêts de chaque cinquième courront du jour où l'inscription est autorisée par la loi, de telle manière que les embarras et les retards de la liquidation ne pourront, dans aucun cas, porter préjudice à ceux qui les auront éprouvés; ils n'en auront pas moins un droit égal aux intérêts successifs qui augmenteront, chaque année, d'un cinquième, jusqu'à l'inscription intégrale.

Telles sont les bases proposées pour l'évaluation de l'indemnité; tel est le mode qui a paru juste, possible et convenable pour son paiement. Un projet de loi particulière et purement financière vous fera connaître tout-à-l'heure les moyens à l'aide desquels le gouvernement croit pouvoir, dans l'intérêt commun, régler et assurer l'exécution de ces mesures.

Après avoir ainsi déterminé l'indemnité, le projet de loi qui nous occupe a dû indiquer ceux qui sont appelés à la récueillir, et tracer les règles à suivre pour la liquidation.

Les premiers dont il reconnaît les droits sont :

Les anciens propriétaires, et sur ce point, il ne saurait y avoir de difficulté.

A leur défaut, il admet les héritiers en ligne directe ou collatérale, suivant l'ordre de successibilité, qui seraient appelés à représenter l'émigré à l'époque de la promulgation de la loi.

Le principe de la loi actuelle, l'esprit dans lequel elle est conçue, ne laissent aucun doute sur la nature de l'indemnité allouée. Elle est la représentation de l'immeuble confisqué; elle est le remboursement d'une valeur injustement perçue. Sa cause se rattache donc à la propriété, et le droit qu'elle consacre aujourd'hui a sa source dans la confiscation consommée depuis trente années.

L'indemnité semblerait dès-lors pouvoir être considérée comme ayant toujours fait partie des biens ou des actions possédées par l'ancien propriétaire; et de là on pouvait conclure, d'une part, qu'elle aurait pu être comprise dans une disposition testamentaire; de l'autre, que son application devait être faite à ceux des héritiers qui auraient été appelés par les lois existantes à l'époque où la succession s'est ouverte.

Les plus puissantes considérations nous ont paru s'élever contre l'admission de cette conséquence.

Le droit reconnu et consacré par la loi actuelle n'a formé long-temps qu'une espérance légitime, qu'une expectative juste et naturelle, mais qui, aux yeux de la loi civile existante, n'était pas de nature à être comprise dans la disposition de l'homme, et ne peut être présumée y avoir été comprise.

D'un autre côté, en faisant remonter l'application de la loi actuelle à l'ouverture des successions respectives des anciens propriétaires, nous manquerions le but que nous devons chercher à atteindre.

C'est en faveur des enfans, et, à leur défaut, des parens les plus proches; c'est en faveur de ceux qui représentent de plus près l'homme dépossédé, que les remises de confiscation ont toujours été prononcées, à quelque titre qu'elles fussent faites, soit de don, soit de restitution, soit de désistement.

C'est aussi aux familles dépouillées, aux familles que la révolution a frappées, que vous destinerez l'indemnité que le projet de loi prépare.

Si vous faites rétroagir son application, vous trouvez dans un intervalle de trente années trois législations différentes, sous l'empire desquelles la succession devra être divisée et ensuite subdivisée toutes les fois qu'elle aura été ouverte à plus d'un degré.

Ainsi vous n'appelleriez pas les parens les plus proches, ceux qui forment réellement la famille, ceux à qui vous destinez le dédommagement; mais les représentans des héritiers, lesquels seraient souvent aujourd'hui étrangers à l'ancien propriétaire.

Ce n'est point ainsi qu'a été comprise et exécutée la loi du 5 décembre 1814. Son article 2 portait que les biens non-vendus seraient rendus en nature à ceux qui en étaient propriétaires ou à leurs héritiers ou ayant cause. La loi ne contenait aucune autre indication.

Des difficultés se sont élevées entre les héritiers et les légataires, et la jurisprudence de la Cour de Cassation s'est prononcée en faveur des premiers.

Mais l'application a été constamment faite par la commission instituée pour l'exécution de la loi aux héritiers actuels, à ceux qui représentaient l'ancien propriétaire à l'époque du 5 décembre 1814, et aucune réclamation ne s'est élevée à ce sujet.

Ce qui a été fait pour les remises des biens en nature, nous a paru devoir été fait encore pour l'indemnité représentative des biens vendus, non à cause des principes qui ont pu déterminer cette exécution, mais à cause de l'exécution elle-même; il ne nous a pas semblé possible d'admettre que le partage des biens provenant du même individu pût être réglé par deux lois opposées, et opéré entre des héritiers différens.

Tels sont en substance, les motifs qui ont déterminé la disposition que contient le projet de loi, disposition importante dont l'examen appellera votre attention toute entière.

Après avoir ainsi établi les conditions de l'admission, la loi doit régler le mode à suivre pour parvenir à la liquidation. La marche sera simple et facile.

Les anciens propriétaires ou leurs héritiers se pourvoiront devant le préfet du département où sont situés les biens-fonds vendus. Ils joindront à leur demande les titres et les actes propres à établir leur qualité et les droits que cette qualité leur donne.

Le préfet transmettra la demande au directeur des domaines ; celui-ci dressera les bordereaux d'indemnité conformément aux dispositions que nous avons déjà fait connaître.

Ces bordereaux contiendront le nom de l'ancien propriétaire, la désignation des biens vendus et la date des ventes. Ils contiendront ensuite l'indication du montant de l'indemnité déterminée par les articles 2, 3, et 4 de la loi, selon la classe à laquelle appartiendront les biens désignés.

Ces opérations n'auront rien d'embarrassant ni de difficile ; elles reposent toutes sur des actes authentiques et sur des calculs positifs ; elles ne peuvent, dans aucun cas, prêter à l'arbitraire ou à la partialité.

Le préfet transmettra les pièces et les bordereaux au ministre des finances ; il y joindra son avis, tant sur les droits et qualités des réclamans que sur les énonciations des bordereaux.

Le ministre des finances fera vérifier le montant des soultes des dettes, des compensations, des reliquats de décompte dont se compose le passif de chaque émigré, et il en fera dresser l'état.

Le bordereau et l'état seront transmis à une commission chargée d'en apprécier l'exactitude et la régularité.

Nous avons pensé qu'il convenait que cette commission fût composée d'hommes qui, par leur position sociale, leurs lumières, la nature de leurs travaux habituels offrissent la plus rassurante garantie de justice et de capacité ; le projet de loi y appelle des ministres d'état, des conseillers d'état, des maîtres de la cour des comptes, des maîtres des requêtes pour y remplir les fonctions de rapporteurs.

Vous jugerez aisément, Messieurs, du degré de confiance

que mérite une semblable réclamation; son premier devoir sera de s'assurer des droits et des qualités du réclamant.

Si elle pense que leurs titres sont insuffisans, que leur justification est irrégulière, ou si, en sa présence, il s'élève des contestations entr'eux sur leurs droits respectifs, elle s'abstiendra de statuer : comme alors il s'agira de prononcer sur des questions d'état et de qualités, ou de faire reconnaître des droits dont l'examen n'appartient qu'à l'autorité judiciaire, elle renverra les réclamans à se pourvoir devant les tribunaux.

Les tribunaux statueront, après avoir entendu le magistrat qui remplit auprès d'eux les fonctions du ministère public.

Quand la justification des qualités aura été reconnue suffisante, ou quand il y aura été statué par les tribunaux, la commission ordonnera la communication aux intéressés des bordereaux dressés dans les départemens, et de l'état des déductions opérées par le ministre des finances : elle recevra les mémoires et observations, et procédera ensuite à la liquidation définitive, conformément aux bases déterminées par la loi.

Cette opération terminée, elle donnera avis de sa décision aux ayant-droit, et elle la transmettra au ministre des finances, qui devra faire opérer l'inscription de rente, dans les délais qui ont été prescrits.

Avec les bases certaines et les facilités d'une application purement matérielle, les précautions qui viennent d'être indiquées paraîtraient sans doute suffisantes pour offrir une parfaite sécurité.

Cependant, le projet de loi prévoit encore la possibilité d'une erreur, et dans ce cas il ouvre aux réclamans et au ministre des finances, défenseur naturel des intérêts du trésor, la voie du recours devant le Roi en son conseil d'état.

Telle est, Messieurs, la marche tracée pour parvenir à la liquidation des indemnités : nous avons espéré qu'elle vous paraîtrait convenable et satisfaisante.

Nous avons parlé jusqu'à présent des confiscations immobilières, en les rattachant uniquement à l'émigration. Les émigrés ne sont cependant pas les seuls sur lesquels se soit appesantie cette funeste mesure, et les ventes dont les résultats vous sont déjà connus, comprennent deux autres classes dont il importe de vous entretenir en peu de mots.

Indépendamment de ses bannis qui nous ont occupés, la révolution a eu aussi ses déportés. Les déportés ont eu également leurs biens vendus et leurs familles dépouillées et ruinées. Il est presque inutile de dire que les dispositions que nous venons d'indiquer leur sont applicables et doivent leur être communes.

Ce n'est pas tout; d'autres familles, dont la ruine se rattache à des souvenirs plus douloureux encore, partageront aussi avec les premières les effets de votre justice.

Pendant la durée des fureurs révolutionnaires, la confiscation a toujours suivi et presque toujours expliqué la mort: personne n'a oublié cette *monnaie sanglante* que la révolution s'applaudissait de frapper sur nos places publiques.

Les biens des condamnés furent aussi confisqués et mis en vente.

Cependant, ceux qui avaient dépouillé les victimes ne tardèrent pas à reculer devant leur propre ouvrage.

Des lois du 13 ventôse et du 21 prairial an III abolirent les confiscations prononcées contre les condamnés : elles ordonnèrent la restitution des biens non vendus; et pour tenir lieu aux familles des propriétés dont la vente était déjà consommée, elles leur accordèrent, en remboursement du prix, *des bons au porteur*, admissibles seulement en paiement de biens d'émigrés. Ces *bons* ont pu être depuis compris dans la liquidation de la dette publique, et, à défaut de liquidation, ils ont été frappés de déchéance.

En considérant les héritiers des condamnés comme de simples créanciers de l'Etat, il est certain que leurs réclamations pourraient être écartées; un sentiment impérieux nous a avertis qu'une pareille rigueur serait une véritable injustice, et la voix de la raison a comprimé en nous le cri du cœur et de la conscience.

Nous avons pensé que ce dédommagement illusoire laissait subsister la confiscation avec toute sa cruauté et toutes ses conséquences, et que c'était là le mal auquel nous devions apporter un remède.

Nous avons jugé qu'il était impossible d'opposer une réparation de ce genre aux enfans des victimes, et de déclarer que les plus malheureux étaient les seuls pour lesquels le jour de la justice ne devait apporter aucune consolation.

Le projet de loi comprend donc les familles des condamnés ainsi que celles des déportés dans la mesure réparatrice. Seulement, il a paru juste de déduire de l'indemnité qui doit leur être appliquée, la valeur réelle *des bons au porteur* qu'ils peuvent avoir reçus. Cette valeur sera déterminée par le cours du jour où la remise leur en a été faite. Ainsi, la loi actuelle, sévère dans son équité, ne leur accordera que le supplément nécessaire pour les placer dans une situation semblable à celle des autres propriétaires dépossédés.

Après nous être occupés des diverses classes de propriétaires, il a été de notre devoir de porter aussi notre attention sur le sort de quelques propriétés particulières.

Tous les biens confisqués au préjudice des émigrés n'ont pas été vendus par l'État; il en est quelques-uns dont il a disposé en faveur des hospices et autres établissemens de bienfaisance.

Les lois de la révolution avaient dépouillé les hospices de leurs biens et de leurs revenus. Celle du 16 vendémiaire an V leur rendit ceux qui n'avaient pas été aliénés, et ordonna que les autres seraient remplacés par des domaines nationaux du même produit.

En vertu de cette loi, des biens furent définitivement concédés aux hospices sur une estimation préalable; d'autres leur furent affectés par des dispositions provisoires.

La loi du 5 décembre 1814 s'occupa de ces propriétés; elle déclara excepter de la remise les biens dont il avait été *définitivement* disposé; elle ajouta, en ce qui touchait les biens qui n'auraient été que *provisoirement* affectés aux hospices, que la remise pourrait en être faite lorsque ces établissemens auraient reçu un accroissement de dotation égal à la valeur de ces biens.

Tel est l'état de la législation à ce sujet. La distinction faite par la loi du 5 décembre 1814 prescrivait clairement la mesure qu'il convenait d'adopter aujourd'hui.

Nous vous proposons de déclarer que les anciens propriétaires des biens donnés en remplacement aux hospices auront droit à l'indemnité. Ici la base était facile à trouver, puisque la concession a été précédée d'une estimation, et que cette estimation a été faite en numéraire. Quant aux biens qui n'ont été que *provisoirement* affectés aux hospices, le projet de loi porte que les anciens propriétaires pourront en demander la remise, en offrant de transmettre à l'hospice détenteur l'inscription de rente 3 pour cent, égale au montant de l'estimation qui lui aurait été accordée à titre d'indemnité. Tous les intérêts se trouvent ainsi garantis.

Les hospices ont reçu les biens provisoirement cédés pour une valeur égale au prix d'estimation; en leur offrant ce prix, on ne leur porte aucun préjudice, et la loi pourvoit à tout en ordonnant que la remise des biens ne sera opérée que lorsque la rente aura été inscrite en entier en faveur de l'ancien propriétaire.

C'est ainsi, Messieurs, que le projet de loi a pourvu, par des dispositions spéciales, à tout ce qui n'était pas prévu par le droit commun, et que sa sollicitude s'est étendue aux diverses classes de propriétaires et aux différentes catégories où se trouvent rangées les propriétés.

Ce n'est pas tout; et un autre objet également important et digne d'intérêt a appelé aussi notre attention et mérite toute la vôtre.

35..

Vous connaissez, Messieurs, la situation des émigrés, relativement à ceux de leurs créanciers dont les titres remontent à une époque antérieure aux confiscations.

Vous savez que les biens confisqués furent déclarés affranchis de toute charge et vendus libres d'hypothèque, et que les créanciers dont ces biens étaient le gage, furent déclarés créanciers de l'État.

Parmi ces créanciers, il en est un grand nombre dont les titres ont été liquidés, et qui ont été admis à les faire recevoir en paiement de biens nationaux, ou à les convertir en inscriptions sur le grand livre de la dette publique.

D'autres, au contraire, ont été frappés de déchéance faute d'avoir fait dans les délais prescrits les justifications ordonnées.

Au retour des émigrés, les créanciers non liquidés ont dirigé contre eux des poursuites, soit sur les biens qui leur étaient rendus, soit sur leurs autres propriétés.

La loi du 5 décembre 1814 prononça un sursis d'une année à toutes actions de la part des créanciers sur les biens dont elle ordonnait la remise, en les autorisant néanmoins à faire tous les actes conservatoires.

Les droits qu'ont aujourd'hui les créanciers non payés par l'État de poursuivre leur paiement sur les biens possédés par leurs débiteurs, résultent des principes généraux de la législation intermédiaire, et de la disposition même de la loi du 5 décembre 1814; mais l'exercice de ce droit nous semble pouvoir être restreint dans de justes bornes, en ce qui touche l'indemnité qui fait l'objet de la loi actuelle.

La confiscation remonte à plus de trente années; pendant ce temps, l'État a joui des fruits de l'immeuble ou des intérêts du prix. Il ne rend aujourd'hui qu'une valeur approximative du principal, et il retient tous les revenus. En augmentant les ressources du débiteur, et en offrant ainsi au créancier des garanties nouvelles, le pouvoir législatif peut et doit prendre en considération leur position respective.

Nous croyons que c'est être équitable envers tous les deux que de n'admettre l'opposition à la délivrance de l'indemnité de la part des créanciers antérieurs à la confiscation, qu'à concurrence du capital seulement, et sans intérêts pour le passé.

Remarquez bien, Messieurs, que le projet de loi n'entend faire porter cette restriction que sur l'indemnité. Elle ne porte aucune atteinte aux droits qui peuvent résulter, en faveur des créanciers, des titres dont ils sont nantis, ni aux actions qui peuvent leur appartenir sur les autres biens dans l'état actuel de notre législation.

Elle règle seulement dans un esprit d'équité qui doit présider à toutes les dispositions d'une loi de réparation et de conciliation, la part réservée au créancier qui fut privé de son gage, sur l'indemnité accordée au propriétaire qui fut dépouillé de son bien.

Il nous semble qu'il y a dans la disposition proposée quelque chose d'équitable qui doit satisfaire les consciences en maintenant les principes.

Il ne nous reste plus à vous entretenir que d'une dernière disposition dont vous apprécierez la convenance.

Il importe que la France connaisse, dans un délai déterminé, l'étendue précise, certaine et positive du sacrifice qu'elle se sera imposé; il ne serait ni juste ni politique qu'elle demeurât exposée à des réclamations sans terme.

Nous avons donc pensé qu'il convenait de fixer un délai après lequel les réclamations ne seraient plus admises. Ce délai doit être combiné de manière à laisser aux intéressés toute la latitude nécessaire pour connaître la loi, rechercher leurs titres et préparer leurs réclamations.

Nous vous proposons d'accorder un an à ceux qui habitent le royaume, dix-huit mois à ceux qui se trouvent dans les autres États de l'Europe, et deux ans à ceux qui habitent hors de l'Europe.

La loi détermine, en conséquence, le mode d'après lequel la date des réclamations sera constatée.

Tel est, Messieurs, dans son ensemble et dans ses détails, le projet de loi que nous venons soumettre à votre examen, et dont nous vous demandons l'adoption.

Simple dans son principe comme la justice et la vérité, le grand ouvrage auquel vous êtes appelés à concourir, offrait dans son exécution des difficultés réelles que nous n'avons pas cherché à vous dissimuler.

Le Roi compte, Messieurs, pour les aplanir, sur le concours de vos lumières et de votre patriotisme. Un acte de justice destiné à réparer de grands maux, une œuvre de paix et de conciliation propre à effacer les traces de nos divisions intestines, doit trouver en vous des appuis.

C'est le dernier vœu du monarque législateur dont la France chérit et vénère la mémoire.

C'est, vous l'avez dit, un legs pieux dont il a chargé son héritier, et que le Roi vous propose de reconnaître et d'acquitter avec lui.

M. le Président du conseil des Ministres remplace M. de Martignac à la tribune, et donne lecture du projet de loi ainsi conçu.

TITRE PREMIER. — *De l'allocation et de la nature de l'indemnité.*

« ART. 1.er Il est alloué une indemnité aux Français, anciens propriétaires des biens-fonds situés en France, confisqués et vendus au profit de l'État, en exécution des lois sur les émigrés.

» 2. Pour les biens-fonds, vendus en exécution des lois qui ordonnaient la recherche et l'indication préalables du revenu de 1790, ou du revenu valeur de 1790, l'indemnité consistera en une inscription de rentes trois pour cent sur le grand-livre de la dette publique, égale à *vingt* fois le revenu, tel qu'il a été constaté par les procès-verbaux d'expertise ou d'adjudication.

» Pour les biens fonds dont la vente a été faite en vertu des lois antérieures au 12 prairial an III, qui ne prescrivaient qu'une simple estimation préalable, l'indemnité se composera d'une inscription de rentes trois pour cent sur le grand-livre de la dette publique, égale au prix de vente réduit en numéraire au jour de l'adjudication, d'après le tableau de dépréciation des assignats, dressé en exécution de la loi du 5 messidor an V, dans le département où était située la la propriété vendue.

» 3. Lorsqu'en exécution de l'article 20 de la loi du 9 floréal an III, les ascendans d'émigrés auront acquis, au prix de l'estimation déclarée, les portions de leurs biens attribuées à l'État par le partage de présuccession, le montant de l'indemnité sera égal à la valeur réelle des sommes qui auront été payées. En conséquence, l'échelle de dépréciation des départemens pour les assignats et les mandats, et le tableau du cours pour les autres effets reçus en paiement, seront appliqués à chacune des sommes versées à la date du versement.

» 4. Lorsque les anciens propriétaires ou leurs ayans-droits seront rentrés en possession des biens confisqués sur leur tête, en les acquérant de l'état, l'indemnité sera reglée sur la valeur réelle qu'ils auront payée, et conformément aux règles établies par l'article III.

» Lorsqu'ils les auront rachetées à des tiers, l'indemnité sera égale aux valeurs réelles qu'ils justifieront avoir payées, sans que, dans aucun cas, elle puisse excéder celle qui est déterminée par l'article II. A défaut de justification, les ayans-droit recevront une somme égale aux valeurs réelles formant le prix payé à l'état.

» 5. Les rentes trois pour cent accordées à titre d'indemnité seront portées au grand-livre de la dette publique et délivrées à chacun des anciens propriétaires ou à ses représentans, par cinquième de la somme allouée, et d'année en année, le premier cinquième devant être inscrit le 22 juin 1825.

» L'inscription de chaque cinquième portera jouissance des intérêts du jour auquel elle aura dû être faite, à quelque époque que la liquidation ait été terminée et la délivrance opérée.

» 6. Pour l'exécution des dispositions ci-dessus, il est ouvert au ministre des finances un crédit de trente millions de rentes trois pour cent, qui seront inscrits, savoir : six millions le 22 juin 1825; six millions le 22 juin 1826; six mil lions le 22 juin 1827; six millions le 22 juin 1828; six millions le 22 juin 1829; avec jouissance pour les rentes inscrites du jour où leur inscription est autorisée.

Titre II. — *De l'admission à l'indemnité et de la liquidation.*

» 7. Seront admis à réclamer l'indemnité l'ancien propriétaire, et, à son défaut, les héritiers en ligne directe ou collatérale au degré successible qui seraient appelés à le représenter à l'époque de la promulgation de la présente loi.

» 8. Pour obtenir l'indemnité, les anciens propriétaires ou leurs représentans se pourvoiront devant le préfet du département où sont situés les biens-fonds vendus. Le préfet transmettra la demande au directeur des domaines du département, qui dressera le bordereau d'indemnité conformément aux dispositions précédentes.

» Le bordereau sera adressé par le préfet au ministre des finances, avec les pièces produites à l'appui de la demande. Il y joindra son avis motivé qui portera tant sur les droits et qualités des réclamans que sur les énonciations du bordereau.

» 9. Le ministre des finances vérifiera, 1.° s'il n'a pas été payé de soultes ou de dettes à la décharge du propriétaire dépossédé; 2.° s'il ne lui a pas été compté, en exécution de la loi du 5 décembre 1814, des sommes provenant des reliquats de décomptes de la vente de ses biens; 3.° s'il ne s'est pas opéré de compensations pour les sommes dues par lui au même titre : il sera dressé un état des déductions à opérer.

» 10. Le bordereau d'indemnité et l'état des déductions seront transmis par le ministre des finances à une commission de liquidation nommée par le Roi et composée de quatre ministres d'état, trois conseillers d'état, trois conseillers maîtres de la cour des comptes, et six maîtres des requêtes faisant fonctions de rapporteurs.

» 11. La commission procédera d'abord à la reconnaissance des qualités et des droits des réclamans.

» Dans le cas où elle jugerait la justification irrégulière ou insuffisante, elle les renverra devant les tribunaux pour faire statuer sur leur qualité contradictoirement avec le procureur du Roi.

» S'il s'élève entre les réclamans des contestations sur leurs droits respectifs, la commission les renverra également à se pourvoir devant les tribunaux pour faire prononcer sur leurs prétentions, le ministère public entendu.

» 12. Quand la justification des qualités aura été reconnue suffisante, ou quand il aura été statué par les tribunaux, la commission ordonnera qu'il sera donné copie aux ayans-droits des bordereaux dressés dans les départemens, et de l'état des déductions proposées par le ministre des finances, et elle procédera à la liquidation, après avoir pris connaissance de leurs mémoires et observations.

» 13. La liquidation opérée, la commission donnera avis de sa décision aux ayans-droit, et la transmettra au ministre des finances, qui fera opérer l'inscription de la rente pour le montant de l'indemnité liquidée dans les termes et délais qui ont été prescrits.

» 14. Les ayans-droits pourront se pourvoir contre la liquidation de la commission devant le Roi, en son Conseil-d'État, dans les formes et dans les délais fixés pour les affaires contentieuses.

» La même faculté est réservée au Ministre des finances.

Titre III. — *Des Déportés et des Condamnés.*

» 15. Les dispositions précédentes seront applicables aux biens confisqués et vendus au préjudice des individus déportés ou condamnés révolutionnairement.

» Sera déduit de l'indemnité *le montant des bons au porteur* donnés en remboursement aux déportés et aux familles des condamnés, en exécution des décrets des 21 prairial et 22 fructidor an III, réduit en numéraire au cours du jour où la remise leur en a été faite.

Titre IV. — *Des biens affectés aux hospices et autres établissemens de bienfaisance.*

» 16. Les anciens propriétaires des biens donnés aux hospices et autres établissemens de bienfaisance, soit en remplacement de leurs biens aliénés, soit en paiement des sommes dues par l'état, auront droit à l'indemnité ci-dessus réglée. Cette indemnité sera égale au montant de l'estimation en numéraire faite avant la cession.

» 17. En ce qui concerne les biens qui n'ont été que *provisoirement* affectés aux hospices et autres établissemens, et qui, aux termes de la loi du 5 décembre 1814, doivent être restitués lorsque ces établissemens auront reçu un accroissement de dotation égal à la valeur de ces biens, les anciens propriétaires ou leurs représentans pourront en demander la remise, en offrant de transmettre à l'hospice détenteur l'inscription de rentes trois pour cent égale au montant de l'estimation, qui leur aura été accordée à titre d'indemnité.

» La remise des biens ne sera opérée que lorsque la rente aura été inscrite en entier au profit de l'ancien propriétaire, conformément à l'article 5 de la présente loi.

TITRE V. — *Des Droits des créanciers relativement à l'indemnité.*

» 18. Les oppositions formées à la délivrance de l'inscription de rentes, par les créanciers des anciens propriétaires, porteurs de titres antérieurs à la confiscation, et non liquidés par l'état, n'auront d'effet que pour le capital de leurs créances.

TITRE VI. — *Des délais pour l'admission.*

» 19. Les réclamations tendantes à obtenir l'indemnité devront être formées, à peine de déchéance, dans les délais suivans, savoir : dans un an, par les habitans du royaume ; dans dix-huit mois, par ceux qui se trouvent dans les autres états de l'Europe ; dans deux ans, par ceux qui se trouvent hors l'Europe. Ces délais courent du jour de la promulgation de la présente loi.

» 20. Il sera ouvert dans chaque préfecture un registre spécial où seront inscrites, à leur date, les réclamations qui auront été adressées au préfet. Il en sera délivré aux intéressés, en ce qui les concerne, un extrait régulièrement certifié.

M. le président donne acte de la présentation, et propose à la Chambre, à cause de la haute importance de ce projet de loi et de l'incertitude de l'époque à laquelle il pourra être distribué, de ne fixer le jour de la réunion dans les bureaux qu'après cette distribution.

Cette proposition est unanimement adoptée.

(Voy. *Moniteur du 4 janvier* 1825, n.° 4.)

Ont été nommés membres de la commission chargée d'examiner le projet de loi soumis à la Chambre, MM. Pardessus, de Lastours, André, Miroy de l'Espinay, Descordes, Piet, de Callemard, Josse de Beauvoir, le vicomte de Lézardières.

(Voy. *Moniteur du 15 janvier* 1825, n.° 15.)

La commission a choisi dans son sein, pour rapporteur, M. Pardessus, conseiller à la Cour de cassation et député des Bouches du Rhône, qui a fait en son nom, dans la séance du 12 février, le rapport qui suit.

RAPPORT

Fait au nom de la Commission chargée de l'examen du Projet de loi sur l'Indemnité des Émigrés.

MESSIEURS,

L'indemnité des propriétaires de biens-fonds confisqués par l'effet des mesures révolutionnaires, a été, depuis quelques semaines, l'objet de l'examen de vos bureaux ; elle va devenir celui de vos discussions et de vos délibérations.

Le Roi dont la France porte le deuil et révère la mémoire, n'avoit jamais perdu de vue ce grand acte de justice et de politique ; il vous annonça que le moment de l'accomplir étoit arrivé, dans cette séance solennelle, la dernière où, entouré des pairs et des députés, il ait adressé la parole à son peuple. L'auguste héritier de sa couronne s'est empressé d'exécuter cette volonté sacrée ; il vous propose d'achever une réparation qui n'avoit pu être que commencée en 1814.

Nous avons été chargés d'examiner le projet présenté par

les ministres dans la séance du 3 janvier ; nous venons vous rendre compte de notre travail.

Pour nous écarter le moins possible de l'ordre adopté dans ce projet, nous commencerons par ce qui concerne l'indemnité en elle-même.

La confiscation, par suite de condamnations capitales, avait été abolie par des lettres patentes du 21 janvier 1790; elle fut rétablie les 30 août (1) et 2 septembre 1792 (2), non telle qu'autrefois, comme peine d'un crime défini, mais comme acte de vengeance et moyen de salarier les fureurs populaires; non comme l'effet d'une condamnation individuelle, mais comme résultat d'une proscription en masse.

Un intervalle de trente mois, au plus, sépare ces deux époques. Mais ce court intervalle fut un siècle de malheurs et de crimes; de la prison des Tuileries, le monarque était passé dans les cachots du Temple, et la hache fatale était déjà suspendue sur des têtes sacrées.

Deux voies furent ouvertes à la confiscation : l'inscription sur la liste des émigrés, dont l'effet était de dépouiller le propriétaire et sa postérité, pendant un demi-siècle, même d'ouvrir les successions de ses père et mère vivans; les condamnations, qui atteignaient ceux à qui on ne pouvait appliquer les lois contre l'émigration.

Ces deux moyens reçurent toute la force que la haine et l'artifice pouvaient leur procurer. Des attentats de tout genre, des violences de toute espèce forçaient à l'émigration, parce qu'on voulait confisquer. Des justifications de résidence compliquées, variant sans cesse et presque toujours impossibles à faire avec exactitude, furent exigées de ceux qui ne fuyaient pas. Les arrestations arbitraires empêchaient de renouveler

(1) Loi qui prononce la confiscation des biens de ceux qui seraient convaincus d'avoir excité et fomenté des troubles.

(2) Loi qui déclare les biens des émigrés, dès à présent, acquis à la nation.

les preuves de résidence, et, à défaut de ces preuves, on était inscrit sur les listes. Bientôt les mesures individuelles parurent trop lentes. Des classes de Français (1), des villes, des populations entières (2) furent déclarées émigrées, précisément pour des causes qui supposaient et prouvaient que les individus atteints par ces mesures atroces n'avaient pas quitté la France.

La tyrannie ne fut pas moins ingénieuse pour atteindre ceux que leur âge, leur sexe, le désir de ne pas quitter la terre natale, et l'observation de toutes les formes, avaient sauvés de la fatale inscription. La révolution proclama son Code pénal contre ceux qu'elle appelait ses *ennemis* (3); elle les proscrivit sous le nom d'*aristocrates* (4), de *conspirateurs* (5), de *traîtres* (6), le but de confiscation fut encore rempli (7).

Les maux que la confiscation (8) a produits ne sont, toutefois, qu'une partie des désastres qui ont pesé si douloureusement sur la France; des siècles d'administration économe et paternelle n'accumuleraient pas les sommes nécessaires pour réparer toutes les pertes, pour acquitter toutes les dettes

---

(1) Décret du 22 ventôse an II, qui assimile aux émigrés les ecclésiastiques reclus.

(2) Décret du 4 germinal an II, qui déclare émigrées les femmes et filles d'émigrés qui vendraient leurs biens.

(3) Décret du 23 juillet 1793, qui déclare émigrés ceux qui ne sortiront pas, dans les vingt-quatre heures, des villes de Lyon, Marseille, Bordeaux, Caen et autres, armées contre la Convention.

(4) Décrets des 9 avril 1793, 23 ventôse an II, 22 prairial an II.

(5) Décret du 27 mars 1793.

(6) Décret du 22 frimaire an II.

(7) Décret du 1.er août 1793.

(8) Décret du 8 ventôse an II, qui confisque tous les biens des ennemis de la révolution.

qu'ont créées les dilapidations de la licence, et les prodigalités de la tyrannie; et de là, peut-être, cette question dont la mauvaise foi et l'esprit de parti peuvent s'emparer, sans doute, mais que des hommes de bonne foi et dépouillés de tout sentiment de haine ont pu faire aussi : « pourquoi ne » s'occuper que d'une seule espèce de maux? pourquoi ne » pas restituer à tous ceux qu'on a dépouillés; ou, si cela » paraît impossible, pourquoi rompre cette égalité d'infor» tunes, sorte de consolation qui semblait rendre chaque » perte plus supportable? Indemnisez tout le monde, ou n'in» demnisez personne! N'allez pas réveiller dans un grand » nombre de malheureux, le sentiment de leurs douleurs, en » les rendant témoins de consolations ou de réparations qu'ils » ne sont point appelés à partager! »

Ces argumens qu'il est facile de rendre spécieux par l'éclat d'une élocution brillante ou l'adresse de sophismes habilement enchaînés, perdent leur force apparente lorsqu'on les examine dans le calme de la réflexion; et, vous le savez, Messieurs, c'est par la raison et non par l'exagération des sentimens, que la société doit être régie.

Ces argumens, qui ne seraient pas même vrais, s'il ne s'agissait que d'exercer des actes volontaires de bienfaisance, le sont bien moins encore lorsqu'il s'agit de réparations, s'il n'est personne qui osât dire que le nombre excessif des malheureux dispense d'en soulager aucun, qui donc plus hardi, disons mieux, plus inconséquent, oserait prétendre que la multitude des injustices commises au nom du peuple, le dispense d'en réparer aucune.

Oui, les révolutions produisent et consomment des injustices si grandes en elles-mêmes, si multipliées par le nombre des victimes, si prodigieusement divisées dans leurs conséquences médiates ou immédiates, que l'imagination reculant d'effroi devant leur ensemble, n'ose concevoir la possibilité de les énumérer.

Parmi les maux qu'elles enfantent, il en est d'irréparables : il en est qui s'étendent à toutes les classes, depuis le rang le plus auguste jusqu'aux plus obscures existences.

Mais quand la main de Dieu a cessé de s'appesantir, lorsque le calme reparaît et que l'ordre se rétablit, si, parmi tant de malheurs, il en est dont la trace soit assez visible pour qu'on puisse signaler, et ce qu'il faut guérir, et le remède qu'il convient d'apporter, quel pourrait être le motif de s'y refuser? De même qu'en logique, on ne doit pas nier une vérité, parce qu'elle se rattacherait à des antécédens ou à des conséquences moins évidentes; de même, en politique ou en morale, il ne faut pas refuser de réparer une injustice, parce que d'autres aussi révoltantes seraient irréparables; et la crainte de n'être pas juste en tout et pour tous, ne doit jamais conduire à la conséquence désespérante qu'on ne doit l'être en rien et pour personne.

Obligée de choisir entre des désastres qu'elle voudrait réparer tous, afin que la mémoire en fût abolie pour tous, la société doit arrêter naturellement ses regards sur un malheur qui a réuni tous les autres ensemble, la confiscation des biens des proscrits; non-seulement parce que cette confiscation accumulait sur celui qui en était frappé et sur sa famille, l'universalité des pertes qui n'ont été supportées que partiellement par les autres citoyens; non-seulement parce que le prix des biens confisqués a servi à supporter des charges auxquelles on n'aurait pu parer que par d'autres taxes et d'autres moyens de finance révolutionnaires, mais surtout parce que la violation du droit de propriété est le plus grand des attentats dans l'ordre civil, celui qui met la société dans le plus imminent péril, puisqu'elle n'a jamais lieu que sous le despotisme ou l'anarchie.

C'est pour constituer et garantir la propriété que la société existe; et l'on peut dire qu'elle est dissoute partout où la propriété cesse d'être respectée. La loi qui a dit, *tu ne tueras point*, est aussi celle qui a dit, *tu ne dépouilleras personne.* C'est lorsque s'arrogeant le droit de vie et de mort, de prétendus législateurs, installés sur les débris du trône, violèrent le premier de ces préceptes, en créant les mises hors la loi, les proscriptions, les assassinats permanens, qu'elles se crurent en droit de violer le second; et quand l'horreur générale a fait justice de l'une de ces violations, l'autre mériterait-elle plus de respect ou de ménagemens?

On est donc amené par la force des principes, à reconnaître que, de tous les malheurs causés par la révolution, la confiscation est le principal, celui peut-être qui exige le plus impérieusement d'être réparé.

Mais ne doit-on pas en conclure aussi que toute confiscation doit être réparée, et que la loi qui choisirait, parmi les victimes d'une mesure également funeste, également odieuse, ne laissant aux uns que les consolations d'une stérile pitié, et rétablissant les autres, si ce n'est dans l'intégralité, du moins dans une partie de leur fortune, s'accuserait elle-même d'injustice?

Au premier examen du projet, votre commission n'a pu se dissimuler que, relatif aux propriétaires de biens-fonds, il passait sous silence ceux dont la révolution a confisqué l'actif mobilier. Elle n'avait pas attendu les diverses pétitions que vous lui avez renvoyées, pour faire valoir le juste intérêt qu'inspirent ceux qui vous ont adressé leurs réclamations. Mais, fixée sans cesse, ainsi que vous le serez peut-être vous-mêmes, sur le principe que l'impossibilité est, pour les Etats, comme pour les particuliers, une barrière devant laquelle doivent s'arrêter les plus généreuses intentions; convaincue que par suite de sa volonté d'être juste, la France ne saurait être réduite à supporter des charges intolérables, ou qui compromettraient son crédit; que dans une position qui ne permet pas de remédier à tous les maux, il faut avant tout guérir ceux dont l'existence compromet le plus la société; votre commission s'est rendue à la force des raisons qui n'avaient pas permis au Gouvernement de proposer d'indemnité pour les valeurs mobilières confisquées.

Lorsque la société est réduite à faire un choix parmi les désastres à réparer, s'il en est qui, indépendamment du caractère de maux *passés* particuliers, sont encore un mal *présent* général, dont le résultat instant et perpétuel soit de former en quelque sorte deux peuples dans la même patrie, et d'entretenir les souvenirs amers des uns et les inquiétudes secrètes des autres, l'existence d'un tel état de choses, les suites qu'il peut avoir, imposent à la politique, non moins qu'à la justice, l'obligation de le faire cesser le plus tôt possible.

Les confiscations de la propriété foncière ont précisément le caractère que nous venons de signaler. Le deuil de l'intérêt, quelquefois aussi vif, souvent plus durable que celui de la nature, s'affaiblit par le temps, si rien n'en retrace l'objet à la mémoire; il s'alimente par les souvenirs et s'accroît par la présence de l'objet ravi; ce n'est pas sans avoir étudié le cœur humain, que de grands publicistes ont dit qu'après le retour de l'ordre légitime dans un pays agité par de terribles révolutions, le premier, le principal soin du Gouvernement devait être de restituer aux proscrits les héritages qui leur avaient été enlevés, ou de les indemniser de ceux que l'État avait transmis à des tiers.

Nous ne croyons pas que le principe sur lequel est fondé le projet de loi puisse être contesté. Mais il nous a paru que l'article 1.er devait être rédigé d'une manière qui en déclarât plus exactement l'intention, et qui garantît que la totalité de la somme allouée sera consacrée, sans réserve, à l'acquittement de la dette dont nous avons reconnu la justice.

Pour mieux exprimer cette pensée, nous vous proposons de fixer, dans cet article, comme principe, le montant de l'indemnité à la somme de trente millions de rentes, qui, dans l'article 6 du projet, est représenté comme conséquence. En discutant l'article 2, nous aurons occasion de donner quelques développemens à nos motifs, que, dans ce moment, nous nous contentons d'indiquer.

L'article second fixe le mode d'évaluation des biens confisqués et aliénés.

Des plans divers ont été communiqués à votre commission; elle a dû se livrer à leur examen; elle a cherché à connaître aussi ceux qui avaient été publiés par la voie de la presse. Elle doit cet hommage à la vérité qu'elle n'y a pas trouvé une seule idée d'amélioration, un seul mode d'exécution qui n'eût aussi été présenté dans vos bureaux. Il faut en excepter toutefois les plans dont le résultat serait de porter une atteinte quelconque, directe ou indirecte, aux garanties données par la Charte. Votre commission connaît trop vos sentimens et ses devoirs, pour qu'elle se croie permis de vous en rendre compte.

Pour bien apprécier les plans qui vous seront présentés, il importe, avant tout, d'être d'accord sur un point fondamental.

Entend-on que les indemnités doivent être liquidées et payées par l'État, à quelque somme que s'élève le total? Veut-on que l'indemnité soit limitée à trente millions de rente.

Dans le premier de ces deux systèmes, il est impossible de se dissimuler à quels dangers on exposerait la fortune publique, quand ce montant total ne devrait point, en dernier résultat, excéder un milliard; nous ne pouvons méconnaître ce qu'a de fâcheux l'incertitude sur le *quantùm* d'une dette qu'on ne peut payer avec des ressources présentes, ou du moins certaines, quoique futures, mais à l'aide du crédit.

Les hommes qui placent leurs capitaux dans les fonds publics d'un État, connaissent son budget; ils en étudient avec soin les évaluations, et leur raison, éclairée par leur intérêt, fait promptement justice de tout ce qui aurait un extérieur de prospérité sans consistance; de tout ce qu'il y aurait d'exagéré dans l'évaluation des ressources, de dissimulé dans l'exposé des besoins.

Une fois qu'ils ont reconnu que l'État dont ils consentent

à devenir créanciers, balance avec exactitude et fidélité ses dépenses par ses recettes, ils examinent le montant de la dette publique, le moyen d'extinction graduelle, et par conséquent les chances légitimes de hausse dont les effets de cette dette sont susceptibles. Ces calculs, base essentielle de tout crédit, ne tolèrent aucune indétermination; il faut donc rejeter tout système qui tendrait à laisser de l'incertitude sur le montant de l'indemnité, et reconnaître que l'affectation de 30 millions de rente est une limite qu'on ne saurait dépasser.

Arrivés à ce point, il s'agit de trouver des bases pour attribuer cette somme à ceux à qui elle est due.

L'exposé des motifs qualifie lui-même votre position : « Les véritables difficultés commencent à l'exécution de la » mesure (1). »

Vous connaissez les bases que le ministère a choisies; elles ne paraissent pas, en général, avoir obtenu l'assentiment de vos bureaux. Elles ont été l'objet d'une longue et sévère critique; plusieurs projets diamétralement opposés ont été présentés en remplacement; on a paru douter qu'il fût possible de l'améliorer; on a conçu l'espoir que votre commission en substituerait un autre.

C'est dans cette sorte de préoccupation peu favorable au projet, que nous avons commencé l'examen et la discussion de l'article 2; et loin de nous rassurer contre la crainte des inégalités, cet examen et des renseignemens qui nous sont parvenus de toutes parts, font craindre que ces inégalités ne soient fréquentes et souvent considérables.

Le projet, comme vous le savez, distingue en deux classes les ventes des biens confisqués.

La première, qui est la seconde dans l'ordre du temps, comprend les ventes faites en vertu du décret du 12 prairial an 3, qui avait prescrit qu'aucune adjudication n'aurait lieu

(1) Page 530.

sans indiquer le revenu de 1790. Le ministère propose de multiplier ce revenu par 20, et de fixer au capital produit par cette multiplication, le montant de l'indemnité. Cette base qui, au premier coup-d'œil, semble n'offrir ni injustice en elle-même, ni inégalité proportionnelle, n'est pas néanmoins à l'abri de ces reproches. Les lois, qui ne sont pas toujours exactement observées dans les temps de calme et lorsque le Gouvernement est puissant, sont bien plus fréquemment violées ou éludées dans des temps d'anarchie. Il est notoire que souvent des administrateurs ou des experts ne déclaraient pas le véritable revenu de 1790; que ce revenu était atténué pour produire une mise à prix ou une estimation plus faible; et que, de là, résulteraient dans l'application de la base proposée, des lésions, quoique moins nombreuses que dans la seconde classe dont nous allons vous parler.

Cette seconde classe comprend les ventes antérieures au 12 prairial an 3, pour lesquelles une simple mise à prix, dont le montant était laissé à la volonté des administrations et de leurs bureaux, commençait l'ouverture des enchères. Dans l'impossibilité d'appliquer à ces biens la même règle qu'aux autres, le ministère propose de s'arrêter au prix d'adjudication réduit d'après l'échelle de dépréciation de chaque département. Mais de fortes objections s'élèvent; de nombreuses réclamations nous font craindre que certains objets ne soient évalués infiniment au-dessous de ce que produirait, pour des biens de même valeur intrinsèque, la base adoptée pour la première classe, et que d'autres ne dépassent ce résultat.

C'était donc pour nous un devoir d'examiner avec d'autant plus d'attention les projets qu'on proposait de substituer à celui du ministère. Nous allons vous soumettre les résultats de nos réflexions.

Quel que soit le mode d'évaluation qu'on préfère, une fois qu'il est reconnu que la limite de 30 millions de rente ne doit pas être dépassée, on est forcé de choisir entre les deux partis suivans : ou faire évaluer la totalité des biens vendus, afin de répartir les 30 millions sur le capital de ces évaluations; ou distribuer dès à présent ces 30 millions entre les départemens, et confier à des pouvoir locaux le soin de la sous-répartition, d'après les règles qui seraient prescrites.

Dans l'une et l'autre hypothèses, il faut déterminer par quels moyens et sur quelles bases l'indemnité sera assise.

Les uns ont proposé de faire des estimations *actuelles*, d'après les renseignemens, la notoriété et tout ce qui peut éclairer sur la valeur des immeubles, en prenant des précautions de publicité et de contrôle capables de prévenir des fraudes.

Ce système offre tant de difficultés, il ouvre une si vaste carrière aux intrigues, à la corruption, ou lorsque la corruption aura tenté de vains efforts, aux calomnies, qu'il n'est pas possible de l'envisager dans toutes ses conséquences sans être effrayé.

Les membres de cette Chambre qui appartiennent aux tribunaux, ceux que leurs propres intérêts forcent quelquefois de recourir à des appréciations, connaissent tout ce que les experts éprouvent de difficultés pour déterminer la valeur qu'un bien avait il y a un petit nombre d'années. Que sera-ce lorsqu'il faudra se reporter à trente ans? recomposer, par la pensée, des domaines extrêmement divisés au moment même de la vente, et bien plus encore subdivisés depuis; déclarer combien ces corps de biens auraient pu être vendus, si, au lieu de l'être en détail et nationalement, ils l'avaient été en bloc et patrimonialement; rechercher, par conséquent, dans quel état ils étaient alors, nonobstant tous les changemens de forme et de culture qu'ils ont subis.

Quand on trouverait des hommes qui pourraient et voudraient faire cette opération; quand on serait sûr que leurs évaluations seront toutes exactes, toutes en proportion les unes avec les autres, n'est-on pas frappé d'autres inconvéniens plus graves, peut-être, que signale l'exposé des motifs, et qui ne doivent pas échapper à votre prévoyance ?

D'autres, justement frappés des difficultés que nous venons d'indiquer sommairement, se sont rendus à l'idée, dominante dans cette question, qu'il fallait trouver des bases existantes antérieurement à la loi, qui, fussent-elles défectueuses, préviendraient du moins un arbitraire que tant de causes accessoires rendraient funeste. Ils ont proposé d'adopter la contribution foncière de 1791 ou 1793 ; quelques-uns ont préféré la contribution de 1824.

Un obstacle insurmontable peut s'opposer à ce qu'on opère d'après les contributions de 1791, 1793 et autres années rapprochées de l'époque des ventes. Le ministère nous a communiqué des pièces qui attestent que, dans la plupart des départemens, les rôles de ces années et leurs matrices n'existent plus.

Mais des considérations générales semblent repousser tout projet de se baser sur les contributions.

Vous savez quelle est encore aujourd'hui la disproportion entre les départemens. Le ministère est obligé d'avouer que, dans plusieurs, l'impôt est égal au cinquième du revenu réel; qu'ailleurs, il est à peine du douzième. Ce que vous ne connaissez, comme députés, qu'entre les départemens, vous le connaissez, comme membres de conseils-généraux ou d'arrondissemens, entre les communes; et, par votre propre expérience, de contribuable à contribuable, dans la même commune.

Cette inégalité était bien autre en 1791 et 1793, puisque tant de rectifications faites depuis cette époque n'ont pu la réparer encore.

On dira peut-être que l'inégalité n'existera que de département à département.

Mais d'abord, pour être moins patente, elle n'en existera pas moins. Vous savez d'ailleurs que, dans la sous-répartition, les inégalités sont aussi révoltantes que dans la répartition première; qu'aucun effort humain n'a pu parvenir, jusqu'ici, à trouver le remède; que si le cadastre a atténué ce mal, de contribuable à contribuable, dans la même commune, cette opération n'était pas faite à l'époque où les biens ont été vendus, et que précisément elle a révélé les vices des répartitions antérieures. Tout nous porte donc à croire qu'il résulterait de l'emploi de cette base des inégalités aussi choquantes que celles qui ont fait, et qui devaient naturellement faire accueillir avec défaveur le projet présenté par le ministère.

Supposons, toutefois, qu'elles dussent être moindres, il faut aussi reconnaître que les propriétés acquises par suite des confiscations ne sont point portées sur les rôles et les matrices d'une manière distincte des autres propriétés appartenant aux mêmes contribuables; les divisions et subdivisions à l'infini, résultat des seules mutations par succession, pendant trente ans, multiplient les difficultés d'une reconnaissance d'identité; un grand nombre de terrains vagues sont aujourd'hui des propriétés bâties; des maisons, à leur tour, ont changé de forme, et souvent même elles sont incorporées dans de plus vastes constructions, des objets incultes ont été défrichés et plantés; en un mot, la reconnaissance de chaque parcelle qui n'eût pas été sans difficultés, si on avait entrepris de le faire trois ou quatre ans seulement après les ventes, exigerait aujourd'hui un temps et des travaux immenses.

Et cependant, après qu'on aura vaincu ces premiers obstacles, si l'on croit possible toutefois de les surmonter; après qu'on aura reconnu l'identité de 450,000 ventes avec deux millions peut-être de parcelles provenant de subdivisions, l'application de la contribution payée par chacune de ces parcelles, offrira toutes les chances d'inégalités dont nous avons déjà parlé, et la répartition de l'indemnité participerait à l'inégalité de celle de l'impôt.

Quelques personnes ont cru qu'on pouvait combiner le prix des ventes, réduit d'après le tableau de dépréciation, avec les revenus de 1790 duement constatés. D'autres, avouant l'incertitude des bases fondées sur les contributions anciennes et nouvelles, ont désiré que les biens fussent évalués d'après les baux existans en 1790; mais ne pouvant se dissimuler qu'une partie des biens confisqués, lors même qu'ils étaient affermés, ne l'étaient pas par baux qui eussent des dates certaines; qu'une plus grande partie était occupée ou cultivée par le propriétaire, ou à colonage partiaire, ils ont proposé de consulter les registres des mutations, les actes d'acquisition, les renseignemens locaux; et, sans le vouloir, ils sont arrivés à proposer des appréciations par jury d'équité. Nous avons répondu suffisamment à tous les projets qui admettraient, ou qui, dans leur exécution exigeraient ce mode dangereux, tant par les inconvéniens qui ont été signalés, que par les dissentions ou les récriminations qu'il enfanterait dans chaque localité.

Jusqu'ici nous n'avons envisagé que les évaluations en elles-mêmes, sans considérer leur influence sur l'ensemble de l'opération. C'est sous ce rapport, surtout, que les inconvéniens des systèmes proposés se font sentir. Il n'y a, comme nous l'avons dit, que deux hypothèses générales entre lesquelles on puisse choisir, ou faire opérer toutes les évaluations, pour arriver à un allivrement, ou répartir, dès-à-présent, les trente millions de rente entre les départemens qui feront ensuite la sous-répartition.

Dans la première hypothèse, tout plan d'évaluation locale et partielle menace l'opération générale d'une sorte d'ajournement indéfini. Lorsqu'il s'agit de répartir un capital sur un autre, il faut que le total de ce dernier soit exactement connu.

Quand nous supposerions dans ceux qui sont chargés des évaluations, quels qu'ils soient, car nous ferons grâce de toutes les difficultés que présenterait la composition des commissions ou juris d'équité; quand nous leur supposerions un zèle et une assiduité infatigables; quand les bases à suivre par ces appréciateurs seraient simples et faciles à exécuter, nous ne doutons pas qu'il ne doive se passer plusieurs années avant que les ministres soient à portée de proposer au Roi l'allivrement de la répartition.

Mais si l'on ne peut s'empêcher d'avouer que, dans quelques départemens, et même dans un grand nombre, des incidens plus ou moins longs, plus ou moins impossibles à prévoir et à prévenir prolongeront l'opération, jugez du retard qu'éprouvera l'allivrement général, et demandez à chacun de ceux qui, dans le calcul de la réflexion, voudra juger sa position et son véritable intérêt, s'il ne préférerait pas une prompte jouissance accompagnée de quelques pertes, à l'espoir d'une amélioration qu'il faudrait acheter par une si longue attente.

Nous avons supposé encore que la plus scrupuleuse exactitude aura fait porter tous les biens et partout à leur valeur réelle. Mais n'a-t-on pas à craindre que, dans chaque localité, les personnes chargées du travail désirant, par l'excès d'un sentiment louable au fond, procurer à tous les ayant-droit de leur département une indemnité plus approximative de la perte réelle, ne surhaussent les évaluations; qu'on ne fasse précisément l'inverse de ce qui se passe tous les jours sous nos yeux, dans nos provinces, où certaines communes présentent leurs revenus imposables avec une telle atténuation que plusieurs paient une contribution foncière supérieure au revenu qu'indiquent les états de sections.

Dans la seconde hypothèse, la loi distribuerait dès-à-présent les 30 millions de rente entre les départemens où la sous-répartition serait faite par un moyen qu'elle prescrirait. Ce parti n'a pas, nous nous empressons de le dire, tous les inconvéniens que nous venons de signaler. Il préviendrait, d'abord, la tendance naturelle des localités à grossir les évaluations pour obtenir une plus forte part dans l'indemnité totale; et les lenteurs ou les retards d'un département ne nuiraient pas aux autres.

Mais d'après quelles bases les chambres feront-elles la répartition? On peut concevoir, à la rigueur, en ce qui concerne les contributions directes, comment le Gouvernement, à force de recherches, en combinant un grand nombre des renseignemens recueillis de longue main, et par divers agens qui se contrôlaient mutuellement, a pu arriver à croire qu'il connaissait par approximation les revenus imposables de chaque département. Au moins il y a quelques bases avouées et reconnues!

En effet, comment savons-nous qu'il y a pour 1,297,760,607 fr. 96 cent. de biens aliénés par suite des confiscations? d'après les bases que le ministre présente, bases que précisément ne veulent pas adopter ceux qui en cherchent d'autres. Comment savons-nous que, dans *tel* ou *tel* département, il y a pour *tant* de millions de biens vendus? Parce que le ministère le croit, d'après les mêmes bases qu'on lui conteste? Sera-ce, néanmoins, d'après ces bases contestées que vous répartirez les 30 millions de rente? Mais ceux qui le proposeraient seraient inconséquens! Si ces bases sont inégales et injustes, comme ne donnant pas aux biens vendus leur véritable valeur, comme puisées dans des élémens inadmissibles, elles ne peuvent servir pour une répartition entre les départemens. Si les chambres veulent prendre sur elles la responsabilité de cette répartition, il faut donc qu'elles soient éclairées sur le *quantum* des pertes; il faudra donc que les tableaux dressés par ordre du Gouvernement, ou tous autres élémens qu'on voudrait y substituer, soient soumis à leur critique et à leur discussion.

Ce n'est pas tout. Les élémens partiels présentés ou tous autres qu'on y substituerait, ne peuvent faire connaître que le prix des biens aliénés dans chaque département. Les déductions pour dettes ne peuvent être portées en compte, les dettes n'ayant point été liquidées au lieu de la situation des biens, mais au dernier domicile de celui qui était frappé de confiscation.

Il s'ensuit que les dettes liquidées dans un département pourraient ne s'appliquer à aucun des propriétaires de son territoire. Il s'ensuit que, dans le département de la Seine, par exemple, domicile de nos plus illustres proscrits, et d'un grand nombre d'anciens propriétaires dont la fortune était en province, on a pu payer des dettes pour des sommes égales ou supérieures aux biens vendus.

Cette seule considération démontre jusqu'à l'évidence qu'une répartition *à priori* entre les départemens n'est pas possible, et l'on est ramené forcément à la première hypothèse dont nous avons exposé les inconvéniens.

C'est ainsi, Messieurs, que l'examen de tous les projets parvenus à notre connaissance, et qui, variés dans les formes, se rattachent, pour le fond ou l'exécution, aux différentes bases générales dont nous vous avons entretenus, nous a conduits à cette triste conclusion, qu'aucun plan n'était exempt d'inégalités nombreuses et considérables; qu'adopter une base dépendante de l'appréciation et de la conscience des hommes, quelque justes et inaccessibles à la faveur qu'on les suppose, ce serait créer nécessairement un arbitraire plus dangereux pour la société, plus malheureux pour les individus, que la plus grande inégalité, la plus grande rigueur des bases qu'aurait posées la loi la moins parfaite; que substituer au projet proposé, d'autres projets qui ne sont pas davantage exempts d'injustice particulière, c'est déplacer les injustices et non pas les prévenir; que, de plus, dans tous ces plans, les résultats de l'opération sont ajournés presque indéfiniment, inconvénient qui ne peut manquer de vous frapper, et qui, la vérité nous commande de le dire, ne se rencontre pas dans le projet présenté par le ministère.

Dans une situation vraiment embarrassante pour votre justice, si vous n'avez à choisir qu'entre des bases défectueuses qui seraient votre ouvrage, et des bases défectueuses empruntées à des époques qui constituent une de ces nécessités contre lesquelles échouent tous les efforts humains, la prudence vous permet-elle de prendre sur vous la responsabilité d'une inégalité dont vous seriez les auteurs? N'y a-t-il pas plus de sagesse et peut-être plus de justice à la laisser retomber sur des mesures antérieures, véritable force majeure à laquelle il faut que tout cède, puisque le passé ne nous appartient plus.

Cependant, si la raison commande de céder à ce qui ne peut être évité, la prudence et la justice s'accordent à prendre quelque précaution pour alléger le mal auquel il n'a pas été possible de se soustraire.

Nous avons examiné s'il ne convenait pas de former un fonds commun, destiné à réparer les lésions énormes et évidentes.

Les inconvéniens de cette mesure sont grands; et toutes les difficultés signalées plus haut pour connaître la véritable valeur des biens, se reproduiront lorsqu'il s'agira de vérifier si celui qui se prétend lésé l'a été véritablement, et en quoi il a été lésé.

C'est même par ces considérations que nous avons renoncé à l'idée séduisante au premier aspect, de prélever sur le capital destiné à l'indemnité une somme pour composer ce fonds commun. Un autre motif nous a portés aussi à la rejeter. Nous n'avons pas l'assurance que la plupart des propriétaires de biens confisqués en recevront l'exacte valeur. Serait-il juste de les obliger à recevoir moins, par le seul motif que d'autres, peut-être, seront traités encore plus défavorablement?

C'est l'État seul qui devrait fournir le fonds commun, véritable complément de l'indemnité. Mais nous avons acquis, comme nous avons déjà eu l'honneur de vous le dire, la conviction que l'État fait tout ce qu'il peut faire, en accordant 30 millions de rente. Au-delà il serait injuste envers les contribuables, dont les intérêts doivent être balancés avec les sacrifices que la justice et la politique exigent; il nuirait à son crédit, en se privant des moyens de parer, si des besoins impérieux l'exigeaient, à des dépenses liées à sa propre conservation.

Néanmoins, en restant dans la limite que l'État croit pouvoir atteindre, il est possible de trouver un fonds de réserve.

Les 30 millions de rente ne seront pas entièrement absorbés par les indemnités réglées d'après les bases que propose le projet, puisqu'elles n'en portent le capital, toutes dettes déduites, qu'à 987,819,762 fr. 96 cent. Ce capital sera diminué encore par la différence entre le montant de l'indemnité et le prix de simple achat qui doit être payé à ceux qui sont rentrés dans leurs biens. D'autres déductions seront nécessairement le résultat d'un amendement que nous aurons l'honneur de vous proposer sur l'article 9 : les tableaux des biens vendus ne sont pas exempts de doubles emplois résultant de folles-enchères; on y a compris des biens qui ne peuvent être considérés comme biens confisqués. Il se peut aussi que les déshérences naturellement présumables, si l'on considère que les confiscations remontent à plus de trente ans, laissent quelques fonds libres.

C'est dans ce reliquat que, sans rien ajouter aux 30 millions de rente proposés au nom du Roi, vous pouvez trouver le fonds commun, et c'est le seul remède que, dans l'état des choses, nous ayons contre les inégalités que l'exécution de l'art. 2 peut entraîner.

Des séances nombreuses et assidues ont été consacrées à la discussion de cet article, le plus important, et aussi le plus difficile de la loi proposée. Nous n'avons refusé aucune des lumières qu'on nous offrait; nous les avons provoquées, et nous ne craignons pas de dire à chacun de ceux qui sont appelés pour juger notre travail : « Si vous connaissez quelque chose de mieux, n'hésitez pas à le faire connaître, vous le devez à la Chambre, à la France, au Roi. Nous applaudirons, avec sincérité, à celui qui aura trouvé l'heureuse solution du problême que nous avons essayé de ré-

» soudre. Mais, si vous reconnaissez que vos plans, vos pro» jets, n'auraient d'autres résultats que de substituer des iné» galités à d'autres inégalités, et de déplacer les inconvéniens, » au lieu de les détruire, acceptez ce que nous croyons le » moins défectueux, ce qui nous semble entourer de moins » de lenteur une opération où la célérité devient une partie » de la justice. »

Quelle que soit votre opinion, Messieurs, sur l'article que nous venons de discuter, il existe une autre classe de confiscation dont l'indemnité doit nécessairement être fixée d'après des bases spéciales.

Vous connaissez la législation dite des *présuccessions.*

A l'instant où la loi de confiscation eut été portée contre les émigrés, leurs ascendans furent soumis aux plus excessives rigueurs (1). Un décret du 17 frimaire an 2 les frappa d'un séquestre général; un autre, du 9 floréal an 3, ordonna que leur succession serait partagée à l'avance. Il est bien vrai que peu après le 11 messidor, l'exécution de ce décret fut suspendue; mais cette suspension n'eut point l'effet qu'en attendaient les hommes de bien qui l'avaient provoquée et obtenue. Le séquestre subsista toujours; et ces infortunés furent réduits à regarder comme un bienfait la loi du 20 floréal an 4, qui leur permettait de provoquer le partage de leur propre succession.

L'exécution de ces lois a donc produit une confiscation.

---

(1) Loi du 15 août 1792, qui consigne les pères et mères d'émigrés dans leurs municipalités respectives. — Décret du 12 septembre 1792, qui les oblige à fournir deux volontaires par chacun de leurs enfans, etc. — Décret du 28 mars 1793, article 5, qui leur interdit toutes ventes de leurs biens, et annulle toutes obligations par eux contractées depuis l'émigration de leurs enfans. — Décret du 10 juillet 1793, qui leur défend d'exploiter ou vendre leurs futaies. — Décret du 17 septembre 1793, qui les met au rang des personnes suspectes dont l'arrestation est ordonnée.

Si les ascendans ont été privés, par ces partages anticipés, d'une partie de leurs immeubles que la République ait aliénés à un titre quelconque, l'indemnité sera due suivant les bases de l'article second du projet, ou suivant celles que vous jugerez convenable d'y substituer.

Mais le décret du 9 floréal avait accordé aux ascendans la faible ressource d'acquérir de la République la portion qui leur était enlevée au mépris de toutes les lois naturelles et civiles. Plusieurs ont profité de cette faculté. Les biens étant ainsi restés dans les mains des propriétaires, une partie du mal causé par la confiscation se trouve déjà réparée; l'équité ne commande rien de plus que de remettre les choses dans leur état primitif, c'est-à-dire de réintégrer aux ascendans les sommes qu'ils ont versées; et ces sommes ne doivent être réintégrées que telles qu'ils les ont versées, c'est-à-dire d'après les tableaux de dépréciation : s'ils se sont libérés en papier-monnaie; d'après le cours des effets publics, s'ils ont payé en cette sorte de valeurs.

L'article 3 du projet ne nous a donc paru susceptible d'aucune objection. Nous avons aperçu, néanmoins, une difficulté dont la solution pourrait, sans doute, se trouver dans la combinaison des principes du droit commun et de l'équité naturelle, qu'il vaut peut-être mieux résoudre dans la loi, pour éviter des procès.

Il est arrivé quelquefois qu'à la mort de l'ascendant, dont la succession avait été partagée de son vivant, les cohéritiers de l'émigré ont imputé à ce dernier, sur sa part héréditaire, les valeurs que l'ascendant avait abandonnées à la République. Dans le plus grand nombre de successions, les cohéritiers ont consenti que cette confiscation fût considérée comme un malheur de famille; et les partages ont été faits sans imputation.

Il ne s'agit point de distribuer le blâme ou l'éloge sur ce qui a été fait dans l'une et l'autre circonstances; il nous a paru qu'une explication devait lever l'incertitude qui pourrait résulter de la généralité du mot *héritiers* inséré dans l'article 7 : que si, dans les arrangemens de famille, les cohéritiers de l'émigré lui avaient imputé, sur sa part, ce que la république avait perçu, lui seul aurait droit à l'indemnité; que si le partage avait été fait sans imputation, elle devrait être attribuée à la succession entière; c'est l'objet d'un amendement que nous vous soumettrons.

L'analogie nous a conduits aussi à prévoir un cas de restitution omis, involontairement sans doute, dans le projet de loi.

Vous savez que, sous la législation antérieure au Code civil, les enfans du père de famille qui avait institué un héritier, étaient fondés à réclamer contre ce dernier, sous le nom de *légitime*, une portion des biens laissés par leur père. Souvent le testament ou l'acte d'institution fixait la valeur de la légitime; et même, en quelques provinces, la loi locale ou la jurisprudence laissait à l'héritier institué la faculté de se libérer en argent, malgré les légitimaires. Mais ces coutumes, cette jurisprudence, ont été modifiées par les lois sur les successions, rendues en 1793 et années suivantes. Les légitimaires ont été admis, nonobstant *toutes dispositions contraires*, à réclamer leur légitime en biens-fonds du patrimoine laissé par l'auteur commun.

Dans cet état de choses, un assez grand nombre de légitimaires étant frappés de confiscation, le fisc a exercé leurs droits contre l'institué, et presque toujours ce dernier est parvenu à traiter de la légitime et à en payer la valeur.

Il s'agit maintenant de régler le sort des légitimaires, et d'examiner s'ils peuvent être admis à l'indemnité.

Cette question dépend de la manière dont on envisagera les droits que le fisc a exercés de leur chef.

Si le légitimaire n'avait qu'une action pour être payé d'une somme d'argent, et si le paiement de la légitime en immeubles était un moyen de libération facultative laissé à l'institué, le légitimaire était, dans la réalité, un créancier d'argent ; et puisque le projet soumis à votre discussion n'est relatif qu'à l'indemnité des propriétaires de biens-fonds confisqués, ce légitimaire ne serait pas admissible. Mais ce système, qui aurait pu être fondé dans quelques cas, et qui, par conséquent, aurait exigé des distinctions, peut-être même des sous-distinctions, si le droit antérieur à la révolution avait subsisté aux temps de la confiscation, ne saurait se soutenir depuis que les lois nouvelles ont attribué aux légitimaires un droit réel à la délivrance d'une partie d'immeubles. Il s'ensuit évidemment que le traité intervenu entre l'institué et le fisc, représentant le légitimaire, a été une vente de la partie indivise de ce dernier dans des immeubles ; un traité du même genre que ceux qui ont eu lieu en vertu du décret du 17 frimaire an III, pour les manufactures et autres établissemens de ce genre, indivis avec des personnes atteintes par la confiscation ; une composition semblable à celles que les ascendans ont faites pour les portions de leur présuccession attribuées au fisc ; car, de même que l'ascendant, obligé d'abandonner une portion de ses immeubles, était admis à la faculté de les garder moyennant un prix d'estimation ; de même l'héritier institué, obligé de fournir la légitime en biens héréditaires, s'est libéré par le paiement du prix d'estimation de cette légitime.

Tels sont les motifs d'une addition que nous avons cru devoir faire à l'article 3.

Une autre espèce d'aliénation de biens confisqués exigeait aussi qu'on fixât des bases spéciales. Elle fait l'objet de l'article 4 du projet.

Cet article prévoit l'hypothèse où un ancien propriétaire aurait acquis ses biens directement, et celle où il les aurait rachetés à des tiers à qui l'État les avait vendus. Il prévoit de même que ceux à qui l'indemnité sera due comme héritiers, auraient pu eux-mêmes acheter ces biens à l'État ou à des tiers.

Le cas où, au moment de la mise en vente nationale, un individu frappé par la confiscation se serait rendu adjudicataire de ses biens, est rare sans doute. En effet, s'il était déclaré émigré, soit parce que sa demande en radiation était rejettée, soit parce qu'elle n'était plus recevable, ou s'il était mis hors la loi, on doit difficilement concevoir comment il serait venu enchérir son bien sous les yeux de l'administration qui pouvait l'envoyer à l'instant à la mort. S'il était en réclamation, les lois, au moins en supposant qu'on les exécutât, suspendaient la vente jusqu'à ce que la réclamation fût jugée.

Toutefois, dans l'état de désordre et d'anarchie qui existait alors, ce cas s'est probablement présenté, puisque le projet de loi l'a prévu.

Mais il est une autre hypothèse beaucoup moins rare; et sur laquelle nous avons cru nécessaire d'appeler votre attention d'une manière spéciale.

Si, par la force de leur position, les anciens propriétaires n'ont pu que rarement se rendre adjudicataires directs des biens confisqués sur eux, souvent ils les ont acquis par des personnes interposées, notamment par leurs ascendans, leurs descendans ou leurs femmes. Assez souvent les spéculateurs, cédant à la force de l'opinion publique et à cet instinct de justice naturelle dont on ne saurait se défendre à la vue des victimes d'une législation odieuse, ne portaient point d'enchères, lorsqu'un membre de la famille se présentait pour acquérir; quelle que fût l'effervescence dans laquelle on cherchait à entretenir les habitans des campagnes, ils regrettaient souvent cet ancien propriétaire qu'on les excitait à haïr comme ci-devant seigneur, et qu'ils avaient si long-temps chéri comme le père des pauvres. Revenus parfois à leur bon sens naturel, ils faisaient des vœux pour que la femme, les enfans, devinssent acquéreurs d'une terre où ils ne désespéraient pas de revoir un jour le bienfaiteur qu'ils avaient perdu. Et ces vœux n'étaient pas toujours stériles ; et plus d'une fois, disons-le pour la consolation de l'humanité, les administrateurs ne furent point étrangers à ces honorables sentimens.

Toutes ces causes ont facilité à un assez grand nombre d'anciens propriétaires les moyens d'acquérir indirectement leurs biens pour un prix inférieur à leur véritable valeur. Serait-il juste, serait-il délicat, que rentrés dans ces biens autant que leur position le permettait, ils en demandassent le paiement sur les mêmes bases que les autres moins heureux ? N'est-il pas convenable d'assimiler à l'acquisition directe l'acquisition par personnes interposées qui a eu lieu, qui devait avoir lieu bien plus fréquemment que par voie directe.

Votre commission n'a pas cru pouvoir se dispenser de vous soumettre cette question délicate, et de vous exposer son avis.

Elle ne se dissimule point ce qu'on peut dire pour établir que ce cas diffère de ceux dans lesquels le père et le fils, la femme et le mari, sont présumés, en droit, ne faire qu'une seule personne ; on peut ajouter que plus la législation devenait de jour en jour soupçonneuse et atroce, plus la révolution multipliait ses conquêtes et ses alliances, plus aussi le retour des proscrits devenait incertain ; qu'il n'est donc pas naturel de présumer que ceux qui se rendaient acquéreurs de leurs biens, quelque proches qu'ils leur fussent par les liens du sang, les achetassent réellement pour eux.

Mais on peut répondre que, dans le fait, un grand nombre d'anciens propriétaires ont reçu de leurs pères, de leurs enfans, de leurs femmes, les biens achetés par ces derniers ; que ceux qui n'y ont pas été réintégrés par actes authentiques, en jouissent, au vu et su du pays qu'ils habitent, et que, s'ils ont laissé à la personne interposée le nom d'adjudicataire et le simulacre de la propriété, ce n'a été, sans doute, que pour échapper aux rigueurs d'une législation qui leur avait rendu souvent plus de dettes que de biens.

Nous avons pensé que, dans une matière où l'honneur doit être considéré avant tout, on ne pouvait tolérer ce qui faciliterait à un homme peu délicat les moyens de conserver le bien racheté indirectement pour lui, et de recevoir l'indemnité sur le mêmes bases que si ces biens appartenaient à des tiers.

Un nouveau motif de délicatesse et de justice nous a encore frappés.

Si vous adoptez l'amendement que nous avons proposé sur l'article 2, la totalité des 30 millions de rente est affectée à tous les propriétaires de biens-fonds confisqués ; ce qui en resterait lorsque les indemnités auront été réglées sur les bases indiquées, deviendrait un fonds destiné à réparer les inégalités dont nous ne vous avons point dissimulé la possibilité.

Certes il n'entre point dans notre pensée d'accroître ce fonds de réserve par des injustices ; les raisons qui nous ont fait abstenir de proposer un prélèvement nous laveraient de ce reproche. Mais tout ce qui pouvait s'accorder avec la raison et la bonne foi, nous l'avons cru légitime. L'usage des présomptions offre des difficultés, nous ne saurions en disconvenir ; toutefois des présomptions qui n'ont rien que de conforme à ce qui arrive habituellement, à ce qui est dans la nature des choses, dans l'ordre des intérêts et des affections, doivent-elles être repoussées par les motifs qu'elles pourraient faillir quelquefois ? Était-il convenable de ne pas prévoir la question dont nous venons de vous entretenir ? et dès que nous devions la prévoir, n'étions-nous pas obligés de chercher les moyens de prévenir des résultats que la probité désavoue et condamne ?

Les mêmes présomptions ne sont point applicables aux cas où les héritiers de l'ancien propriétaire auraient acquis les biens vendus sur lui. Il n'y a que l'acquisition directe qui puisse leur être opposée ; c'est dans ce cas seulement que leur indemnité doit être réduite à la valeur de ce qu'ils ont déboursé. Nous sommes, en cela, entièrement d'accord avec le projet de loi.

Tel est le résultat de nos réflexions sur la partie qui concerne la fixation de l'indemnité et sa répartition.

Nous ne pouvons quitter ce sujet sans vous rendre compte des efforts que nous avons tentés pour améliorer l'art. 5, en attribuant aux ayant-droit l'intérêt des liquidations à compter du 22 juin prochain.

Plusieurs bureaux en ont exprimé le vœu, et ce faible soulagement semble bien dû à des hommes privés pendant trente ans de leur fortune, à qui on ne fait aucune restitution de fruits, de mobilier, de créances actives touchées pour eux, et dont la propriété immobilière se trouve convertie en une rente de trois pour cent, qui ne peut atteindre le pair que par une longue succession de temps, de paix et de bonne administration financière.

Lorsque nous faisons valoir tant de raisons de justice, nous oserions dire tant de raisons de convenance, si on se rappelle combien on fut prodigue de capitaux et d'intérêts envers les créanciers de l'arriéré et des cent jours, il n'y avait qu'une seule réponse devant laquelle nous puissions fléchir. Cette réponse, Messieurs, nous avons eu déjà occasion de la faire plus d'une fois; peut-être nous serons encore obligés de la répéter; c'est la nécessité.

Vous avez entendu votre Roi annoncer que la mesure d'indemnité ne donnerait lieu à aucune augmentation des impôts existans, et que même elle n'empêcherait pas de préparer des décharges pour les contribuables; vous l'avez entendu promettre qu'il n'en résulterait aucune déduction sur les dotations des services publics, et chacun de vous applaudissait à ces paroles, et chacun de ceux qui avaient quelqu'intérêt à l'indemnité jurait, dans son cœur, d'étouffer toute réclamation qui contrarierait cette promesse; de consentir personnellement tous les sacrifices nécessaires pour en assurer l'exécution.

Nous avons demandé, nous avons obtenu communication des projets du budjet qui vous sera présenté bientôt. Nous avons reconnu que si les dépenses sagement fixées, les revenus évalués sans exagération, présentaient non-seulement une balance, mais encore un léger excédent de recette, cette position serait détruite par la nécessité de faire les fonds destinés à payer la totalité des intérêts à compter du 22 juin prochain.

Nous croyons avoir prévenu votre décision, en renonçant à une amélioration trop chèrement achetée, s'il fallait manquer à la parole de celui qui a le droit aussi de dire qu'il n'a jamais promis en vain.

L'art. 7 du projet a été présenté dans l'exposé des motifs, comme une dérogation au droit commun justifiée par d'importantes considérations.

Votre commission croit qu'il n'y a pas de raison suffisante pour s'écarter des principes; qu'il y aurait même de grands inconvéniens.

Pour mettre plus de clarté dans la discussion, elle doit vous faire remarquer que le projet de l'art. 7 présente un double résultat; il attribue l'indemnité aux héritiers du jour de la loi, à l'exclusion des héritiers du jour de la mort : il exclut les donataires ou légataires universels du droit de la réclamer.

Les confiscations étaient injustes, et l'indemnité qui tend à réparer cette injustice, est, suivant l'exposé des motifs, « la représentation de l'immeuble confisqué, le rembourse» ment d'une valeur injustement perçue. Sa cause se ratta» che donc à la propriété, et le droit qu'elle consacre au» jourd'hui, a sa source dans la confiscation commencée de» puis trente années (1). »

Des principes si vrais, exprimés avec une concision qui

(1) Exposé des motifs.

semble leur prêter une force nouvelle, conduisaient à décider que l'indemnité doit appartenir à ceux que la loi existante au moment du décès de l'ancien propriétaire, appelait à le représenter.

Cette conséquence est fondée sur les plus incontestables principes du droit, qui ont toujours distingué entre la restitution de *grâce* et la restitution de *justice*.

La restitution de grâce suppose un crime, une peine justement prononcée, un pardon. C'est une libéralité du Prince ; elle ne peut profiter qu'à ceux qui en sont l'objet actuel.

La restitution de justice, est une proclamation d'innocence : si un tribunal légitimement constitué a prononcé la condamnation, la restitution de justice déclare qu'une erreur fatale a fasciné l'esprit des juges ; si c'est la tyrannie qui a proscrit, la restitution de justice n'est que la conséquence du principe qu'un acte de tyrannie est réputé non-avenu, quand l'autorité légitime est rétablie (1). Le proscrit doit reprendre ses biens confisqués, ou en recevoir le prix, quand il n'est pas possible de les rendre en nature ; et le droit de le représenter appartient à ceux qui étaient ses héritiers à l'instant de sa mort naturelle.

Ce que la raison et la justice enseignent, les lois de la révolution l'ont reconnu elles-mêmes.

La loi du 10 juillet 1790 avait rendu aux religionnaires, leurs biens confisqués ; l'article 27 du décret du 9 fructidor an II a déclaré que le droit de leurs héritiers était réglé *suivant les dates effectives de l'ouverture des successions*.

Une loi du 21 prairial an III, restitua les biens des condamnés ; et le droit des héritiers, du jour du décès, fut si hautement reconnu, qu'une loi du 20 prairial an IV, régla ce qui devait arriver quand deux personnes appelées respec-

(1) Cod. Theodos., lib. 15, tit. 14, *De infirmandis his quæ sub tirannis aut barbaris gesta sunt.*

tivement à se succéder, avaient péri simultanément dans la même exécution.

Le 21 fructidor an III, on a accordé les biens des prêtres déportés à leurs héritiers, au jour de la déportation.

L'acte sénatorial du 6 floréal an X, restitua aux émigrés une partie de leurs biens; et un avis du Conseil-d'État, revêtu, le 9 thermidor an X, de l'approbation qui lui donnait alors le caractère législatif, décide que le droit de réclamer cette restitution du chef d'un ancien propriétaire décédé, appartenait aux héritiers du jour de sa mort.

Ainsi, la force des principes a été telle, que les Gouvernemens qui les avaient le plus ouvertement violés tant de fois, les ont respectés dans cette matière.

Après avoir exposé le droit commun, il est nécessaire d'examiner ce qui peut décider à s'en écarter.

C'est, dit-on, parce que la loi du 5 décembre 1814 a été comprise et exécutée différemment d'après la jurisprudence de la Cour de cassation (1).

Cette Cour (2) qui avait jugé d'une manière bien différente lorsqu'il s'agissait des lois dont nous venons de vous tracer le tableau, n'aurait-elle pas été entraînée par une rédaction équivoque de l'article 2 de la loi du 5 décembre 1814, par l'opinion à laquelle de fâcheuses discussions élevées à cette époque ont donné lieu, que la loi était un acte de libéralité et non de justice; la lecture de ses arrêts en offre la preuve évidente (3).

---

(1) Exposé des motifs.

(2) Arrêts du 22 thermidor an X, 30 avril 1806, 21 décembre 1807.

(3) L'arrêt qui a jugé en faveur de l'héritier du jour de la loi, contre l'héritier du jour de la mort, est du 9 mai 1821. En voici les motifs :

« Attendu que, lors de la promulgation de la loi du 5 septembre » 1814, le domaine de l'État se trouvait propriétaire légal des

Mais c'est à vous qu'il appartient de déclarer le véritable but, le véritable esprit de la loi du 5 décembre 1814, dont celle qui vous est proposée n'est que le complément. Ce n'est point au législateur à se conformer à la jurisprudence; c'est la jurisprudence qui doit se conformer aux lois, et les lois doivent être faites d'après les véritables principes.

Si vous croyez qu'on a justement confisqué les biens des proscrits, les rendre, c'est faire grace, c'est faire un don, à eux, à leurs héritiers, et nous oserions dire que vous n'avez le droit de faire ni l'un ni l'autre.

Si vous croyez que les confiscations furent un abus de la force et de la tyrannie; qu'en 1814, on devait rendre, à titre de justice, ce qui n'était pas vendu; qu'en 1825, une sage politique s'accorde avec la justice pour indemniser ceux dont l'État a transmis les biens à des tiers, vous ne pouvez, sans violer ces principes, refuser de reconnaître le droit des héritiers au moment de la mort naturelle.

C'est, dit-on encore, pour éviter les embarras et les

» biens qui avaient été confisqués sur les émigrés, et qui n'avaient » été ni vendus, ni aliénés par suite des lois sur l'émigration;

» Que si la loi du 5 décembre a fait cesser, du moment qu'elle » a été publiée, tous les effets de la confiscation sur lesdits biens, » elle ne les a pas abolis pour le passé, de manière à faire consi- » dérer ces biens comme s'ils n'étaient jamais sortis des mains des » anciens propriétaires; que ce fut pour écarter tous les doutes qui » auraient pu s'élever à cet égard, que le mot *restitué*, qui se li- » sait dans le projet de loi, en fut retranché, et qu'il y fut sub- » stitué celui de *rendu* ;

» Qu'il ne peut par conséquent être question de *restitution* dans » l'application de la loi du 5 décembre 1814, d'où suit que les » biens confisqués sur les émigrés, et réunis au domaine de l'État, » qui ont été rendus par ladite loi, ne l'ont réellement été qu'à » titre de libéralité. »

procès, puisque, parmi les personnes frappées de confiscation, les unes ont pu mourir avant le 17 nivôse an II, époque où le système ancien des successions a été changé; les autres, depuis cette époque jusqu'au Code civil; tandis qu'en adoptant le projet, il n'y aura qu'une seule loi, qu'un seul système (1).

Nous supposerons les difficultés aussi grandes qu'on le voudra, et nous nous bornerons à demander si, pour éviter quelques inconvéniens, qui, après tout, seraient arrivés s'il n'y avait jamais eu de confiscation, puisque les biens auraient été transmis et partagés suivant les lois existantes à la mort du propriétaire, le législateur a droit de faire, ce qui est bien plus qu'un inconvénient, une rétroactivité. Or, n'y a-t il pas effet rétroactif à déclarer que tous les droits d'un homme sont censés n'avoir pas été transmis à son héritier à l'instant où il a cessé de vivre; peut-on concevoir un droit *qui se rattacherait* au temps de son décès, et qui, cependant, n'appartiendrait pas à l'héritier que la mort a saisi?

Essayera-t-on de repousser le reproche de la rétroactivité, en soutenant que le droit à l'indemnité n'existait pas au moment où le propriétaire frappé de confiscation est mort? C'est ce que paraît insinuer l'*Exposé des motifs :* « Le droit » reconnu et consacré par la loi actuelle n'a formé long-temps » qu'une espérance légitime, qu'une expectative juste et na» turelle; mais qui, aux yeux de la loi civile existante, n'é» tait pas de nature à être comprise dans la disposition » de l'homme et ne peut être présumée y avoir été com» prise (2). »

Il faut bien s'entendre : si par ces mots, *loi civile existante*, on désigne la loi qui confisquait les biens, qui dé-

---

(1) Exposé des motifs.

(2) Exposé des motifs.

niait tout espoir de restitution, nous l'avouons aux yeux de cette loi, l'espérance de l'indemnité n'était pas même *légitime*, et l'on a droit d'en conclure qu'elle n'a pas été transmise ni par la volonté de l'homme, ni par celle de la loi des successions. Mais si nous ne pouvons admettre ces principes, sans contradiction avec les nôtres, sans nier le véritable caractère de la restauration, sans fournir des argumens à ceux qui ont quelquefois essayé de la faire envisager comme une simple convenance et non comme un droit, s'il est vrai que des droits enlevés ou paralysés par la force, n'en étaient pas moins des droits, il faut reconnaître que l'indemnité était due à ceux dont les biens ont été confisqués, à l'instant où l'État s'en est emparé; que ce droit, dont la *loi civile existante* ne permettrait pas l'exercice, était garanti par une loi bien plus ancienne et plus respectable, par celle qui ne permet pas de dépouiller un propriétaire sans l'indemniser; et c'est avec l'*Exposé des motifs* lui-même, que nous dirons: « L'indemnité est la représentation de l'immeuble confisqué; » sa cause se rattache à la propriété (1). » Nous ajoutons aussi, et nous croyons être conséquens, que si le propriétaire dépouillé avait ce droit, son héritier l'a retrouvé dans sa succession; qu'il l'a reçu en vertu du plus ancien principe de la législation française, en vertu de la règle, *le mort saisit le vif*; règle qui, par une heureuse harmonie entre la famille et la monarchie, n'est rien autre chose que l'application aux intérêts privés, de ce cri français, à la fois de douleur et d'espérance, *le Roi est mort, vive le Roi!*

On a demandé s'il ne faudroit pas du moins exclure de la faculté de réclamer l'indemnité, les donataires et légataires universels.

Cette question a été fortement agitée dans votre commission. Les dons, les legs universels, a-t-on dit, sont l'ouvrage

(1) Exposé des motifs.

de la volonté; les successions, l'ouvrage de la loi. Il implique contradiction que le même individu ait plusieurs héritiers qui prendraient leurs droits à des époques différentes, parce que la loi n'en reconnaît qu'une, le décès. Mais s'il n'y a pas lieu dans ce cas à interroger, à interpréter la volonté de la loi, on peut interroger et consulter la volonté de l'homme.

Celui qui, dans la terre d'exil, tournant les yeux sur sa patrie, pensait moins sans doute à ses propres malheurs qu'aux désordres qui menaçaient de la faire disparaître du monde civilisé, a pu léguer à un ami, à un hôte bienfaisant, tout ce qu'il possédait; et sans doute il n'avait pas l'intention d'y comprendre une indemnité que tant d'évènemens rendaient problématique. Admettre son légataire universel à la réclamer, ce serait donner à sa volonté une extension qu'elle n'avait pas (1).

Sans contester la force de ces considérations, et même en la reconnaissant, on a répondu qu'au moins les donataires et légataires universels ne pourraient être exclus dans tous les cas, que si quelqu'un avait donné ou légué toute sa fortune présente et à venir avant l'époque des confiscations, ou même lorsqu'il n'en avait encore aucune connaissance, le droit de réclamer le montant de l'indemnité ne saurait être raisonnablement contesté à l'institué; que si, depuis l'époque à laquelle le Roi a donné, dans la Charte, garantie aux acquéreurs de biens nationaux, et le juste espoir d'une indemnité aux anciens propriétaires; depuis que cette indemnité a été proposée par un illustre guerrier dans la chambre des Pairs, depuis que le Roi l'a solennellement annoncée en ouvrant la session de 1824; pendant qu'elle fait l'objet de votre discusssion, un propriétaire de biens con-

(1) Arrêts de la Cour de Cassation, du 25 janvier 1819, 9 février 1823 et 18 février 1824, qui excluent les légataires universels du droit de réclamer les biens restitués par la loi du 5 décembre 1814.

fisqués avait fait une institution universelle, ce serait méconnaître sa volonté que de refuser à l'institué le droit de réclamer cette indemnité; qu'il n'y aurait donc de véritable incertitude sur la volonté que pour les institutions faites depuis l'époque où la confiscation a été consommée, jusqu'à la restauration, et que même il faudrait encore faire quelques distinctions : que si le droit d'indemnité a été donné ou légué clairement, la volonté doit être respectée; qu'elle peut encore être présumée chaque fois que l'institué était l'un des héritiers du sang du disposant, ou son époux. On en a conclu que les exceptions réduiraient à si peu de chose la règle proposée, qu'il n'y avait qu'un bien faible intérêt à l'admettre pour obvier à quelques cas rares, dans lesquels il paraîtrait peu probable que le donateur ou le testateur ait entendu donner ou léguer le droit d'indemnité; que c'était aux tribunaux à juger d'après les circonstances, les lois n'étant faites que pour poser des règles générales et non pour prévoir des cas purement accidentels (1).

Après avoir repoussé le projet d'exclure les héritiers institués, comme devant avoir peu de résultats dans ses applications, il n'a pas été difficile de faire valoir les principes qui, hors le cas où la loi attribue des réserves à quelques héritiers du sang, veulent qu'on ne distingue point entre ces derniers et les héritiers institués; et alors les considérations qui ne permettent pas d'établir un ordre de succession nouveau, conservaient toute leur force, parce qu'elles dérivaient de la même source.

Votre commission s'est donc décidée à vous proposer une rédaction qui laisserait tout ce qui concerne les successions des personnes frappées de confiscation, sous l'empire du droit commun.

Mais elle a dû prévoir quelques difficultés. Il peut se faire

---

(1) *Ex his, quæ forte uno aliquo casu accidere possunt jura non constituuntur*. Dig. de Leg., liv. 4.

que des personnes soient mortes à une époque où les lois de la révolution les frappaient de mort civile, et que même leurs héritiers se trouvassent atteints par la même mesure.

Nous ne pouvons croire que quelqu'un osât aujourd'hui invoquer cette législation; et il est plus douteux encore que les tribunaux accueillissent un tel système.

La tyrannie et la fureur avaient seules créé ces incapacités; elles ont disparu lorsque la légitimité et la bonté sont remontées sur le trône. L'ordonnance du 21 août 1814 déclare « qu'aucune différence n'a pu être admise aux yeux de » la loi comme aux yeux du Roi, entre les Français qui gé- » missaient de son absence dans l'intérieur, et ceux qui l'ont » consolé au dehors. » Ces paroles royales ont tracé le devoir des citoyens et des magistrats.

Cependant, puisqu'une triste expérience nous apprend qu'il n'est pas de contestations injustes et scandaleuses qu'on n'essaie aujourd'hui, nous avons cru devoir proposer une rédaction qui n'y laisserait aucun prétexte.

Nous avons pensé aussi, que l'État qui acquitte, au bout de trente ans, et sans restitution de fruits, la dette des indemnisés, n'avait pas l'intention de percevoir des droits de succession sur le capital dont il se reconnaît débiteur. Il ne faut pas, toutefois, que le silence de la loi laisse aux receveurs de l'enregistrement un prétexte pour faire des poursuites que la régie ne tarderait pas, sans doute, à désavouer; et, dans cette intention, nous vous proposerons une disposition additionnelle à l'article 7.

D'autres questions se sont présentées aussi; elles nous ont paru être résolues par les règles du droit commun; toute disposition spéciale devenait inutile et pouvait avoir ses dangers.

On a demandé si les créanciers de ceux qui ont droit à l'indemnité, et qui ne la réclameraient pas, seraient admis à exercer les droits de leurs débiteurs.

Les articles 788 et 1166 du Code civil consacrant ce

droit, une disposition nouvelle ne nous a pas paru devoir être insérée dans la loi proposée.

On a rappelé que les articles 38, 40 et 48 du décret du 28 mars 1793, avaient annullé retroactivement, à compter du 1.er juillet 1789, toutes les transmissions de propriétés faites par des personnes frappées de confiscation; qu'on avait porté le délire dans le décret du 11 nivôse an II, jusqu'à annuller, sans indiquer l'époque de rétroaction, toutes les ventes que les Vendéens avaient faites avant leur insurrection. Il s'en est suivi que les biens, objets des transmissions annullées, ont été vendus comme appartenant aux personnes frappées de confiscation. Les règles du droit commun nous paraissent attribuer le droit de réclamer l'indemnité, à ceux qui ont été les véritables spoliés, c'est-à-dire, à ceux dont les contrats valables, et qui auraient eu leur exécution sans les proscriptions révolutionnaires, n'ont été annullés que par l'effet de ces mesures.

Il en serait de même si, par quelque erreur, on avait vendu, sous le nom d'une personne, et comme confisqué sur elle, un bien appartenant à une autre. Mais, comme nous avons eu l'honneur de vous le dire, ces questions et beaucoup d'autres analogues, se résolvent par le droit commun. Nous ne pouvions vous en occuper sans faire d'un rapport purement relatif à une loi spéciale, une sorte de traité de droit.

L'article 8 détermine des règles d'ordre auxquelles nous proposons de légères rectifications qui ne paraissent susceptibles d'aucune discussion sérieuse.

L'article 9 est relatif aux déductions pour dettes acquittées, qui doivent être faites sur le montant de l'indemnité. Les trois espèces de dettes qu'il indique sont de nature à être opposées d'une manière générale sans égard à la qualité des biens confisqués.

Mais nous avons remarqué qu'on avait omis dans le projet de parler d'une autre déduction que la qualité des biens donne droit d'exercer. Elle s'applique aux fonds dont les propriétaires étaient détenteurs à titre d'engagement.

Vous savez qu'après de grandes variations sur cette matière (1) la loi du 14 ventôse an 7 admit les engagistes à conserver les biens, sous la seule condition de payer le quart de leur estimation.

Un silence absolu sur cette position serait injuste, si l'on devait en induire que les engagistes dont les biens ont été confisqués et aliénés n'ont aucun droit à l'indemnité, puisqu'ils perdraient entièrement une propriété que les autres Français ont été admis à conserver moyennant un quart de l'estimation.

Il serait injuste encore, si l'on devait en conclure qu'ils doivent être indemnisés de la même manière que les propriétaires de biens non engagés.

La commission vous propose un amendement qui a pour objet de déclarer qu'à l'égard des immeubles appartenant aux anciens propriétaires par suite d'engagement du domaine royal, il sera déduit sur l'indemnité un quart, pour représenter ce qu'ils auraient été obligés de payer, comme les autres Français engagistes.

Nous avons pensé que l'article 10 devait être rectifié.

C'est au Roi sans doute qu'il appartient de nommer la commission chargée des opérations auxquelles la liquidation définitive doit donner lieu. Mais ce n'est point dans une loi qu'on peut désigner les qualités, le nombre des personnes à qui il jugera convenable d'accorder sa confiance. Chargé de rendre justice à une classe de ses sujets, il doit être libre de

---

(1) Loi du 1.er décembre 1790, qui déclare tous engagemens révocables par des lois spéciales. — Loi du 3 septembre 1792, qui révoque tous les engagemens, et laisse les engagistes en jouissance jusqu'au remboursement de leurs finances. — Loi du 10 frimaire an II, qui ordonne la dépossession immédiate des engagistes, sauf à eux à se faire liquider.

choisir où il voudra les personnes qu'il veut investir de la fonction difficile d'acquitter cette dette de la souveraineté. Nous avons cru que tout ce qui tendait à limiter la prérogative royale était incompatible avec vos principes.

Les articles 11, 12, 13 et 14 sont relatifs aux moyens d'accélérer la liquidation; ils ne nous ont paru susceptibles d'aucune difficulté. Quelques légers changemens se justifient par la simple lecture, et la discussion nous mettra à même d'en donner les motifs s'il s'élevait des objections.

Il en est de même de l'article 15 relatif aux déportés et aux victimes des condamnations révolutionnaires. Nous n'avons pu douter que cette expression ne comprît tous ceux qui, par des actes spéciaux ou collectifs avaient été proscrits et frappés de confiscation, tels que les Vendéens ou autres désignés par les lois de ce temps sous le nom de *rebelles* (1); et une rédaction plus étendue ne nous a pas paru nécessaire.

Les articles 16 et 17 concernent les biens affectés aux hospices et autres établissemens de bienfaisance.

Nous sommes encore obligés, pour faire bien comprendre la discussion que ces articles ont fait naître au sein de votre commission, de remonter à l'histoire des lois de spoliation.

Un décret du 2 novembre 1789 déclara que les biens ecclésiastiques étaient à la disposition de la nation. De ce principe on tira bientôt, comme conséquence, le droit de dépouiller les hospices. Tous leurs biens furent réunis au domaine de la république, et l'on promettait en échange, aux malheureux, un grand-livre de la bienfaisance nationale (2).

Mais une loi du 16 vendémiaire an 5 révoqua ces dispositions et ordonna que les immeubles vendus seraient remplacés

---

(1) Décret du 1.er août 1793, qui confisque les biens des Vendéens insurgés. — Décret du 8 ventôse an II, qui confisque les biens des ennemis de la révolution.

(2) Décret du 8 messidor an II, qui crée un grand-livre de la bienfaisance nationale. — Décret du 23 messidor an II, qui déclare nationaux tous les biens des hospices et établissemens de charité

en biens nationaux de même produit, et que cette affectation ne pourrait être faite que par des lois. En attendant ces lois, les hospices furent envoyés en jouissance provisoire des biens qu'on leur destinait ; et ces biens, dans un grand nombre de départemens, étaient des biens provenant de confiscation.

De là, deux positions distinctes, *affectations définitives*, c'est-à-dire, affectations par des lois ; *affectations provisoires*, c'est-à-dire, affectations qui attendaient la sanction législative.

Tel était l'état des choses, lorsque la loi du 5 décembre 1814 a été rendue. L'article 8 maintient les hospices dans la propriété des biens affectés *définitivement ;* il déclare que les biens affectés *provisoirement* seront rendus à leurs propriétaires, lorsque, par des mesures législatives, il aura été pourvu à l'indemnité des hospices.

Les articles 16 et 17 du projet sont basés sur cette législation. Le premier n'admet l'ancien propriétaire qu'à réclamer une indemnité pour les biens affectés *définitivement*. Le second révoque l'affectation *provisoire*, et remplissant la condition du second paragraphe de l'art. 8 de la loi du 5 décembre 1814, attribue aux hospices, détenteurs précaires, un remplacement qui consiste dans l'indemnité destinée à représenter ces biens.

Dans ce système, nous ne pensons pas que les hospices éprouvent une lésion et puissent élever des réclamations fondées.

Mais est-ce assez pour la justice due aux anciens propriétaires ? Est-ce assez pour le bien public, qui veut que la trace des confiscations disparaisse autant qu'il est possible ? Ne convient-il pas d'autoriser sans distinction, entre les affectations provisoires et les affectations définitives, les anciens propriétaires à les retirer, en donnant aux hospices l'indemnité réglée par la loi proposée.

Cette question a été élevée dans la plupart des bureaux.

On a dit que les motifs de haute politique auxquels le Roi a cédé, lorsqu'il a donné la Charte, ne militent point dans ce cas, et ne peuvent être appliqués à des hospices établis pour acquitter la dette générale de l'État envers les malheureux, dont il a reconnu et déclaré lui-même que les propriétés étaient nationales; dont l'administration est tout entière dans ses mains: qu'il y a quelque chose d'immoral à tolérer que des établissemens fondés par la religion et en son nom, soient dotés de biens qui n'ont été confisqués qu'en haine de la religion et en violation de ses préceptes; qu'enfin l'État, qui accepte la charge honorable de réparer ces violations autant qu'il est en son pouvoir, doit donner l'exemple, en dessaisissant les établissemens qui lui appartiennent, de ces mêmes biens dont il reconnaît que la confiscation fut injuste.

Mais ces argumens ne sont pas sans réplique. De tout temps les hospices ont été considérés dans l'État comme des corporations, qui tiennent à la vérité leur existence de la volonté du souverain, mais qui, une fois admises et reconnues, possèdent au même titre que les particuliers: leurs propriétés ne sont point les propriétés de l'État; si un décret de la Convention les avait déclarées nationales et mises en vente, ce décret était une véritable confiscation.

Rentrés dans ce qu'on pourrait nommer leurs droits civils, et continuant d'être habiles à acquérir, les hospices sont des tiers devenus propriétaires de biens confisqués, des tiers placés à cet égard sous la garantie de l'article 9 de la Charte et la protection de l'art. 1.er de la loi du 5 décembre 1814, et des tiers d'autant plus favorables, qu'ici leur volonté ne saurait être accusée. On a injustement vendu leurs biens, on leur en devait le prix, on les a payés en biens confisqués; ils n'avaient aucun moyen de résister à cette nécessité. La dotation en paiement est un mode d'acquérir la propriété, et la Charte a maintenu toutes les acquisitions.

L'influence plus ou moins directe que l'État exerce sur les hospices n'est pas le résultat d'un droit de propriété, mais d'un droit de surveillance; il ne faut pas confondre les établissemens de services publics, véritables branches de l'administration générale, et par conséquent appartenant à l'État, avec les corps moraux qu'il peut sans doute empêcher de s'introduire ou de se former, mais qui, une fois introduits ou formés, ont leur personnalité, leur individualité active et passive. A l'égard des établissemens de services publics, ils n'ont pu ni dû, d'après l'art. 7 de la loi du 5 décembre 1814, conserver les biens confisqués qu'ils employaient à leurs besoins autrement qu'à titre de location et en payant les loyers, mais rien ne peut permettre de comprendre sous ce nom les hospices et établissemens de bienfaisance. Vainement dirait-on qu'il ne s'agit pas de retirer aux hospices les biens affectés définitivement sans leur donner un équivalent; qu'ils en trouveraient un dans l'indemnité qui représentera ces biens.

La fixation de cette indemnité se reporte au temps où les biens ont été cédés aux hospices, et à l'état dans lequel étaient ces biens : ils ont été estimés à juste prix, mais au juste prix de ces temps; depuis vingt-quatre ans les immeubles ont acquis un grand accroissement de valeur, et dès que les hospices étaient propriétaires définitifs, cet accroissement est devenu une partie de leur propriété.

Sans doute il n'en est pas et il ne peut en être de même pour les biens qui n'ont été affectés que *provisoirement.* L'affectation provisoire n'était qu'une détention précaire. La condition essentielle pour une affectation définitive, et l'acquisition de la propriété incommutable était la sanction législative. Sans des lois, les hospices ne pouvaient obtenir cette propriété; ces lois n'ont point été rendues dans le temps où l'État se croyait libre de disposer des biens confisqués; elles ne peuvent plus l'être aujourd'hui, que loin de maintenir les confiscations, il s'occupe de réparer celles dont l'effet est consommé. On ne doit aux hospices que d'accomplir la promesse faite en 1814, et c'est ce que l'article 17 propose; il fixe par mesure législative l'indemnité des biens qu'on n'aurait jamais dû leur enlever; il les traite précisément dans ce cas comme il traite dans tous les cas les propriétaires frappés de confiscation ; il n'est donc pas susceptible d'une objection sérieuse.

Mais nous avons pensé que la mesure proposée par cet article ne pouvait être appliquée aux biens affectés *définitivement*, sans déroger à l'article 8 de la loi du 5 décembre 1814.

Un moyen de conciliation a été proposé et discuté, et votre commission l'a adopté. Il consisterait à laisser à l'ancien propriétaire d'un bien affecté *définitivement* la faculté de le retirer, à la charge de fournir à l'hospice, en rentes sur l'État, un revenu égal au produit net que ce bien rapporte actuellement.

Votre commission n'a trouvé, dans cette proposition, aucun des inconvéniens de celle que nous venons de combattre. Elle croit d'abord que l'État, juge naturel des intérêts des hospices, a le droit de prendre cette mesure, si cet intérêt n'en souffre point. Cette mesure paraît offrir des avantages déjà signalés dans l'édit du mois de janvier 1780, ouvrage d'un Roi dont le cœur ne fut étranger à aucune vue de bien public et d'humanité. Tout le monde doit convenir, avec l'auguste auteur de cette loi, « que les immeubles sont une » sorte de biens qui, entre les mains d'une administration » collective et changeante, dont les soins ne peuvent jamais » égaler l'activité de l'intérêt personnel, ne procure qu'un » modique revenu et assujettissent à des frais considérables » d'entretien et de réparations. »

La mesure que la commission a l'honneur de vous proposer aura aussi des avantages réels pour le crédit, en frappant une plus grande quantité de rentes d'une sorte d'immobilisation, sans nuire aux hospices, qui recevraient un revenu égal à celui dont elles jouissent ; elle aura aussi l'avantage de multiplier les mutations et les produits que le trésor public obtient des ventes et de l'ouverture des successions. C'est ainsi qu'il nous paraît qu'on peut, sans blesser la justice, sans altérer les revenus des établissemens de bienfaisance, satisfaire les affections de famille, les désirs bien naturels et bien légitimes que des enfans peuvent avoir de posséder de nouveau l'héritage de leurs pères.

L'art. 18 du projet est relatif aux droits des créanciers par actes antérieurs à la confiscation.

La position respective de ces créanciers et de leurs débiteurs est embarrassante, et les tribunaux sont incertains dans leurs décisions.

Les uns, s'attachant à la rigueur des lois spéciales, les opposent aux créanciers. Ces lois, disent-ils, qui, sans doute n'étaient pas plus justes que la confiscation, les ont déclarés créanciers de l'État. Elles leur ont accordé des délais souvent répétés pour se faire liquider; elles ont fini par les déclarer déchus. Les créances, frappées de ces déchéances, n'existent plus. Ce principe est appliqué dans toute son étendue aux dettes des communes et des hospices dont les créanciers avaient aussi été déclarés créanciers de l'État par les lois qui s'emparèrent de leurs biens (1). Cette injustice doit, comme tant d'autres, avoir ses effets consommés. Quand les personnes frappées de confiscation ne peuvent, suivant l'article 1.er de la loi du 5 décembre 1814, attaquer, en ce qui leur serait défavorable, les droits que les tiers ont acquis contre la République par suite de la confiscation, pourquoi ne seraient-elles pas admises aussi, dans leur intérêt, à demander que les droits acquis par la République contre les tiers, par suite de la même confiscation, soient respectées.

Les autres répondent que si la confiscation a pour résultat d'ôter à celui qu'elle frappe, ses propriétés, et par conséquent les moyens d'acquitter ses dettes, elle ne détruit pas l'action personnelle, suite de l'obligation qu'il a contractée; que l'effet de cette obligation est d'affecter à la dette tout ce que le débiteur possède et possédera; que si, à l'aide de quelques argumentations fondées sur la différence entre la

(1) Avis du Conseil-d'état approuvé le 8 thermidor an XIII.

réintégration et le pardon, il a été possible d'arriver à la conséquence que les personnes frappées de confiscations étaient dégagées de leurs dettes antérieures, ce système auquel donnait une apparence de fondement la manière dont quelques arrêts ont interprété la loi du 5 décembre 1814, ne serait pas soutenable aujourd'hui, où assurément il ne s'agit pas de grâce, mais de justice.

Dans cet état d'hésitation et d'incertitude des tribunaux, le besoin d'une disposition législative qui fixe leurs décisions, est exprimé de toutes parts.

Votre commission croit qu'il ne faut admettre aucun des extrêmes dont elle vient de vous rendre compte.

Des actes arbitraires ont simultanément frappé les débiteurs et les créanciers. La confiscation a eu, à l'égard des uns, l'effet de déclarer leurs biens, *biens nationaux*; à l'égard des autres, de déclarer leurs créances, *créances nationales*.

L'acte de justice que vous êtes appelés à faire aujourd'hui doit replacer les uns et les autres dans une position égale, et ce qui règle le sort des uns doit naturellement régler le sort des autres.

Déjà le ministère l'a reconnu en vous proposant de n'autoriser les créanciers à former opposition que pour leur capital, parce que précisément l'État ne rend aux anciens propriétaires qu'un capital, sans restitution de fruits.

Le même principe conduit à décider que si ces créanciers veulent être payés sur l'indemnité, et manifestent cette volonté par des oppositions, le débiteur a droit de faire cesser ces oppositions, en leur offrant capital pour capital et jusqu'à due concurrence, un transfert de la rente trois pour cent, dont l'indemnité se compose.

Tous les intérêts nous semblent conciliés. La même justice qui rend au débiteur ce que la confiscation lui avait ravi, relève le créancier des déchéances qu'il a encourues par l'effet de la confiscation. Si sa dette est légitime, si des exceptions fondées sur le droit commun ne peuvent lui être opposées, il ne sera point repoussé par les exceptions spéciales que le système des confiscations avait créées, exceptions qui doivent cesser à l'égard du créancier, dès que les effets de ce système cessent à l'égard du débiteur, mais qui, par une conséquence sur laquelle la raison et l'équité s'accordent, doivent cesser de la même manière.

Une autre question, également importante, s'est présentée.

Tous les créanciers antérieurs à la confiscation qui formeront opposition, sans distinction des hypothécaires et des chirographaires, viendront-ils à contribution sur le capital de l'indemnité? Admettra-t-on, au contraire, ceux qui avaient, sur les biens vendus, des droits d'hypothèques et de priviléges à les exercer dans l'ordre de leurs titres.

Le mode le plus simple serait, sans doute, de déclarer que tous les créanciers viendront, par contribution. Mais ce mode ne nous semble, ni le plus juste, ni le plus conforme au droit commun et à la foi due aux conventions.

Suivant le droit commun, les créanciers hypothécaires doivent être payés par préférence aux chirographaires, sur le prix des biens frappés de leurs hypothèques.

La confiscation n'a pu changer ce droit. Le fisc était tenu des dettes de la même manière que celui à qui il succédait momentanément, et les auteurs des décrets publiés sous la date commune du 25 juillet 1793, l'avaient reconnu (1). C'est sous l'empire, et, s'il est possible de dire ce mot, à l'égard de telles lois, c'est sous la foi de ces principes que les biens ont été confisqués; l'indemnité que vous allez décréter est le prix de ces biens; ce prix est dans la caisse de l'Etat, comme le prix d'un immeuble hypothéqué le serait dans les mains de l'acquéreur ou dans la caisse des consigna-

(1) Décret du 25 juillet 1793, sect. V, §. 3.

tions : il est donc grevé des mêmes hypothèques. Nous n'avançons rien qui ne soit écrit dans tous les livres des jurisconsultes ; qui n'ait, d'après leur doctrine, été converti en loi par nos Codes.

Pourquoi, en effet, le vendeur d'un immeuble que la confiscation a enlevé au débiteur du prix, n'exercerait-il pas ses droits sur l'indemnité due à ce débiteur ?

Pourquoi la femme du propriétaire d'un immeuble confisqué n'aurait-elle pas, sur l'indemnité qui le représente, les droits que lui donne l'hypothèque de son contrat de mariage pour sa dot et ses autres conventions matrimoniales ; pourquoi les enfans, les mineurs, perdraient-ils leurs droits sur le prix des biens de leur tuteur ?

Lorsqu'un homme doit par hypothèque, ce n'est pas lui qui, à proprement parler, est propriétaire de son bien : ce sont les créanciers qui ont sur ce bien un droit réel. Ce n'est pas sur lui, dans la vérité des choses, que l'on a confisqué, c'est sur ces mêmes créanciers. C'est donc à eux que l'indemnité doit parvenir si leur créance subsiste encore.

On peut répondre, nous devons le dire pour éclairer votre décision, que, suivant les lois révolutionnaires, les biens confisqués étaient vendus libres et francs d'hypothèques ; que, suivant le droit commun, lorsque l'immeuble hypothéqué périt, l'hypothèque s'éteint.

Il faut entendre sainement les lois sur lesquelles se fonde cette objection. Il est vrai que suivant le décret du 25 juillet 1793, les biens confisqués étaient vendus francs d'hypothèques.

Mais ce n'est point pour éteindre l'hypothèque, car ce même décret assure aux créanciers hypothécaires leur collocation par ordre sur le prix de vente. C'était seulement pour interdire au créancier hypothécaire le droit de suite contre l'acquéreur ; pour limiter ses droits dans l'intérêt de cet acquéreur, et non pour détruire l'hypothèque en elle-même.

Il est bien vrai que l'extinction de la chose hypothéquée éteint l'hypothèque. Mais il n'est personne qui ne sente que ce mot *extinction* signifie *anéantissement*, *destruction* de l'objet, et non pas l'événement juste ou injuste qui enlève cet objet au débiteur, pour le transmettre à des tiers ou au fisc.

La conséquence des vrais principes conduit donc à décider que l'indemnité doit être considérée dans l'intérêt des créanciers ayant hypothèque sur les biens vendus, comme le prix même de ces biens, et que ce prix doit leur être attribué dans l'ordre de leurs créances ou droits hypothécaires, tel qu'il existait au moment de la confiscation.

On conçoit facilement qu'il ne devra pas y avoir autant d'ordres que de biens hypothéqués ; et sans doute les cours chargées de prononcer, dans ce cas, sur les réglemens de juges, n'hésiteraient pas à décider que l'ordre de la totalité des biens pour lesquels l'indemnité est accordée, sera attribué au tribunal du domicile du propriétaire indemnisé, s'il est vivant, ou du lieu d'ouverture de sa succession, s'il est décédé.

Néanmoins, comme il faut prévenir ces sortes de conflits, lorsqu'on le peut, et que cette matière vraiment spéciale peut être facilement réglée par une courte explication, nous vous la proposerons dans la nouvelle rédaction de l'article 18.

L'article 19 détermine, pour les demandes et les déchéances, des délais sur la durée desquels les opinions peuvent varier sans doute, mais dont le principe ne paraît pas susceptible d'être contesté : nous pensons que ces délais sont suffisans.

Nous n'avons aussi aucune observation à vous soumettre sur l'article 20, qui n'est qu'un complément des mesures d'ordre et d'exécution qu'on trouve dans l'article 8.

La commission est arrivée au terme du travail que votre confiance lui avait imposé.

Quel que soit le jugement que vous portiez, jamais elle ne

doutera que vous n'ayez apprécié ce que cette tâche avait de difficultés; et quand vous n'adopteriez pas ses vues, elle serait consolée de ce que d'autres appeleraient une défaveur, par l'espoir que vous lui saurez gré de ses intentions. Nous osons l'affirmer, Messieurs, elles ont été loyales et désintéressées. Nous avons eu constamment pour objet de concilier la justice d'une réparation tant différée, avec les ressources de l'État; la nécessité d'en faire jouir promptement ceux à qui elle est destinée avec la condition essentielle, selon nous, que sa fixation ne dépendît point de l'arbitraire des hommes; l'obligation de fixer ce mode par la loi même avec l'impossibilité reconnue d'atteindre une précision exacte.

Qu'il nous soit permis d'exprimer, en terminant, des vœux qui s'adressent moins à vous, Messieurs, en qui nous voyons des guides officieux et des appréciateurs indulgens, qu'à ce grand nombre de Français que la publicité des débats et la forme de notre gouvernement initient, et pour ainsi dire, associent à vos délibérations.

Nous dirons aux uns : « N'allez pas réveiller des haines » assoupies et de funestes divisions par d'injustes attaques, » par des déclamations aussi contraires à la bonne foi qu'à » l'intérêt du Roi et de la patrie, toujours inséparables. »

Nous dirons aux autres : « Après tant d'injustices et de » malheurs, il serait doux de voir cicatriser toutes les bles» sures, consoler toutes les infortunes. Les finances de l'État » ne le permettent pas; mais une pensée adoucit nos regrets : » c'est pour votre Roi, c'est pour votre patrie que vous avez » souffert; si les maux dont vous avez été frappés par ceux » qui étaient à-la fois leurs ennemis et les vôtres ne peuvent » être réparés, vous ne refuserez pas une dernière preuve de » dévouement, un nouveau sacrifice ».

Nous dirons à tous : « Réunissez-vous pour vous aimer, » au lieu de vous diviser pour vous combattre : il est temps de » sceller, par un grand acte de justice, la réconciliation de tous » les Français, commencée par le Roi que nous avons perdu.

» prête à s'achever aux pieds des autels où son auguste suc-» cesseur recevra l'onction sainte. Il importe à notre bonheur » futur, à la gloire de la France, que l'Europe, étonnée » peut-être du courage avec lequel le Roi, sans craindre aucun » obstacle, a voulu, dès son avènement au trône, faire cet » acte de politique et de réparation, acquerre la certitude » que si, dans une matière aussi grave, les avis peuvent » être différens, les cœurs s'entendent et les sentimens se » répondent ».

Une ville qui semblait appelée à d'immortelles destinées, fut, il y a bientôt deux mille ans, le théâtre de ces horribles proscriptions, de ces confiscations en masse, dont la Convention a de nos jours relevé les tables sanglantes. Lorsque la tyrannie eut cessé, les enfans des proscrits réclamèrent des droits sacrés; mais l'État ne pouvait réparer qu'une faible partie de tant de maux. Cicéron fit valoir l'intérêt public; il supplia, au nom de la patrie; et ces généreux citoyens, oubliant les injustices dont ils avaient été victimes, renoncèrent à des droits bien autrement précieux que des indemnités pécuniaires.

Ce fut le plus beau triomphe de l'éloquence et de la vertu.

La France ne possède pas des orateurs qu'elle puisse mettre en parallèle avec celui à qui la postérité a décerné ce titre par excellence; mais elle ne possède pas moins de bons citoyens que Rome n'en comptait à cette époque; et si le talent nous manque pour demander le sacrifice, la vertu ne manquera pas aux victimes pour se l'imposer volontairement.

AMENDEMENS

PROPOSÉS PAR LA COMMISSION.

TITRE I.er — *De l'allocation et de la nature de l'indemnité.*

ART. 1.er Trente millions de rente, au capital d'un milliard, sont affectés à l'indemnité des Français dont les biens fonds situés en France, ont été confisqués et aliénés en exécution des lois sur les émigrés, les déportés et les condamnés révolutionnairement.

2. Pour les biens-fonds vendus en exécution des lois qui ordonnaient la recherche et l'indication préalable du revenu de 1790, ou du revenu valeur de 1790, l'indemnité consistera en une inscription de rente, 3 pour cent, sur le grand-livre de la dette publique, dont le capital sera égal à vingt fois le revenu, tel qu'il a été constaté par les procès-verbaux d'expertise ou d'adjudication.

(*Le reste comme au Projet.*)

Lorsque le résultat des liquidations aura été connu, les sommes restées libres sur les trente millions de rente déterminés par l'article 1.er, seront employées à réparer les inégalités qui auraient pu résulter des bases fixées par le présent article, suivant le mode qui sera réglé par une loi.

3. (*Comme au projet.*)

L'indemnité sera délivrée à l'ascendant s'il existe, et à son défaut, à celui ou à ceux de ses héritiers qui, par les arrangemens de famille, auront supporté la perte.

Lorsque l'État aura reçu d'un aîné ou autre héritier institué, le prix des légitimes que des légitimaires frappés de confiscation avaient droit de réclamer en biens-fonds, le montant réduit de la somme payée pour prix de cette portion légitimaire sera restitué à ceux qui y avaient droit ou qui les représentent.

4. Lorsque les anciens propriétaires auront acquis les biens confisqués sur leur tête, directement ou par personnes interposées, l'indemnité sera fixée sur la valeur réelle payée à l'État, conformément aux règles établies par l'article 3.

Lorsque par les mêmes moyens ils les auront rachetés à des tiers, l'indemnité sera égale aux valeurs réelles qu'ils justifieront avoir payées, sans que, dans aucun cas, elle puisse excéder celle qui est déterminée par l'article 2. À défaut de justification ils recevront une somme égale aux valeurs réelles formant le prix payé à l'État.

Dans les deux cas ci-dessus, les ascendans, descendans, ou femme de l'ancien propriétaire, seront réputées personnes interposées.

Lorsque les héritiers de l'ancien propriétaire seront rentrés directement dans la possession des biens confisqués sur lui, l'indemnité à laquelle ils auront droit sera fixée de la même manière.

5. Les rentes trois pour cent, affectées à l'indemnité seront inscrites au grand livre de la dette publique et délivrées à chacun des anciens propriétaires ou à ses représentans, par cinquième, et d'année en année, le premier cinquième devant être inscrit le 22 juin 1825.

(*Le reste comme au Projet*).

6. (*Comme au Projet*).

TITRE II. *De l'admission à l'indemnité et à sa liquidation.*

7. Seront admis à réclamer l'indemnité, l'ancien propriétaire, et, à son défaut, les Français qui étaient appelés, par la loi ou par sa volonté, à le représenter à l'époque de son décès, sans qu'on puisse leur opposer aucune incapacité résultant des lois révolutionnaires, ni leurs renonciations.

Il ne sera dû aucun droit de succession pour les indemnités réclamées dans les cas du présent article et de l'article 5.

8. (*Le premier alinéa comme au Projet de loi*).

Le bordereau sera communiqué aux réclamans, ensuite adressé par le préfet au ministre des finances, avec les pièces produites. Il y joindra son avis motivé, qui portera tant sur les droits et qualités des réclamans que sur les énonciations du bordereau et les observations ou réclamations qu'ils auraient reçues.

9. (*Le premier alinéa comme au Projet*).

4.° Si quelques-uns des biens vendus sur lui ne provenaient pas d'engagemens ou autres aliénations du domaine royal, auquel cas il sera fait déduction du quart sur l'indemnité due pour ces biens.

Il sera dressé un état des déductions à opérer, dans lesquelles ne seront, sous aucun prétexte, comprises les sommes payées à titre de secours aux femmes et enfans, les gages de domestiques et autres charges de la même nature, acquittées par l'État, pour le compte du propriétaire dépossédé.

Quel que soit le total de ces déductions il ne pourra diminuer l'affectation de trente millions fixés par l'article 1.er.

10. Le bordereau de l'indemnité et l'état des déductions, seront transmis par le ministre des finances à une commission de liquidation, nommée par le Roi.

11. (*Le premier alinéa comme au Projet*).

Il y sera statué comme devant les tribunaux, en matière sommaire, à moins qu'il ne s'élève quelque question d'État.

12. (*Comme au Projet*).

13. (*Comme au Projet*).

14. (*Comme au Projet*).

Des Déportés et des Condamnés.

15. Les dispositions précédentes seront applicables aux biens confisqués et aliénés au préjudice des individus déportés ou condamnés révolutionnairement.

(*Le reste comme au Projet*).

TIRTE IV. — *Des biens affectés aux hospices et autres établissemens de bienfaisance.*

16. (*Comme au Projet*).

17. En ce qui concerne les biens qui n'ont été que provisoirement affectés aux hospices et autres établissemens de bienfaisance, et qui, aux termes de l'article 8 de la loi du 5 décembre 1814, doivent être restitués; lorsque ces établissemens auront reçu un accroissement de dotation égal à la valeur de ces biens, les anciens propriétaires ou leurs représentans pourront en demander la remise, *aussitôt qu'ils auront transmis à l'hospice détenteur, une inscription de rente 3 p.* 100, égale au montant de l'estimation qui leur est due à titre d'indemnité.

En ce qui concerne les biens définitivement affectés auxdits établissemens de bienfaisance, les anciens propriétaires pourront, jusqu'au 22 juin 1828, en demander la remise, en leur conférant une rente sur le grand-livre de la dette publique égale au revenu net de la propriété par eux réclamée.

Néanmoins ils ne pourront exercer cette faculté sur les bâtimens et propriétés accessoires qui servent de siége aux établissemens ou qui y sont immédiatement attachés.

TITRE V. — *Des droits des créanciers relativement à l'indemnité.*

18. Les oppositions qui seraient formées à la délivrance de l'inscription de rente, par les créanciers des anciens propriétaires, porteurs de titres antérieurs à la confiscation, non liquidés par l'État *et non inscrits au grand-livre*, n'auront d'effet que pour le capital de leur créance; et les anciens propriétaires ou leurs représentans auront droit de se libérer des causes desdites oppositions, en transférant auxdits créanciers, sur le montant de la liquidation en rente de 3 pour cent, un capital nominal égal à la dette réclamée.

Ces créanciers exerceront leurs droits dans l'ordre des priviléges et hypothèques qu'ils avaient sur les immeubles confisqués, et l'ordre en sera fait au tribunal du domicile de l'ancien propriétaire, ou à celui d'ouverture de sa succession, quelque part que les biens fussent situés.

TITRE VI. — *Des délais pour l'admission.*

19. (*Comme au Projet*).

20. (*Comme au Projet*).

(*Voy.* Moniteur du 12 février 1825, N.° 43.)

DISCUSSION

DU PROJET DE LOI D'INDEMNITÉ.

Le jeudi 17 février, jour déterminé par la Chambre, dans sa séance du 11 (voyez le Moniteur du 12, n.° 43), la discussion est ouverte sur l'ensemble général de la loi.

M. *Labbey de Pompières*, premier orateur inscrit contre le projet, déclare d'abord que le rôle de l'opposition au point où elle se trouve réduite, est de marquer les pas que fait la Chambre dans la carrière qu'elle parcourt; que si elle eut dans un temps l'espoir de l'avertir et de l'arrêter, cet espoir est aujourd'hui complètement évanoui; que du moins et alors que la Chambre suivra le mouvement qui l'entraîne, puisque c'est la destinée de tous les partis, l'opposition accomplira sa tâche, qui est de mettre les choses à nu et de déchirer les voiles par lesquels, à toutes les époques, les avides complaisans du parti dominant se sont chargés de lui marquer son véritable but.

Si après le manifeste de Brunswick, ajoute-t-il, l'émigration eût triomphé dans les plaines de Champagne à l'aide des Prussiens, la révolution eût subi la loi du vainqueur, comme elle l'a subie à Naples et à Madrid.

Mais la subira-t-elle après 30 ans, lorsque tous ses principes, toutes ses conquêtes sont dans nos lois, dans nos mœurs?

Le peut-elle, lorsque le Roi défunt s'est uni à la nouvelle France, que la Charte est devenue le pacte de cette alliance, et que le roi Charles X a fixé sa position par ce mot heureux : « *Il n'y a en France qu'un Français de plus* ».

Le projet de loi suppose une grande prospérité... et cette prospérité n'est que mensongère; l'énormité de la dette, l'énormité du budget le prouvent.

Aurait-on plus de droit à invoquer la justice?

Mais personne n'ignore que l'émigration la plus fatale à la France, celle qui s'arma contre elle, celle qui alla soulever l'étranger contre la patrie, commença en 1791.

Un décret du 1er août rappela les émigrés.

Après la Constitution, les passeports furent supprimés et toutes les barrières ouvertes.

Cependant ni les vœux des Français restés fidèles à la Patrie et au Roi, ni les invitations pressantes de l'Assemblée nationale, ni les proclamations et les ordres de Louis XVI, ne purent fléchir ceux que l'intérêt et la passion animaient au point de méconnaître les sermens qu'ils avaient faits à leur Roi.

C'est alors que, selon M. le Commissaire du roi, *ils placèrent l'honneur sur la terre étrangère ;*

C'est alors que n'écoutant que leurs préjugés et sans égard aux proscriptions qui menaçaient leurs pères, leurs femmes, leurs enfans, ils appelèrent l'Europe à la dépouille, au partage du pays qui les vit naître, de la terre qui les avait nourris, et fournissait encore à leur existence.

On parle d'actes sévères et menaçans contre les émigrés ;

Etaient-ce donc des actes menaçans, ces invitations multipliées, ces proclamations, ces termes fixés et bientôt levés pour leur rentrée dans la Patrie? Etait-ce un acte bien sévère que cette soumission à une double contribution, qui ne fut définitivement établie que le 9 novembre 1791, et qui devait cesser à leur retour?

D'ailleurs elle ne fut exigée que lorsqu'on exigeait de tous les Français un sacrifice de leurs personnes et de leurs fortunes.

Si la confiscation fut ensuite prononcée, les manifestes de Berlin, ceux du duc de Brunswick avaient paru; la guerre enfin était commencée.

Cette mesure, connue de toutes les nations, dont le Gouvernement Français usa lui-même si souvent et si largement, était une loi du temps.

Pressée de toutes parts, ses frontières envahies, des Français réunis à des armées étrangères occupant, ravageant ses provinces; obligée à des dépenses excessives, privée des ressources nécessaires pour y pourvoir, est-il étonnant qu'à l'exemple du passé, elle en ait fait supporter une partie à ceux qui en étaient la première et la seule cause?

L'orateur se demande ensuite comment il se fait que l'indemnité ne s'applique pas à tous les maux produits par la révolution.

On prétend que le rentier a conservé le tiers de sa créance;

Mais, ajoute-t-il, quelle certitude a-t-on que ce tiers était libre de toute dette, qu'il ne lui a pas été enlevé par un avide créancier? et en ce moment encore n'est-il pas doublement atteint par la loi et par la fiscalité insatiable d'un ministre!

Il est resté une fortune immobilière aux négocians, aux capitalistes.

Cette supposition est dénuée de fondement: les habitans de Lyon, de Toulon, des villes écrasées par les bombes ennemies, ceux des départemens où des villages entiers sont couverts de ruines, ne peuvent l'entendre sans le rire de l'amertume.

Les émigrés ont tout perdu.

Fiction mensongère, que les listes d'électeurs ont dissipée depuis long-temps.

Telle est la mesure, continue M. de Pompières, que l'émigré qui ne possédait que des dîmes inféodées contribuera à indemniser son compagnon d'infortune possesseur de fonds, celui-là même peut-être, dont le champ était grevé envers lui de la dîme dont il se trouve affranchi.

Le créancier hypothécaire remboursé avec des papiers devenus sans valeur dans l'intervalle de la liquidation à la solde, indemnisera son débiteur.

La famille (et je pourrais prendre ici mon exemple) qui a partagé deux fois avec l'État et qui, heureuse d'embrasser un frère après 20 ans d'absence, s'est empressée de partager avec lui les débris d'une fortune qui a subi toutes les atteintes de la révolution, sera obligée de prendre sur ses faibles restes pour procurer à d'autres une aisance que depuis long-temps elle ne connaît plus.

Le père d'un émigré forcé par la loi de présuccession de choisir entre un partage et la misère, à la veille de manquer de pain lui et ses autres enfans, n'a conservé la jouissance de ses biens qu'en rachetant la part entière sans distraction des parties mobiliers, sans exception des créances douteuses; il en a payé le capital dont on ne lui tiendra aucun compte, et le champ qu'il arrose de ses sueurs, le chétif manoir de ses ancêtres, sera soumis à une contribution destinée à l'opulence !

Et voilà ce que l'on présente comme une mesure utile.

On veut, allègue-t-on, faire disparaître la défaveur que l'opinion publique attache aux nouveaux propriétaires.

Ainsi dejà le blâme plane sur l'acquéreur des biens confisqués; bientôt il sera possesseur illégitime.

Mais toute société commença par de telles ventes ou par un partage; Sparte et Rome en font foi, et jamais il n'y eut de possession plus légitime. Celui qui acheta le champ sur lequel campait Annibal, fut-il poursuivi par l'opinion publique? Lorsque Charles VII fit vendre les biens confisqués de Jacques-Cœur, un des principaux acquéreurs, *Guillaume Gouffier*, fut-il traité de spoliateur?

Si la possession d'un bien confisqué est illégitime, quel est le champ exempt de cette tâche? Quel est la terre qui n'en fut pas atteinte depuis la confiscation prononcée contre Robert d'Artois, ou seulement depuis le connétable de Bourbon jusqu'à nos jours.

Qu'aurait-on à répondre à un nouveau possesseur qui, se présentant dans la Chambre des Pairs ou dans celle-ci avec une liste complète des confiscations anciennes et modernes, et s'adressant aux chefs de famille les plus riches, les plus hautes en dignité demanderait aux uns que fit-on des terres des Coligny, des Fetigny et des milliers de Français qui périrent dans ce jour d'exécrable mémoire? Aux autres, quels sont les possesseurs des dépouilles des Conchini, des Cinq-Mars, des de Thou, des Marillac? En quelles mains sont les biens des religionnaires fugitifs presque tous donnés à la faveur, à la dénonciation? S'il y en eut d'employés à payer les services rendus dans la guerre de la succession, si telle terre fut donnée et prit le nom d'un petit-fils d'un Monarque refugié, cette origine suffit-elle pour effacer l'illégitimité?

Si de nos jours la confiscation fut un crime, elle en fut un dans tous les siècles.

Voilà donc toute la propriété mise en question; voilà où nous conduit un ministère inconsidéré : il réveille un procès assoupi depuis les Gracques, un procès qui fit naître les fureurs des Marius et des Sylla, et se termina par les Tibère et les Néron, et ces monstres du Haut et Bas Empire, effroi de l'humanité, oppresseurs de l'univers.

Et la Chambre est appelée à le juger!

La première règle de l'équité, un principe de tous les lieux, de tous les siècles, est que nul ne peut décider dans sa propre cause.

Or, de quelque côté que je porte ma vue dans cette Chambre, je ne vois que des parties intéressées, je n'y vois pas de juges.

Votre délicatesse, Messieurs, plus encore que les règles de la justice, vous interdira donc de prononcer. Une décision favorable passerait pour le résultat de la force aux yeux de l'Europe attentive à vos débats.

M. *Agier* a la parole : Si c'était, dit-il, une loi de grâce qu'on vous proposât, toute loi serait bonne ; comme c'est une loi de justice, il faut qu'elle tranche autant que possible toutes les questions qu'elle soulève, autrement mieux vaudrait ne pas la faire ; mais ce n'est pas seulement une loi de justice, c'est encore une loi de morale et de propriété ; c'est en outre une loi politique, puisqu'elle est destinée, tout à la fois, à réparer une grande iniquité, à rétablir la morale publique, à raffermir la propriété, à effacer le passé, à rassurer le présent et à féconder l'avenir.

C'est une loi de justice : car chez tous les peuples civilisés, il est de principe rigoureux, que tout ce qui a été pris par la violence doit être restitué : s'il n'en était pas ainsi, c'est la violence qui triompherait et la civilisation serait détruite ou du moins altérée. C'est une loi de justice, et cependant je serais presque tenté d'en douter si je croyais ce que je viens d'entendre.

Je l'avouerai, j'espérais que nous n'entendrions pas répéter dans cette enceinte, quoique d'une façon plus modérée, cette parole qui a été entendue trop d'une fois au dehors, que l'émigration fut un crime ; parole qui, si elle était vraie, jetterait l'effroi dans tous les cœurs ; car tout-à-coup les victimes seraient transformées en accusés, et il faudrait appeler vertu la persécution, l'assassinat, la confiscation, puisqu'on appellerait crime la fidélité, le malheur et l'émigration.

Je n'avais pourtant lu nulle part, jusqu'ici, que des sujets fussent criminels pour avoir voulu défendre leur roi, et suivi leurs princes.

Je concevrais que l'on professât l'opinion que l'émigration fut un tort, une faute, et ce serait une nouvelle et grave question à traiter; dans tous les cas, un tort, une faute ne peuvent donner le droit de spoliation.

Ce système pourrait s'appuyer sur ce principe si vrai, si beau en soi, que c'est en restant auprès du trône qu'on défend le monarque, et sur cet exemple à jamais immortel, de ces paysans vendéens, devenus tout-à-coup guerriers, de ces laboureurs devenus tout-à-coup géans, qui défendirent longtemps, presque sans armes, et leur religion et leur roi.

Mais la position était-elle bien la même, et quel fut le sort d'une partie de ceux qui, après la guerre, restèrent sur la terre brûlante où ils avaient combattu. Les traités mêmes, les traités inviolables suivant le droit des gens et de l'humanité, purent-ils les protéger, les défendre contre l'assassinat? au moins pendant la guerre, ils ne craignaient pas la trahison, car ils étaient suivis par leurs soldats; en était-il ainsi des officiers qui servaient dans les régimens de l'armée?

Je vois dans plus d'un corps, disait, le 4 juin 1790, M. de la Tour du Pin, alors ministre de la guerre, *les liens de la discipline relâchés ou brisés, les chefs sans autorité, les caisses militaires et les drapeaux enlevés, les ordres du roi même bravés hautement: les officiers méprisés, avilis, menacés, chassés, quelques-uns même captifs au milieu de leur troupe, y traînant une vie précaire au milieu des dégoûts et des humiliations, et pour comble d'horreur, des commandans égorgés sous les yeux et presque dans les bras de leurs propres soldats.*

Je le demande, dans une si horrible position, l'émigration était-elle un crime ou une nécessité? Oui certes, elle eût été un crime si ces officiers eussent eu encore quelque chose à défendre... Le Roi..... Il était bien encore dans son palais, mais il n'était déjà plus sur son trône, et peu après où étaient le trône et le monarque? La patrie, dira-t-on, la patrie! Alors on prononçait son nom, on déchirait son sein! La patrie est dans la religion, et les autels étaient renversés! La patrie est sur les marches du trône, et les débris même en étaient dispersés! La patrie est dans le Roi, autour du Roi, et il avait disparu dans la tempête! La patrie est dans les institutions, dans les lois, et il n'y en avait plus d'autres que celles des prisons et des échafauds!

Qui oserait se faire juge au milieu de tant d'orages et de catastrophes? Qui pourrait dire que les émigrés firent une faute? Qui peut oser dire qu'ils commirent un crime en quittant le sol français? Il n'y a qu'une chose vraie, c'est que la vertu ne peut être que du côté des victimes, et le tort, ou plutôt les crimes du côté des bourreaux; il n'y a qu'une chose certaine, c'est que hors les temps d'anarchie, l'honneur et le malheur eurent toujours des droits sacrés en France.

Aussi, ai-je dit que la loi proposée était une loi de morale; car la morale des peuples gagne à ce qu'ils apprécient que les nobles infortunes, que les grandes injustices ne restent pas toujours sans réparations.

C'est encore une loi de propriété, qui tend à la raffermir, comme première source de toute civilisation, première base de toute monarchie, en effaçant la différence que depuis les confiscations on a mise entre les deux natures d'acquisition, patrimoniale et nationale.

C'est une loi politique, puisque son but est de rapprocher tous les esprits en reconciliant ces propriétés, s'il est permis de s'exprimer ainsi.

C'est une médiation entre les iniquités d'une révolution heureusement terminée et ceux qui en furent les principales victimes.

Mais pour que cette transaction produise tous ses effets, il faut qu'elle soit claire, précise, sans réticence; il faut qu'elle donne satisfaction aux émigrés, sécurité aux acquéreurs. Satisfaction aux émigrés! Qui de nous ne voudrait la leur donner toute entière? mais qu'on fasse tout le possible. Garantie aux acquéreurs, ils en ont une au-dessus de toutes les autres! car ils ont la parole de deux Rois de France.

J'ai dit que le principe de l'indemnité devait être nettement posé, et je ne le trouve établi ni dans le projet du gouvernement, ni dans celui de la commission.

Dans le vrai, on alloue une indemnité, parce qu'on ne peut rendre les biens en nature; on ne donne pas cette indemnité intégrale, parce que la fortune de l'État ne le permet pas, et qu'à l'impossible nul n'est tenu; enfin on donne une indemnité parce qu'elle est due. Pourquoi ne pas le dire? On la donne par transaction légale. Pourquoi ne pas le dire encore? cette franchise donnerait à la loi une nouvelle force, une nouvelle autorité.

L'Orateur se plaint de l'article 2 de la loi, en ce qu'il éloigne du but que l'on voulait atteindre, celui d'allouer une indemnité égale autant que possible à tous les émigrés, et reproche à la Commission de n'avoir pas donné une plus grande attention à la proposition faite dans plusieurs bureaux, de commissions de département et d'arrondissement qui aurait facilité l'opération et fait connaître la valeur réelle des biens.

L'article 7 ne lui paraît pas moins contraire au but de la loi et à l'esprit de propriété, puisqu'il exclut les donataires et les légataires, tandis que chez tous les peuples anciens, chez tous les peuples modernes les dernières volontés de l'homme ont toujours inspiré le plus grand respect.

Il lui semble que les cinq ans fixés par une disposition de la loi, sont bien longs dans les circonstances actuelles.

Pressons, ajoute-t-il, l'accomplissement de cette grande opération, et réduisons, s'il se peut, sa durée à 3 ans. qu'elle augmente nos forces en augmentant et en cimentant notre union, et s'il était vrai que de ce vaste incendie qui a ravi tant de choses qu'on ne peut ni retrouver ni rendre, il restât encore quelques cendres qui devraient être refroi dies; hâtons-nous de les rentrer par l'indemnité, dans le sein de notre terre si riche, pour la féconder davantage et non pour la brûler encore.

Sauf l'article 1.er auquel je propose une addition de rédaction, l'article 2 que je ne puis accepter, l'article 7 sur lequel j'appuie l'amendement de la Commission, je vote donc pour le projet de loi.

M. Méchin. La loi que nous discutons, telle qu'elle a été présentée d'abord, portait à mes yeux le caractère d'une loi politique, suite et complément de la loi politique du 5 décembre 1814.

Je pouvais d'autant moins m'y méprendre, que l'art. 7, dérogeant à la loi commune qui règle l'ordre des successions, en faisait effectivement une loi de circonstance et d'exception.

Mais la Commission a bien changé la face des choses, car c'est dans le droit qu'elle a planté les racines de la loi.

Elle établit un grand débat, dont comme moi, vous êtes juges : juge, ma première pensée a dû être d'examiner ma position personnelle, je ne suis ni détenteur de biens confisqués, ni prétendant à l'indemnité, je puis donc prendre place.

S'il en était autrement, je m'abstiendrais. Produit des élections de 1824, député septennal par le fait de ma propre délibération, je ne voudrais pas que ma boule tombant dans l'urne, se changeât pour moi en un coupon de rentes.... Je craindrais qu'on dît de nous un jour ce que Pascal mit dans la bouche d'un proviseur de Sorbonne : *nous aurons fait entrer tant de cordeliers, tant de cordeliers, qu'enfin nous l'emporterons; car il est plus aisé de trouver des cordeliers que de bonnes raisons.*

Permis sans doute d'appeler l'intérêt sur 50,000 de nos compatriotes long-temps malheureux.

Non moins permis, certes, de prendre la défense de 29,000,000 de Français restés sur le sol de la patrie, victimes tour-à-tour de la guerre extérieure que les adversaires ont suscitée, et de la guerre civile qu'ils ont fomentée au dedans. Soldats toujours armés contre la révolution en ses excès, mais défenseurs courageux de ce qu'elle eut de noble, d'utile, de généreux et de vraiment patriotique ; qui, sans crime, ont pu croire qu'il n'y avait de France que dans la France, et que tout honneur ne s'était pas exilé au-delà du Rhin.

L'orateur s'attache à établir que la révolution contre laquelle on ne cesse de s'élever fut offerte à la nation par le privilége.

La confiscation elle-même est un produit qui appartient tout entier à l'ancien régime.

Je n'aurais, ajoute-t-il, qu'à citer les édits de 1669 et 1686.

Je mentionnerais encore cet autre édit qui vouait les pasteurs et les ministres aux gibets et à la roue, et payait 5,500 f. chaque tête de proscrit.

Les crimes de nos jours ont donc été précédés de plus grands crimes.

Il est injuste d'accabler toujours le temps présent et d'en faire la victime expiatoire du passé.

Il faut faire la part à toutes les époques et en tirer des leçons utiles.

Trouve-t-on dans l'histoire que les biens confisqués aient jamais été restitués.

Une seule tentative fut faite en 1562, par le chancelier de l'Hôpital en faveur des religionnaires récemment dépouillés ; un édit ordonna la restitution de leurs biens, mais ces biens avaient été donnés aux hommes de la Cour ; le parlement se prononça pour eux ; il s'opposa à la restitution et l'édit ne fut pas exécuté.

De si grandes plaies sont incurables.

Qui d'ailleurs n'a pas été frappé plus ou moins dans sa

personne, dans sa famille, dans ses biens pendant le cours du demi siècle qui vient de s'écouler ?

A-t-il moins mérité l'indemnité dont le privilège veut s'arroger le monopole, ce fabricant qui, bravant chaque jour la mort sous les murs de Lyon, a vu la flamme dévorer ses ateliers et sa famille expirer aux Brotteaux?

Ne sont-ils pas aussi victimes des événemens de la révolution, ces magistrats dont les offices représentaient une valeur de 800,000,000, et qui n'ont reçu qu'un remboursement illusoire.

Et ces rentiers qui avaient confié leur fortune à l'Etat, et qui, dans un instant, en ont vu périr les deux tiers, victimes toujours prêtes et tout à l'heure dévouées pour l'indemnité.

Et cet armateur qui verra dédommager le possesseur d'une chaumière, tandis qu'on ne lui comptera rien des trois millions qu'on lui a ravis pour le service du Roi.

Et ces dignes officiers de nos cités en deuil, et ces gardes nationaux fidèles, morts en combattant l'anarchie et les factions.

Tous ces citoyens qui sont sortis mutilés de nos discordes civiles, dans quelque rang qu'ils se trouveront placés.

Et ces créanciers du privilège, si impérieux et si exigeant, qui, liquidés par l'Etat, n'ont reçu en échange de leurs capitaux que des assignats sans valeur.

Tous ces hommes ont-ils reçu des blessures moins douloureuses que les vôtres, et leurs plaintes ne peuvent-elles pas se confondre avec vos plaintes? Ces infortunes sont-elles moins touchantes parce que généralement elles ne sont que des infortunes plébéiennes ?

La raison d'état, dit-on, veut que par une grande leçon on recommande le respect dû à la propriété.

La possession du fonds de terre a-t-elle donc une supériorité sur la propriété mobiliaire? toutes sont le fruit de la conquête ou du travail.

S'il fallait appliquer à des maux constatés, un excédent de richesses dont nous serions pour ainsi dire embarrassés, et si cet excédent était insuffisant pour porter à tous un remède efficace et complet, contraint de faire un choix, je rechercherais avec soin ceux qui ont souffert tout autant que les autres, mais qu'aucun dédommagement n'est encore venu consoler.

Je considérerais qu'il y a 23 ans que les restitutions ont commencé pour l'émigration; qu'à peu près à cette époque, un travail exact a prouvé que, sur 20,000 propriétaires dont se composaient les colléges électoraux de département, 14,000 appartenaient directement ou indirectement aux anciens ordres privilégiés.

Je me demanderais enfin si c'est pour l'émigration telle qu'elle est aujourd'hui, que je dois imposer un milliard aux autres infortunes.

Si le privilége persiste à revendiquer de la nation ce qu'il appelle un droit, pourra-t-il s'offenser qu'un jour la voix de cette vieille armée à qui l'on vient de porter de si sensibles coups, et qui a élevé si haut la gloire française se fasse entendre?

Un milliard aussi lui avait été promis; cette lettre de change tirée sur l'ennemi fut acquittée par cent victoires; ce n'est point sur sa patrie épuisée qu'elle avait fondé sa fortune nouvelle, mais sur la conquête, à l'exemple de nos pères, lorsque, sortant des forêts du nord, ils envahirent les Gaules.

Des traités solennels et consommés la lui garantissaient; elle a tout perdu sans fatiguer l'Europe et la France de ses plaintes.

Ses accens seraient entendus, ses vœux accomplis, et la France applaudirait; mais j'en atteste ses lauriers, elle rejetterait toute indemnité prélevée sur les infortunes contemporaines de la sienne.

Enfin la loi ne remplit aucune des conditions qui détermineraient mon suffrage; elle ne contente pas même ceux pour qui elle est faite.

Loin d'amener une réconciliation désirable, elle en éloigne le terme et en fausse les moyens.

Elle fait valoir des prétentions que la charte a condamnées comme droit.

Je la rejette donc.

M. Lézardière : Messieurs, membre de votre Commission, je m'honore d'avoir été dans le cours de ses longs travaux, constamment uni de principes et de sentimens à tous mes collègues.

Mais mon opinion n'a pas été celle de la majorité sur plusieurs points importans de la loi qui vous est soumise, et j'ai cru vous devoir compte de cette opinion.

Le Roi a défini admirablement ce que devait être la loi d'indemnité, quand il l'a appelée mesure de *justice et de politique.*

Il est à la fois juste et politique de rendre une propriété aux émigrés; rappelons-nous comment et pourquoi elle leur fut ravie; attaquons de front la principale objection par laquelle on a voulu ternir la gloire des émigrés, incriminer leur conduite : ce sera défendre le principe du projet de loi.

On a dit, on a répété qu'en aucun cas il n'est permis de s'unir à l'étranger, d'appeler dans son pays ses phalanges. On ne peut appuyer ces déclamations usées que sur le dogme de la souveraineté du peuple, dogme usé aussi, si je peux m'exprimer de la sorte, et que du moins il n'est plus besoin de combattre en cette enceinte.

Sans doute, Messieurs, l'invasion étrangère est une calamité, mais il en est de plus affreuses; si en 1792, les alliés eussent rendu à Louis XVI le sceptre qu'en 1814 ils ont remis à Louis XVIII, que de maux et quel grand crime eût évités la France!

Non, il ne fut pas plus coupable à Monsieur et à Monsieur le comte d'Artois, d'espérer en 1792 finir la captivité de leur auguste frère, à l'aide des armées d'Autriche et de Prusse, qu'il n'a été condamnable au baron d'Eroles et à ses nobles compagnons d'armes, de s'être unis à l'armée de Louis XVIII, pour rendre au roi d'Espagne son sceptre et sa liberté; tous les rois durent croire leurs trônes menacés le jour où le trône de Louis XVI fut ébranlé. Ils fut donc permis à nos princes de croire que Louis XVI serait secouru comme l'a été Ferdinand VII, prévoyant les dangers d'une contre-révolution opérée seulement par des troupes étrangères; ces princes vraiment français voulurent que leur auguste frère trouvât une petite armée au milieu d'une des armées qu'il devait attendre de toute l'Europe; que les Français demeurés fidèles dans l'intérieur, que ceux qui étaient déjà désabusés des erreurs si excusables du commencement de la révolution, pussent se rallier autour du drapeau blanc.

Le succès n'est pas tout dans les affaires humaines;

Quant aux Français fidèles qui obéirent à l'appel des princes, je ne les outragerai pas par une justification; je ne dirais que ce que vous savez tous, que ce que vous avez tous admiré; l'honneur du nom français fut soutenu par les émigrés sur le champ de bataille. Menin et Bernstein virent la même valeur que les champs de Fleurus et d'Arcole. Fortifiés contre le malheur par l'élévation des motifs qui les avaient livrés; les émigrés soutinrent noblement la plus terrible des épreuves, le passage subit de l'opulence à l'extrême misère.

Ce sont ces infortunes que le Roi a voulu soulager; ce sont ses compagnons d'exil et de malheurs au secours desquels il a prétendu venir.

Faisant la part de chacun, nous dirons : l'indemnité est juste et politique; *le Roi veut et nous voulons tous.*

L'orateur, après avoir ainsi admis le principe de l'indemnité, combat le mode d'exécution, il combat surtout les inégalités qui résultent des évaluations d'après le système ministériel.

Le ministère convient de ces inégalités, des vices de ces évaluations, mais il croit impossible de mieux faire aujourd'hui, il s'effraie pour lui et pour nous de la responsabilité dont nous chargerait une évaluation actuelle ; vous ne pouvez, nous dit-il, fuir l'arbitraire ; évitez celui du présent ; rejettez-vous sur l'arbitraire du passé !

Il est déplorable de penser que ce passé est 93 ; l'arbitraire du passé est l'arbitraire des bourreaux.

Les Ministres ont rédigé avec rapidité une loi qui demandait, plus qu'aucune autre, à être élaborée avec maturité ; ce caractère de précipitation se marque dans tous ses détails.

L'indemnité, dans leur système, me représente ces loteries d'Allemagne où quelques-uns gagnent une belle terre, d'autres une terre de moindres revenus, plusieurs billets obtiennent des sommes plus ou moins fortes en florins de Vienne, un grand nombre n'a rien du tout il est vrai ; et dans la loterie qui nous occupe les plus maltraités recevront quelque petite chose ; mais aussi, Messieurs, ici les billets ont été payés fort cher.

M. *Lézardière* s'élève ensuite contre la disposition du projet par laquelle une commission formée à Paris, disposera de la propriété de cent mille familles.

Cette monstrueuse disposition, dit-il, a fait frémir nos provinces, victimes depuis si long-temps de la centralisation.

La liquidation pour être juste doit être opérée sous les yeux des intéressés, par des hommes connus d'eux, vivant au milieu d'eux, garantis contre tout soupçon par leur caractère ; ce moyen seul assure une répartition juste entre les ayans-droit.

Je vote pour le projet de loi, avec les amendemens de la commission, sauf l'article second, et avec les modifications que le rejet de cet article nécessitera dans les articles réglementaires de la loi.

M. *Basterrèche* se félicite d'abord de ce que dans le calme des passions haineuses engendrées par la révolution, l'on peut désormais parler des événemens de cette grande époque comme de faits historiques déjà loin de nous.

Il ajoute que les émigrés ne sont pas les seuls qui aient souffert des atrocités révolutionnaires.

Il énumère ensuite tous ceux qui en ont été frappés.

Toutes les guerres, poursuit-il, traînent à leur suite des calamités; mais la guerre civile a cela de plus désastreux et de plus affligeant, que l'étranger n'entre point en partage des maux qu'elle entraîne.

Le nom tragique de Coriolan, reprend l'orateur, traverse les siècles entouré de réprobation et de blâme; tandis que la magnanimité de Camille, déchirant sans hésiter son décret d'exil, pour voler au secours de sa patrie, pour chasser les Gaulois de Rome, vient consoler les grandes ames.

Au lieu de justice, je ne trouve, dit-il, dans le projet de loi que partialité et exclusions impolitiques; au lieu d'espérance, de concorde, de satisfaction générale, je n'y aperçois que de plus nombreux motifs de reproches et de récrimination; au lieu d'une mesure réconciliatrice, je n'y vois que la renaissance des haines intestines, et d'accusations réciproques.

Devant un avenir aussi funeste, je ne dois écouter que ma conscience, mon honneur, et celui du plus grand nombre de Français, je vote contre la proposition.

M. de *Vaublanc* (*Commissaire du Roi*), déclare que la justice de la loi est prouvée par l'assentiment donné pendant dix ans consécutifs à toutes les demandes d'une indemnité en faveur des émigrés, il se demande ensuite si elle est conforme à la saine politique, et résout cette question par la célèbre maxime des anciens « *que tout ce qui est juste est utile, tout ce qui est injuste est nuisible.*

L'indemnité, ajoute-t-il, sera favorable aux propriétés, en ajoutant une nouvelle garantie à celle qu'établit la Charte.

Il s'attache ensuite à justifier la nécessité d'indemniser seulement une portion de ceux qui ont souffert, et termine en rappelant tous les efforts faits par le gouvernement, pour diminuer autant qu'il est possible, les inégalités de la répartition, et en faisant observer qu'on ne peut pas les regarder comme des injustices, parce que l'injustice est non dans le fait, mais dans l'intention de nuire.

M. *de la Bourdonnaye :* C'est avec un trouble extrême que j'aborde aujourd'hui la tribune ; incertain sur mes droits, incertain sur mes devoirs, j'ignore si je dois y rester ou en descendre.

Récusé par quelques orateurs de ce côté (l'opposition), suis-je, en effet, juge ou partie dans la question importante qui se présente en ce moment devant vous ?

Je m'estimerais bien peu moi-même si au milieu des grands intérêts que soulève une loi d'indemnité, si quand il s'agit de rendre cette noble France à tous les sentimens de grandeur, de justice et de générosité qui la placèrent si haut sous le sceptre de tant de rois de cette illustre famille, enfin rendue à nos vœux pour notre prospérité et le repos de l'Europe ; si, dis-je, il s'élevait dans mon cœur un seul sentiment qui ne fût pas tout entier pour la gloire et le bonheur de mon pays.

Et depuis quand donc les mandataires d'un grand peuple seraient-ils sans intérêt dans les discussions d'intérêt public qu'ils sont appelés à défendre ? Depuis quand faudrait-il être étranger dans sa propre patrie pour en être le législateur et juge de tout ce qui tient à sa gloire et à sa prospérité ?

Vous qui vous glorifiez d'être ici les représentans d'une opinion et ses défenseurs, dans quelle circonstance, dites-le nous, vous êtes-vous retirés quand cette opinion était attaquée ; êtes-vous restés neutres dans la discussion des lois d'élection qui touchaient à votre intérêt privé comme à votre intérêt général? êtes-vous sortis de cette Chambre quand il s'agissait de prononcer sur des troubles publics ou des accusations dans lesquels vous étiez impliqués? Avez-vous exclu de vos délibérations les trente associés des compagnies des canaux qui mirent un poids si prépondérant dans la question importante de canalisation? Avez-vous exclu les banquiers des emprunts dans les lois de création de rentes? Avez-vous le projet de vous récuser vous tous qui possédez des rentes sur l'État, quand il s'agira de réduction de rentes.

Mais en voilà trop sans doute sur une difficulté qu'il ne fallait qu'établir pour qu'elle fût éclaircie.

Juste dans son objet, complément nécessaire de la restauration, destinée à réparer autant qu'il est en elle l'atteinte portée à la morale publique par plus d'une concession; la loi d'indemnité réclame une discussion d'autant plus grave et d'autant plus solennelle que le législateur doit se pénétrer avant tout du but qu'elle doit remplir, du principe sur lequel elle doit reposer, et du besoin moral qu'elle doit satisfaire.

Mais quand il s'agit de consolider cette restauration, quand il s'agit de faire disparaître du milieu de nous le germe toujours subsistant de nouvelles discordes, qu'une loi d'indemnité si ardemment désirée ne vienne pas accroître le danger, et détruire jusqu'à l'espérance d'un meilleur avenir.

C'est pour nous soustraire au péril que je rechercherai sur quel principe doit reposer une loi d'indemnité; plus tard j'examinerai si celle qui nous est présentée remplit les conditions indispensables pour atteindre son but.

Si des hommes soumis depuis tant d'années aux plus dures privations peuvent ne demander à la loi d'indemnité qu'une compensation de leurs pertes, l'homme d'État chargé d'une plus haute mission réclame davantage. Pour lui ces honorables victimes des proscriptions révolutionnaires, ne sont pas seulement des êtres malheureux dont l'humanité fait un devoir d'adoucir l'infortune; ce sont encore les propriétaires de droit des biens dont ils ont été dépouillés de fait; parce que s'il reconnaît à la puissance légitime le droit de légaliser les actes du Gouvernement de fait qui sont de la compétence du pouvoir souverain, il ne reconnaît à aucune autorité le droit de légitimer sans le concours des propriétaires, les spoliations dont ils sont les victimes. Il ne peut donc voir dans l'article 9 de la Charte qu'un acte conservatoire, qu'une mesure politique qui peut bien garantir aux acquéreurs des biens confisqués la possession des immeubles portés sur leurs contrats, mais non leur conférer un droit de propriété; droit qu'ils ne peuvent obtenir que de l'accomplissement des dispositions de l'article 10 de la Charte, c'est-à-dire d'une juste indemnité.

L'orateur pose ensuite ces deux propositions, que si les assemblées prétendues nationales étaient illégales, leurs décrets frappés de nullité par leur origine, n'étaient que des actes de violence dont les effets ont cessé avec la violence qui les avait produits; et les émigrés dépossédés de fait, mais non pas de droit, ont de légitimes prétentions à une indemnité pour cette cession de leur droit sur des propriétés dont l'État leur demande aujourd'hui l'abandon.

Que si, au contraire, les émigrés ont été spoliés à la fois de droit et de fait par les décrets de la Convention; comme on ne peut être dépouillé de droit de ses biens que par une autorité légale, il en résulterait qu'il faudrait regarder comme légaux les décrets révolutionnaires; mais alors il ne serait dû aucune indemnité; car une indemnité n'est qu'une compensation d'une chose ou d'un droit cédé, et quand on a perdu une chose ou un droit par une décision légale, on n'y conserve plus aucune prétention légitime, on n'a plus rien à en concéder, il n'y a plus matière à compensation, ou à une indemnité.

Il en conclut qu'une loi d'indemnité qui partirait de ce faux principe, que les émigrés ont perdu la propriété et la possession de leurs biens par suite des confiscations révolutionnaires, serait contradictoire dans ses termes; puisqu'elle ne serait pas une loi d'indemnité, mais une loi de grâce et de pure libéralité; elle serait encore moins une loi politique et une loi de restauration, car elle consacrerait la doctrine du Gouvernement de fait, et justifierait tous les actes de la révolution.

Ces principes une fois posés, continue M. de la Bourdonnaye, examinons le projet de loi.

Deux dispositions principales, les articles 2 et 7 me semblent en opposition manifeste avec ces principes.

L'article 2 d'une part n'offre pas une juste compensation par une évaluation nécessairement inférieure à la valeur actuelle des biens confisqués. De l'autre, il semble faire remonter l'époque à laquelle l'indemnité leur est acquise à la date des décrets révolutionnaires et des contrats de vente.

Sous le premier rapport la loi est injuste, et sous l'autre, elle est antimonarchique, puisqu'elle consacre la légalité des décrets de la convention, et la légitimité du Gouvernement de fait dont elle tire son origine.

Mais, répondront sans doute les défenseurs du projet de loi, ce n'est pas nous qui reconnaissons la légalité des ventes nationales; c'est la Charte qui les a consacrées.

Remarquez, je vous prie, à quoi tendrait ce système de défense : à justifier le projet de loi aux dépens de la couronne, à lui attribuer la spoliation de ses plus fidèles serviteurs.

La Charte a maintenu la possession des acquéreurs, dans l'intérêt de la tranquillité publique; mais sans rien préjuger contre les droits des émigrés, qu'il n'était pas au pouvoir du Monarque d'anéantir.

C'est le fait et non le droit que la Charte a maintenu.

Mais quand il serait vrai que l'article 9 de la Charte eût transmis aux acquéreurs la propriété des émigrés, il faudrait au moins reconnaître que cette transmission n'était pas légalement consommée avant la restauration, puisque la Charte a été appelée à la légitimer. C'est par conséquent à cette époque que la valeur de la compensation doit être fixée pour l'évaluation des biens dont elle doit être le juste dédommagement.

Forcés dans ce dernier retranchement, les défenseurs du projet de loi objecteront sans doute qu'ils n'ont choisi l'époque de la vente des biens et le revenu de 1790, que comme un moyen d'arriver à un plus prompt et plus équitable résultat.

Quant à la promptitude du résultat, qu'il me soit permis de faire observer qu'on n'aurait le droit de nous tenir ce langage qu'autant qu'il serait possible de démontrer qu'occupés depuis leur entrée dans les affaires, de préparer une bonne loi d'indemnité, les ministres ont employé les trois années de leur administration à se procurer tous les renseignemens nécessaires à sa confection ; mais s'il est démontré que ce n'est que du mois de juin de l'année dernière que les ordres ont été donnés pour commencer des recherches, on sera forcé de convenir que ce n'est pas le temps qui a manqué aux ministres; ce sont eux qui ont manqué au temps.

Je pourrais démontrer aussi facilement combien peu sont équitables ces bases d'évaluation que l'on nous donne comme les moins inexactes que l'on ait pu se procurer.

Mais cet examen m'éloignerait du plan que je me suis tracé.

Toutefois concédons encore que ce soit par le seul motif de faciliter son travail que le ministère ait choisi les revenus de 1790 et le prix des ventes pour les seules bases de l'estimation des biens confisqués et vendus. Lui était-il donc si difficile, même avec ces élémens, de parvenir à l'évaluation plus équitable et plus monarchique de ces mêmes biens à l'époque actuelle ou à la date de la Charte?

Sans doute il n'eût pas fallu un grand effort d'imagination pour faire rechercher dans chaque département, dans quelle progression la valeur des biens s'était élevée depuis 1792.

Mais le ministère part d'un principe différent ; il considère les émigrés comme légalement dépossédés de droit et de fait par la Convention. C'est donc par une conséquence de son système et non pour obtenir un plus prompt et plus équitable résultat qu'il a pris la base du revenu des biens confisqués en 1790.

Ce faux système, ce système anti-monarchique, nous allons encore avoir à le combattre dans la discussion de l'article 7 du projet de loi.

Le but de cet article, déja repoussé par votre commission, est d'intervertir l'ordre des successions dans le partage de l'indemnité.

Cependant si les Français spoliés de fait, par les lois révolutionnaires, sont restés propriétaires de droit des biens sur eux injustement confisqués, ce droit dont ils étaient investis, ils l'ont transmis en mourant aux héritiers que la loi en vigueur désignait pour leur succéder, suivant l'axiôme de jurisprudence : *le mort saisit le vif.*

C'est donc dans une loi destinée plus spécialement à consacrer l'inviolabilité du droit de propriété que le législateur propose de la violer plus ouvertement.

Si une telle translation de propriété n'était pas une souveraine injustice, elle serait une reconnaissance manifeste de la légalité des confiscations révolutionnaires, de la légitimité des contrats des acquéreurs de domaines nationaux, et par conséquent de la légitimité de la puissance de fait et de la souveraineté du peuple dont elle n'est que la conséquence.

Doctrine funeste, doctrine subversive des droits de la légitimité : doctrine cependant implicitement renfermée dans les deux articles que nous venons d'examiner.

Pour preuve de cette proposition l'orateur cite cette phrase de l'exposé des motifs : *le temps est arrivé de dire aux émigrés ; l'état vous a privés de vos biens ; il en a transmis la propriété à d'autres dans des temps de troubles et de désordre.*

L'état, dans des temps de troubles et de désordre, ce n'est pas le Gouvernement légitime.

C'est la révolution, c'est le Gouvernement de fait; c'est le peuple souverain.

Il fait ensuite remarquer que ce n'est pas seulement la possession précaire qui a été transmise aux acquéreurs, mais la propriété elle-même, le droit de posséder à toujours; et comme, ajoute-t-il, il n'y a qu'une autorité légitime qui puisse transférer à toujours la propriété, reconnaître la transmission de la propriété par les décrets de la Convention, c'est reconnaître la légitimité de son pouvoir, c'est consacrer la doctrine de la souveraineté du peuple dont il a pu seul émaner.

Assurément, Messieurs, je ne ferai pas au ministre l'injure de lui attribuer de pareilles doctrines, de l'accuser de les professer sciemment.

Mais voilà où conduit cette habitude des concessions qui affaiblit le pouvoir sans le contenter.

Dans cet état de choses quel parti prendre? rejeter un projet de loi rédigé dans un système évident d'injustice et de déception! c'est ajourner la justice, la rendre plus difficile, impossible peut-être! l'adopter tel qu'il est, c'est trahir les intérêts de la restauration.

Dans cette perplexité vous n'avez qu'un parti à prendre; il est de votre devoir d'améliorer un projet de loi dont chacun de vous reconnaît la nécessité.

La refonte d'une loi aussi importante, aussi compliquée ne peut pas se faire à la tribune.

Renvoyez-la à votre commission, elle y gagnera en lumières, elle y gagnera surtout par une plus grande influence sur vos décisions.

Par tous ces motifs je vote pour le principe de l'indemnité, j'appuie l'amendement de l'article 2 présenté par M. de Lézardière, et j'en demande le renvoi ainsi que celui de la loi entière à l'examen de la commission, et je supplie la

Chambre de vouloir bien lui adjoindre de nouveaux commissaires.

M. de *Baumont* attaque le projet de loi par les mêmes motifs que M. de la Bourdonnaye.

Il prétend que l'indemnité pour être juste doit être intégrale, et manifeste le desir que cette indemnité soit donnée au possesseur et que l'on restitue les biens aux anciens propriétaires.

M. de *Martignac* (commissaire du Roi) : avant d'examiner les différentes objections présentées contre la loi, permettez moi de vous rappeller son véritable objet, que les orateurs de l'opposition me paraissent avoir constamment perdu de vue.

Le projet de loi tend à indemniser les anciens propriétaires des biens fonds confisqués par suite des lois sur l'émigration, sur la déportation, sur la condamnation, c'est-à-dire par suite de toutes les confiscations politiques prononcées pour quelque cause que ce soit, en exécution des lois révolutionnaires.

Le projet de loi et l'exposé des motifs ont dû plus particulièrement s'occuper de ce qui concernait les émigrés, parce que le plus grand nombre des confiscations ont été en effet prononcées sur leur tête ; mais la disposition de la loi est commune aux confiscations de toute espèce.

Cette première observation vous fait déja pressentir tout ce qu'il y a de faux, d'irréfléchi dans le reproche fait à la loi de s'occuper uniquement d'un malheur spécial et d'une classe privilégiée.

La confiscation, dit-on, n'est pas une chose nouvelle ; elle n'est pas née de la révolution, c'était une loi de la monarchie.

Étrange et indéfinissable justification ! ces actes de douloureuse mémoire, qu'on a si souvent rappelés comme des monumens d'injustice, qu'on a dénoncés à l'humanité ! on les invoque aujourd'hui comme des exemples à suivre, comme des autorités qu'il faut respecter.

C'était, dit-on, la loi de la monarchie. Cette loi n'existait plus lorsque les confiscations furent prononcées ; elle avait été formellement abolie.

Dira-t-on que les lettres patentes de 1790 ne s'appliquaient qu'à la confiscation judiciaire, tandis qu'en 1792 il s'agissait d'une grande mesure politique prononcée par la loi en masse. Ce serait assurément un étrange système que celui qui tendrait à justifier des violences par le nombre et par l'arbitraire.

Et par quel moyen essaie-t-on de justifier les actes de violence? c'est en accusant les émigrés d'avoir quitté leur patrie, sans y être contraints par des dangers; c'est en leur reprochant avec amertume d'avoir porté les armes contre le pays qui les avait vus naître.

Je n'aurais pas même besoin, pour la justification du projet de loi, de relever tout ce qu'il y a d'injuste et d'erronné dans de pareilles assertions; leur réalité même ne légitimerait aux yeux de personne cette spoliation aussi étendue, cette peine sans jugement lancée d'avance contre une masse encore inconnue..... Aussi la confiscation resterait là encore avec toute son injustice.

Mais cette réponse ne suffit pas ; il est de mon devoir de rectifier des erreurs trop graves pour être passées sous silence.

Lorsque d'imprudens novateurs portèrent la hache au sein de nos institutions, lorsque l'autorité royale fut violée, la liberté du Roi détruite, sa vie menacée; tous les hommes de sens et d'honneur sentirent le besoin de soutenir le trône ébranlé; des positions diverses durent naturellement commander des devoirs différens, et il y a aussi peu de justice à refuser une haute estime à des hommes d'honneur qui ont quitté leur famille et leur pays pour aller chercher au dehors la gloire et la misère, qu'il y aurait peu de raison à soutenir que la fidélité et l'honneur n'ont pu rester au milieu du désordre pour l'arrêter, et de l'incendie pour l'éteindre.

La France était tranquille, a-t-on dit, à l'époque où les émigrés l'ont quittée.

M. le commissaire du Roi répond à cette assertion par la déclaration que Louis XVI laissa en quittant Paris, le 21 juin 1791.

Des proclamations où on lisait le nom du Roi, ont rappelé les émigrés et on les invoque aujourd'hui pour y trouver la preuve qu'ils ont manqué à leurs devoirs et violé les ordres du Roi.

Mais ces proclamations ont suivi le funeste retour de Varennes; dès le 20 juin, le Roi avait dit que son défaut absolu de liberté avait entravé toutes ses démarches. Après son retour, pendant sa longue captivité, qui pouvait donc chercher dans ses actes l'expression de sa pensée et de ses volontés ?

Les émigrés furent, dit-on, avertis par des lois comminatoires, des dangers dont ils étaient menacés, et ils ont persisté.

Il n'y a que le sentiment du devoir, que le cri de la conscience, que la puissance de l'honneur, qui aient pu retenir des hommes, des pères de famille rappelés par de tels intérêts; les accuser ainsi, c'est leur rendre justice et hommage.

Mais ils ont porté les armes contre leur pays, les récompenser, c'est flétrir la gloire de l'armée française.

D'abord, il n'est pas question de les récompenser, mais de les dédommager de la ruine dont ils ont été frappés.

Et pourquoi donc l'armée française serait-elle blessée par cette réparation? L'armée se connait en courage, en dévouement, en sacrifices; elle ne s'étonnerait pas de voir payer de telles dettes.

On nous demande pourquoi, au milieu des plaies de toute espèce, qui ont marqué le brûlant passage de la révolution, nous choisissons celle dont les émigrés ont été atteints.

Cette base, sur laquelle repose toute l'argumentation de

l'opposition, je l'ai déjà dit, c'est une erreur, puisque la loi s'applique à toutes les confiscations immobilières.

On ne veut pas que la confiscation immobilière soit la seule pour laquelle une réparation soit accordée.

Nous avons tous déploré l'impuissance où est l'état d'apporter un remède à tous les maux, mais nous avons dit qu'il faut l'apporter ce remède, à celui où l'on trouve le plus d'odieux dans son origine, le plus de gravité dans son action, et le plus de danger dans ses conséquences.

Toutes ces conditions sont renfermées dans la confiscation révolutionnaire.

Violation de la loi existante, violation du principe sacré et immuable de la propriété, abus de la force, telle est leur origine.

La ruine entière de ceux que des motifs, qui ne peuvent être appréciés dans des momens d'exaltation et de haine, avaient éloignés du pays; l'exhérédation absolue, éternelle de leurs familles; voilà leur action.

Un germe perpétuel de division et de haine, qui ne se dessèche point, un souvenir profond et amer qui ne s'affaiblit pas; deux classes de propriétés, dont l'une est garantie par la loi contre toute attaque, mais ne peut être garantie contre les plaintes et les reproches; voilà leurs conséquences.

Je ne sais si je m'abuse, Messieurs, mais il me semble qu'une mesure qui tend à réparer un aussi grand mal, ne doit blesser ni affliger personne.

M. de Martignac dit ensuite que si la discussion qui se rattache à des souvenirs douloureux, excite les passions, peu de jours doivent suffire pour en effacer les traces, tandis que le mal de la confiscation eût duré pendant des siècles; qu'il n'est pas vrai que ceux pour qui la loi est préparée la repoussent, que si des plaintes se sont élevées contre le mode de répartition, que si on a cherché à éviter les inconvéniens qu'il présente, c'est un désir juste que le gouvernement partage, et que, quand le moment en sera venu, il expliquera ce qui étonne, et écoutera tout ce qui sera proposé.

Répondant ensuite à l'objection prise de ce que la loi est anti-monarchique, en ce que reportant l'évaluation à 1790, elle semble légaliser tout ce qui s'est fait dans l'intervalle; l'orateur ajoute que l'on a été amené à ce résultat par la nécessité.

Il repousse ensuite par l'exposé des motifs lui-même, le reproche dirigé contre l'article 7 de la loi que l'on a prétendu se ressentir des souvenirs de la mort civile.

Un autre orateur, continue M. de Martignac, est allé plus loin; il a contesté aux acquéreurs des biens confisqués, une propriété que la charte leur assure; il a établi en principe, que la propriété devait être restituée à l'ancien possesseur, et l'indemnité affectée à l'acquéreur.

Il a fait plus; il a repoussé l'autorité de la Charte en affirmant que le Roi n'avait pas eu le pouvoir de maintenir les actes qui avaient dépouillé l'émigré et consolidé la propriété sur la tête de l'acquéreur.

La ressource du doute et de l'équivoque n'existe pas ici; la disposition de la Charte est aussi claire qu'elle est impérative et absolue.

Aussi toute proposition qui tendrait à dépouiller les possesseurs actuels serait une violation directe et formelle de la Charte; cela suffit, et pour nous et pour vous.

M. de *Laurencin* établit le principe de la justice de l'indemnité, et s'attache à combattre le mode d'exécution; il propose que les acquéreurs nationaux paient une plus value ainsi que cela arrive lorsque, par l'effet d'entreprises telles que canaux, desséchemens de marais, les propriétaires riverains voient augmenter la valeur de leur propriété.

M. le Président du conseil des ministres s'oppose à cette proposition en se fondant sur le texte de l'article 9 de la Charte, et déclare que dans le cas où l'on introduirait dans la loi des dispositions contraires au pacte fondamental, le Gouvernement ne pourrait pas porter plus loin le projet qu'il a soumis à la délibération des Chambres.

M. *Devaux* : on demande à la France un milliard pour l'émigration..... Si c'est pour une dette ce n'est pas assez ; si c'est pour une libéralité, c'est trop.

Ce n'est pas assez pour une dette : l'émigration a perdu pour la même cause, ses immeubles, ses capitaux, son mobilier, ses revenus, vous lui devez tout cela ou vous ne lui devez rien : aussi l'émigration n'acceptera le milliard que *pour le moment* (l'Orateur cite le discours de M. de Lézardière), comme un à compte.

C'est trop pour une libéralité. La puissance parlementaire ne pourrait, sans prévarication, exproprier la France d'un milliard pour une libéralité.

L'émigration a-t-elle donc une créance privilégiée sur la France ? Je recherche le titre de cette créance privilégiée. Est-il dans la confiscation considérée en elle-même comme un attentat à la propriété ? La confiscation était dans le droit public de l'Europe, dans le droit coutumier de la France, dans son droit féodal qui la chérissait comme une de ses plus riches attributions : ainsi la révolution reçut de l'ancienne monarchie le principe, les exemples et jusqu'aux plus cruels abus de la confiscation.

Conseillée par le génie de Montesquieu, la révolution, il est vrai, commença par appliquer son esprit de réformation politique à la confiscation (Loi du 21 janvier 1790), si elle fut ensuite infidèle à cette pensée généreuse en la rappelant pour en infecter ses lois, elle ne fut pas du moins coupable d'innovation.

Le titre de créance n'est donc pas dans la confiscation légale : est-il dans la cause de la confiscation ?

Un grand intérêt personnel compromis, telle fut, en général, la cause réelle de la grande émigration politique. C'est se jouer du cœur humain, comme de l'histoire que de nous parler de 50,000 héros de fidélité, que nous avons vus, non comme Caton rester fidèles à la cause des vaincus, mais soumettre religieusement leur royalisme à la République, au Consulat et à l'Empire.

L'émigration, quels moyens employait-elle? ses propres armes; les armes de l'étranger... Elle assistait à l'occupation du pays, au nom de l'Empereur d'Autriche. L'émigration, quel droit avait-elle d'agir ainsi? ici le droit abandonne évidemment l'émigration.

L'émigration n'est plus qu'un fait : ce fait, un des défenseurs de la loi, entendu dans la séance d'hier (M. de Vaublanc) la qualifiait lui-même de révolte à la séance législative du 7 février 1792 (*Moniteur*, pag. 167, 1792.) Ce fait, l'histoire, sous la plume des écrivains monarchiques, ne peut elle-même s'empêcher de l'appeler *un inconcevable égarement* (Histoire de la révolution par M. de Toulongeon).

Ainsi la cause de l'émigration, censurée par l'histoire, vaincue par la Charte, ne peut avoir créé un droit à la réparation de ses pertes sans faire aussi naître contre elle un droit ou une indemnité de ses erreurs.

Le malheur de l'émigration est-il un titre de créance? Si ce malheur obtient seul une réparation au milieu de tant d'infortunes, c'est un privilége. Vainement on cherche à ce privilége une excuse dans la nature de la propriété foncière, de nombreuses pétitions dictées par le sentiment de toutes les pertes vous ont assez révélé que la raison publique ne saisit pas cette distinction métaphysique.

Mais est-il vrai que la spoliation elle-même puisse créer un privilége à l'émigration? Quelle spoliation fut jamais mieux caractérisée que celle des religionnaires fugitifs? a-t-on indemnisé les protestans?

Quelle autre spoliation plus prononcée que celle des rentiers réduits aux deux tiers? parle-t-on d'indemniser ces rentiers.

On se retranche dans l'impuissance de réparer tant de

pertes. Alors ce n'est donc plus le caractère de spoliation qui sert de base à l'indemnité, puisqu'on ne l'applique pas au plus évident de tous les titres de spoliation.

La raison de cette loi est dans son caractère de personnalité.

Cette loi est-elle au moins constitutionnelle ? Non, car s'il faut racheter les biens confisqués, la Charte aura vainement proclamé leur assimilation *sans aucune différence* avec les biens patrimoniaux, et la Charte est abolie.

La politique conseille-t-elle cette loi ? Comptez d'abord les ennemis secrets que vous avez faits peut-être au Gouvernement par ces dix millions de possesseurs de biens nationaux qui entendent retentir à leurs oreilles cette qualification de spoliation donnée à leur propriété.

Cette loi remet en question le principe et tous les effets de la révolution...... Cependant la révolution n'est ni l'œuvre d'un parti, ni la faute de quelques-uns, ni l'imprudence du plus grand nombre.

Du moins la loi proposée est-elle dans l'esprit de la restauration ? On vous a déjà cité la première parole de l'auguste précurseur de la Restauration : *Rien de nouveau en France si ce n'est un Français de plus.*

D'ailleurs les premiers actes de la Restauration, mieux imbus de son esprit, comme plus près de sa naissance, confirmèrent sans retour la légalité des confiscations.

On aspire à donner une leçon de morale à la révolution, par une indemnité d'un milliard en faveur de la propriété offensée.

Je crois que les révolutions donnent des leçons et qu'elles n'en reçoivent pas. Le malheur de l'émigration porte en lui-même une autre leçon plus importante au salut des Empires, c'est de vivre et de mourir sur le sol de la patrie en le défendant contre l'invasion étrangère.

Je vote donc contre le projet de loi d'indemnité.

M. *le général Foy* : le droit et la force se disputent le

monde, le droit qui institue et conserve la société; la force qui subjugue et pressure les nations.

On nous propose un projet de loi qui a pour objet de verser l'argent de la France dans les mains des émigrés. Les émigrés ont-ils vaincu?..... Non. Combien sont-ils? deux contre un dans cette Chambre; un sur mille dans la Nation... Ce n'est donc pas la force, c'est le droit qu'ils peuvent invoquer.

Aussi disent-ils, et les ministres avec eux, que le droit de propriété a été violé à leur égard.... Mais s'il en est ainsi, ce n'est pas seulement leur propriété immobilière qui appelle l'indemnité; ce sont aussi les effets mobiliers, les droits utiles, les rentes de toute espèce; c'est enfin, pour me servir d'un mot qui serait encore *fameux*, si certains discours ne l'avaient effacé, c'est tout ce qui a été *volé*, et pour les biens fonds il importe peu de savoir à quel prix les spoliateurs les adjugèrent en 1793, ou les évaluèrent en 1796, c'est la valeur de 1825 qu'il faut rendre.

En effet, Messieurs, s'il y a eu spoliation, le vendeur n'a pu transférer ce qu'il ne possédait pas lui-même à titre légitime, l'acquéreur n'est qu'un possesseur de mauvaise foi qui doit restituer.

Ainsi parlerait le droit dans l'hypothèse ministérielle; ainsi il jugerait....., dût la société être bouleversée jusque dans ses fondemens.

Mais que les amis de l'ordre se rassurent; le droit a parlé et son langage est autre que le langage des émigrés et des ministres.

Qu'est-ce en effet que le droit?.... C'est pour les actes des Gouvernemens, comme pour ceux des particuliers, la conformité aux lois positives.... Devant ces lois il n'y a que deux questions à résoudre.....: l'émigration fut-elle volontaire ou forcée?..... Qu'allèrent demander les émigrés aux étrangers?

Sur la première question, ils diront que la grande émigration de 1790 fut volontaire; ils le diront parce que c'est la vérité, et parce que déclarer que l'émigration aurait été forcée, ce serait enlever à leur cause le mérite d'un sacrifice.

A la deuxième question : Qu'allaient demander les émigrés aux étrangers? Ils répondront *la guerre*, la guerre à la suite des envahisseurs de la France.

Mais les Nations ont aussi l'instinct et le devoir de leur conservation. Toutes et toujours ont combattu et combattent encore l'émigration ennemie des peines les plus terribles dont leurs Codes soient armés; celle qui dérogerait à ce principe de durée et de vie, commettrait sur elle-même un détestable suicide.

Parmi ces peines se présente la confiscation.

L'orateur ajoute que si elle a été abolie en 1790, recréée en 1792, abolie de nouveau par la Charte, cette loi a du moins frappé d'anathème toutes les prétentions possibles des anciens propriétaires à ce qui fut autrefois leur propriété.

C'est donc seulement, continue-t-il, aux intérêts généraux de la paix publique, à la bienveillance nationale que doivent se recommander les mesures législatives de l'espèce de celle qu'on nous propose.

Mais la réparation, toute de munificence, toute de patriotisme, devrait être demandée à la nation, et non pas imposée par ceux qui sont juges et parties dans leur propre cause; elle devrait être sage et mesurée sur les ressources du pays.

Un milliard! c'est vingt fois le montant de ce déficit de 1789 qui fit éclater la révolution.

Ce milliard, où ira-t-il? à un seul malheur, à une seule classe, à 20 ou 30 mille familles.

Le milliard suffira-t-il? Eh! Messieurs, nous ne faisons qu'entrer dans la carrière des indemnités.

Ce milliard et les autres milliards, où les puisera-t-on?

Je vois que les premiers fonds de la caisse de l'émigration sont faits au moyen de la solde qu'on retranche à deux cents officiers généraux qui furent l'honneur de la France. Je vois que les créanciers de l'État verseront malgré eux dans cette caisse les portions du capital dont on les dépouille. Je vois qu'en définitive la dépense sera prélevée sur les biens-fonds, les capitaux et le travail.

Est-ce à dire pour cela qu'il y ait tant de richesses dans le pays qu'un milliard de plus ou de moins passe inaperçu? Ici, à Paris... des rues, des quartiers, des villes s'élèvent par enchantement sans que personne s'en inquiète, si au plus léger nuage qui apparaîtra sur l'horizon, cet échafaudage ne s'écroulera pas comme un château de cartes... Dans les départemens..., vous en arrivez, Messieurs, dites si nos ports de mer, à l'exception d'un seul ne sont pas vides et déserts..., dites si notre industrie manufacturière, toute croissante qu'elle est, ne conçoit pas cependant de vives alarmes? Dites si l'agriculture, cette mère nourricière des peuples, n'est pas en souffrance.

Au reste, quelque limitées ou quelque vastes que fussent nos ressources, elles ne pourraient être mieux employées qu'à ramener l'union parmi les Français..... Mais la dernière plaie des révolutions c'est la discorde civile, et cette plaie toujours saignante vous ne ferez que l'enflammer davantage.

A l'appui de cette proposition, le général Foy parle des craintes qu'éprouvent les acquéreurs de biens nationaux.

Leur situation, poursuit-il, resterait la même, si l'allocation que la loi attribue aux émigrés n'était qu'un secours, parce qu'il serait accordé sans condition.

Mais ce n'est pas un secours; ce n'est pas une grâce qu'on veut faire, c'est justice qu'on veut rendre.

Il établit ensuite que la créance des émigrés n'étant pas entièrement satisfaite, demeurera, sinon toujours exigible, du moins toujours menaçante.

Ainsi, dit-il, en même temps qu'elle accablera l'État de charges monstrueuses, cette grande mesure de l'indemnité ne procurera aucun des biens que l'esprit de conciliation en attendait. Je n'y vois que désordre dans le présent, et trouble dans l'avenir; ce n'est pas moi qui m'associerai à cette œuvre de malheur; je vote contre le projet de loi.

M. le *Ministre des finances* démontre la justice de l'indemnité ; il établit que la Charte et la présentation de la loi actuelle ayant reconnu comme inviolable la possession des nouveaux propriétaires, toute tentative contraire serait inadmissible, que si cette mesure est juste dans son principe réparateur, elle ne l'est pas moins dans sa restriction aux pertes immobiliaires, car les pertes mobiliaires s'effacent et s'oublient, tandis que la confiscation enlève avec le fonds toute possibilité de réparation et d'oubli, et conserve à jamais dans le pays le germe de division qu'il est de l'intérêt de tous de faire disparaître ; qu'en accusant l'indemnité de profiter à une seule classe, on oublie qu'étant donnée pour les biens confisqués et vendus, ceux-là seuls qui les ont perdus peuvent la recevoir ; qu'à tort on l'appelle une amende, une punition imposée à la nation ; parce qu'elle n'est qu'une mesure indispensable au complément de la restauration ; il dit enfin que le Gouvernement n'a pas à craindre que des Français rejettent une telle loi, et que les ministres joindront leurs efforts à ceux de la Chambre pour l'améliorer autant qu'il se pourra en ce qui concerne son exécution.

M. *Duplessis Grenédan* developpe cette proposition, qu'aucun droit ni public, ni civil, ni même le droit de la guerre, ne peut autoriser les détenteurs du bien des émigrés à se maintenir dans leur injuste possession. A l'appui, il invoque la Charte qui dit, art. IX, que *toutes les propriétés sont inviolables*, et non pas *seront* inviolables. Il ajoute que ce que l'on n'a pas fait en 1814 se devrait faire aujourd'hui. Que l'objection prise de l'impossibilité n'est là qu'un prétexte commode pour excuser la paresse ou la timidité. Que si on cite des commotions dans les États causées par la spoliation des propriétaires, l'histoire n'en rapporte aucune née de la restitution des biens aux propriétaires légitimes ; qu'envain on oppose le long temps de la possession, parce qu'il n'y a pas prescription dans le cas d'une possession illégitime ; qu'on ne doit pas s'effrayer du nombre des acquéreurs ; qu'après tout la loi de restitution aurait autant de fauteurs que d'adversaires; que si la justice réclame contre ces spoliations et exige que toutes les traces en soient effacées, l'intérêt de l'État ne parle pas moins haut.

Il vote contre la loi.

M. *Alexis de Noailles* se plaint de l'amertume de la discussion, au sujet d'une loi de réconciliation et de paix; il établit les titres particuliers que la propriété foncière a à une réparation. Une guerre, dit-il, peut survenir, mais alors la France trouvera des ressources dans le milliard qu'elle paie à l'émigration, car les fils des émigrés donneront à l'instant, comme leurs pères, leurs fortunes et leurs vies pour la défense de l'État.

Je sais bien, ajoute-il, que l'évaluation est insuffisante, mais on ne peut faire davantage.

Enfin, il émet le vœu que chaque émigré en recevant sa part, signe qu'il se trouve complètement indemnisé, qu'il en donne quittance pleine et entière, et reconnaisse à l'acquéreur tous les droits qui lui eussent été conférés par une vente.

C'est ainsi, dit-il, que nous opérerons une réconciliation universelle.

Il vote pour la loi.

M. *Benjamin Constant* pense qu'en justifiant l'émigration comme on le fait, on lui accorde virtuellement le droit d'insurrection, droit qui n'appartient à personne ou appartient à tous, parce qu'aucune classe ne peut faire de l'insurrection un monopole. Selon lui, la loi loin de réunir les Français, élève une barrière plus forte, éveille une inimitié plus vive que jamais entre les acquéreurs et les émigrés. S j'avais voulu bouleverser mon pays, dit-il, je n'aurais pas tenu un autre langage que celui que l'on tient; il termine ainsi : je ne m'opposerai jamais à la réparation raisonnable d'aucune infortune; je ne conteste à aucuns partis, même à aucune erreur, la possibilité d'affections généreuses ou l'excuse de nécessités irrésistibles, mais je m'élève contre l'inégalité, mais que les émigrés laissent la restauration devenir l'époque d'une liberté véritable et d'une justice égale, et n'en fassent pas la victoire d'un parti qui fut toujours trop faible pour nous conquérir par lui-même, et qui serait trop faible pour nous conserver à titre de conquête.

M. *le Ministre des finances* déclare que le ministère, pas plus dans cette session que dans l'autre, n'est entraîné au-delà de ce qu'il croit être dans l'intérêt du pays, de ce qu'il croit être dans son devoir; que rien de plus simple, rien de moins imprévu que ce qui s'est passé dans le cours de cette discussion; qu'elle prouve que la mesure est indispensable et urgente; qu'il est faux de prétendre que le sacrifice que l'on demande peut compromettre la dignité, la sûreté du pays au dehors. Il relève ensuite diverses erreurs matérielles qui avaient été commises, tant sur le montant des ventes que sur les sommes à déduire de la portion afférente à chaque émigré. Il établit ensuite que la répartition de l'indemnité ne peut être faite que de deux manières, d'après des faits antérieurs constatés et incontestables ainsi que le veut la loi, ou d'après des évaluations nouvelles opérées par des jurés d'équité; et prouve l'impossibilité de cette dernière voie. Répondant enfin au reproche de tout centraliser, élevé contre le projet, il dit que cette centralisation est une garantie nécessaire contre la dilapidation de la fortune publique.

M. *Pardessus*, dans son résumé de la discussion, s'attache à justifier les émigrés de leur émigration.

Des proclamations, des actes législatifs, revêtus de la signature Royale, les ont, dit-on, *sommés de rentrer. En n'obéissant pas, les émigrés ont accepté les peines dont ils étaient menacés.*

On n'a pu se dissimuler que ces argumens n'avaient de force apparente qu'autant qu'il serait constant que le Prince dont le nom fut apposé à ces actes était libre, et que ceux qui refusaient d'y obéir s'arrogeaient le droit de résistance à l'autorité légitime.

Le défaut de liberté du Roi, il le prouve par sa protestation du 20 juin 1791, et tous les faits ultérieurs.

Les émigrés, a-t-on dit encore, ont organisé leur résistance armée sur le territoire étranger! Par quelle singularité essaierait-on de trouver coupable dans les Bourbons ce que l'histoire offre à notre admiration dans un Trasybule, dans un Aratus de Sicyone et dans tous les Héros de l'antiquité qui s'étaient armés pour venir délivrer leur patrie.

Ils ont sollicité les secours de l'étranger! L'auguste proscrit de la Ligue, dont le nom et l'exemple ont été proposés à nos Princes par l'un des adversaires du projet, fit-il autre chose lorsqu'il fallut conquérir son Royaume.

On a rappelé avec complaisance l'ordre que Henri IV donnait à ses troupes *de frapper sur l'étranger et d'épargner les Français.* Louis XVIII ne recommandait-il pas aussi *d'être surtout avare du sang Français.*

Les émigrés avaient consenti le démembrement de la France, pour prix de l'alliance intéressée des étrangers! Cette calomnie est démentie par une pièce qu'on ne saurait récuser, par la lettre des Princes Français à leur Roi captif.

M. le rapporteur passe ensuite aux objections qui attaquent plus directement le projet de loi.

Un orateur, dit-il (M. de Laurencin) *a pensé qu'on pouvait sans blesser la justice, ni porter atteinte aux garanties* que la Charte a *données, obliger les propriétaires de biens vendus par suite de confiscation à tenir compte au trésor royal des quatre cinquièmes de la plus value dont la mesure d'indemnité accroîtra nécessairement leurs propriétés.*

Nous ne rechercherons pas, poursuit M. Pardessus, ce que ce projet engendrerait de difficultés et de procès, nous ne demanderons pas même sur quelles bases l'administration des domaines pourrait exiger et faire fixer la plus value d'un bien qui ne changerait ni de forme, ni de nature substantielle, et dont les produits continueraient d'être les mêmes.

Une réponse plus décisive, ce nous semble, est écrite dans la Charte; l'art. 2, dit d'abord que tous les Français contribuent indistinctement aux charges de l'état et aux termes de l'art. 9, la loi ne doit mettre aucune différence entre les propriétés.

Un deuxième orateur (*M. de la Bourdonnaye*), a soutenu que le projet de loi était anti-monarchique « en ce » qu'il légalise les actes du gouvernement de fait, que les » émigrés étant dépossédés de fait et non *de droit*, du moment » où on leur demande l'abandon de ce droit, il convient que » le prix de cette cession soit fixé d'après la valeur actuelle » des biens confisqués, ou au moins d'après celle qu'ils » avaient quand la Charte a été donnée.

« Cette opinion, continue M. Pardessus, n'a paru à un » autre orateur qu'un moyen terme et une sorte de compo» sition. Il a pensé que si les confiscations étaient illégales, » les vendeurs de biens confisqués ne possèdent pas juste» ment; que les ventes qu'ils ont faites sont nulles, et que » puisqu'on ne peut transmettre à personne plus de droits » qu'on n'en a soi même, aucun droit, ni public ni privé, » ne peut autoriser les détenteurs des biens confisqués à se » maintenir dans leur injuste possession ».

M. le Rapporteur reconnaît la vérité de ces principes; mais, dit-il, les sociétés peuvent-elles être régies par ces vérités abstraites, par ces théories inflexibles qu'aucun publiciste, qu'aucun moraliste n'a jamais enseignées, sans annoncer qu'au-dessus de toutes il existe une loi plus absolue, plus nécessaire, la loi de conservation de l'Etat.

Seul resté au milieu des ruines des institutions, le pouvoir royal dut (*à la restauration*) s'occuper de sauver la société à quelque prix que ce fût.

Investi de la plus grande autorité qu'un Monarque ait jamais exercée, de la plus grande confiance dont puisse jamais être revêtu un législateur, le Roi s'est fait dépositaire et arbitre de tous les intérêts... et *au fait* de la possession des acquéreurs, ouvrage de l'autorité illégitime, la déclaration du 2 mai 1814 et la charte ont joint *le droit*, qui ne pouvait émaner que du pouvoir légitime.

Ceux, poursuit M. le rapporteur, dont un si grand acte de la puissance royale, avoué par tous les publicistes (1), contrariait les opinions ou froissait les intérêts, n'ont pu que dire avec l'un de nos plus éloquens magistrats : *le Roi a parlé; il ne nous reste plus que la gloire de lui obéir* (2).

M. Pardessus rappelle que d'autres orateurs ont qualifié l'indemnité de *récompense*, de *rançon*, *d'amnistie*.

S'il s'agissait de *récompenses*, dit-il, *il faudrait choisir, discuter les titres, et la restitution se fera sans acception de personnes.*

S'il s'agissait de *bienfait*, il faudrait discuter les besoins; mais celui à qui l'on rendra beaucoup, ne recevra beaucoup que parce qu'on lui aura confisqué beaucoup.

Ce n'est pas une *rançon*, parce que la France n'a vu dans la restauration qu'une victoire de l'ordre sur le désordre, de la légitimité sur l'usurpation.

Ce n'est pas une amnistie qu'on accorde à la France, parce que la France ne fut jamais coupable des crimes commis par ceux qui l'avaient subjuguée.

Il termine en regrettant que la discussion réduite aux seuls termes que la bonne foi et la raison indiquaient, ne l'ait pas dispensé de répondre à tant d'injustes attaques, de rappeler tant de souvenirs douloureux.

La discussion s'ouvre ensuite sur les divers articles du projet.

M. *le Président* demande d'abord à la Chambre qu'elle veuille bien l'autoriser à lui soumettre une proposition qui lui a été faite, et dont le moindre inconvénient, comme il l'a déja

(1) *Grotius, de jure pacis et belli, lib.* 1, *cap.* 1, *parag.* 6.

(2) D'Aguesseau, premier Plaidoyer dans la cause de la Ficherdière.

fait observer à son auteur, est de renfermer un projet nouveau. Cette proposition est ainsi conçue :

» Trente millions de rente, au capital d'un milliard, sont affectés à indemniser les possesseurs actuels des biens-fonds qui ont été confisqués et aliénés en exécution des lois sur les émigrés, les déportés et les condamnés révolutionnairement ; pour lesdits biens-fonds être restitués par l'État aux légitimes propriétaires ou à leurs ayant-cause. »

La question préalable est demandée.

M. *le baron de Coupigny*, auteur de la proposition, déclare qu'elle ne lui a été inspirée que par l'intime conviction que l'auguste auteur de la Charte n'a pas separé de sa pensée l'article 9 et l'article 10, et que si une nécessité de haute politique l'engageait à consacrer l'inviolabilité des biens nationaux comme des autres propriétés, il avait pu penser aussi que par une nécessité d'utilité publique, lui ou son successeur auraient pu, au moyen d'une indemnité préalable, rendre les biens aux émigrés qui en ont été dépouillés ; qu'au reste ce qu'il propose de donner à ceux qui ont acheté ces biens à vil prix, qui en ont joui pendant trente ans, c'est ce que la Chambre offre aux émigrés en dédommagement desdits biens après qu'ils en ont été privés pendant tout ce laps de temps.

La question préalable, toujours vivement appuyée, est mise aux voix, et adoptée à *l'unanimité*.

Après cette décision, M. le Président lit l'art. 1.er qui porte : *il est alloué une indemnité aux Français anciens propriétaires de biens-fonds situés en France, confisqués et vendus au profit de l'État, en exécution des lois sur les émigrés.*

L'amendement qui modifie le plus cet article est celui de M. Breton dont voici la teneur :

» Dix millions de rentes, cinq pour cent, sont affectés pour
» être distribués entre les Français, anciens propriétaires soit
» de biens-fonds confisqués et aliénés en exécution des lois
» sur les émigrés, les déportés et les condamnés révolutionnai-

»rement, soit des rentes sur l'État, dont la confiscation et »la confusion ont été prononcées par les mêmes lois.

»La portion de chaque ancien propriétaire ne pourra ex-»céder 10,000 francs de rente.

»Ne seront compris dans la distribution les anciens pro-»priétaires dont les biens ont été rendus en partie, par »suite de radiations et d'éliminations, ou bien en vertu des »lois des 6 floréal an 10 et 5 décembre 1814, que si ces biens »rendus ne produisent pas un revenu net de 10,000 francs, »d'après l'évaluation des rôles de la contribution foncière »de 1825; et jusqu'à concurrence seulement de la somme »nécessaire pour leur compléter, en rentes, le revenu de »10,000 francs».

Appelé à la tribune pour justifier son amendement, M. Breton se demande d'abord si la mesure proposée s'appuie ou sur un droit positif et légal, ou sur de grandes considérations de justice et de politique.

Toutes les lois, dit-il, refusent une action aux émigrés.

La justice du moins commande-t-elle une exception en leur faveur.

S'ils ont été cruellement froissés à l'époque de leur absence, les choses ont bien changé depuis. Il en est auxquels on a fait des restitutions qui ont porté l'opulence dans leur famille; d'autres au contraire n'ont retrouvé à leur retour sur le sol natal, ni le modeste manoir de leur père, ni le petit domaine sur lequel ils vivaient, ni la faible rente sur l'État qui faisait toute leur ressource.

Hâtons-nous, ajoute-t-il, d'y pourvoir: tel est le but de mon amendement.

S'il propose d'associer les rentiers à cette réparation, c'est que l'existence de leurs créances est facile à constater, qu'un temps viendra où leur demande en indemnité sera accueillie, et qu'il vaut mieux les satisfaire de suite pour ne pas porter plus tard un nouveau coup au crédit.

Selon lui les considérations politiques et financières sur lesquelles on se fonde n'ont aucune base, car en même temps que le sacrifice que l'on impose au trésor est inutile, il ne satisfera pas ceux auxquels il est destiné.

Il annonce l'intention de proposer sur l'article 7, que l'indemnité soit limitée au propriétaire ancien, à ses parens en ligne directe, ses frère et sœur ou leurs descendans, pour en restreindre les limites, et rendre plus légères les charges de l'État.

S'il veut enfin que l'indemnité soit payée en rentes à 5 pour cent au lieu de l'être en rentes à 3, c'est qu'en créant aujourd'hui ces dernières rentes on anticipe sur une mesure financière qui fait l'objet d'une autre loi.

Il termine en se flattant que tous les esprits se rendront à la justice de son amendement.

M. *de Berbis* déclare que si le projet de loi avait pour but d'indemniser une classe particulière de citoyens, il le rejetterait; mais qu'il tend à quelque chose de plus noble, puisqu'il répare les maux soufferts par tous ceux qui ont été dépouillés de leurs propriétés révolutionnairement, quelle que soit la classe à laquelle ils appartiennent; que ce projet est juste, que s'il donne une préférence à la propriété foncière, cette préférence a suffisamment été justifiée; qu'il est encore sage, car s'il impose une charge à l'État, c'est de manière qu'elle pèse le moins possible sur eux et sans que le crédit en soit ébranlé.

M. *Boulard* avoue qu'un principe de justice veut que celui qui a commis un tort le répare; mais comme, suivant lui, il serait absurde de dire que l'immense majorité des Français a partagé les fureurs de la révolution ou en a profité, il pense qu'on ne peut demander aux victimes de l'intérieur une réparation qu'ils ne doivent pas.

Cependant, poursuit-il, de ce qu'on n'a pas le droit il ne s'ensuit pas que la France ne veuille pas s'associer aux bienveillantes intentions du Monarque; elle a au contraire le sentiment de tout ce qui est noble; elle est disposée à sécher [illegible] ce qui [illegible] pas [illegible] elle ne [illegible] [illegible] grande [illegible] [illegible] pour [illegible] que dans les [illegible] malheur [illegible] par le [illegible].

L'orateur contraste ensuite [illegible] à la loi [illegible] de plus [illegible] que de toutes [illegible] de quelques [illegible] de [illegible] d'impôts, d'autres [illegible] des [illegible] donner des millions à ceux qui [illegible] de [illegible] d'une classe honorable de la société [illegible] contribuables qui n'aperçoivent dans les lois que ce qu'elles ont de positif.

Il émet le vœu que la loi [illegible].

Enfin, loin de donner une plus grande valeur [illegible] aliénés par suite de confiscation, cette loi, [illegible] tout ce qui a été dit à cette occasion, les rendrait encore moins [illegible].

Il conclut donc à [illegible] modification conforme [illegible] à l'amendement de M. Berton.

M. *Casimir Périer* serait d'avis d'adopter cet amendement comme plus économique, si le principe de l'indemnité était reconnu, c'est-à-dire si l'article 1er du projet de loi avait été voté et admis.

Jusque-là il se croit forcé de combattre une des dispositions qu'il renferme.

Il tend, dit-il, ainsi que d'autres, à créer des rentes à [illegible] pour cent, à la place des 3 pour cent offerts par le projet et accueillies par la commission : nous nous verrions appelés à improviser un système financier. Il faut continuer l'examen ; il faut que la Chambre le sache, bien pour qu'elle mesure les conséquences de la position dans laquelle on la place.

M. *le Ministre des finances* fait observer que l'amendement de M. Berton est un véritable nouveau projet de loi en ce qu'il change toute l'économie de celui du Gouvernement. Son auteur, sans égard à la quotité des pertes éprouvées, aux droits particuliers que chacun peut avoir à l'indemnité proportionnelle, vous propose d'allouer dix millions pour cette indemnité. Ensuite, il veut qu'elle ne soit pas partagée entre les indemnisés au prorata du montant de leurs pertes; et il demande en outre que la distribution soit bornée à un dixième fixe, c'est dans l'hypothèse d'un pareil système que l'on serait en droit de reprocher au Gouvernement de venir demander aux contribuables des sacrifices qui ne devraient pas tourner au profit de l'État.

Passant de là à la partie de la proposition relative au moyen de payer l'indemnité, c'est-à-dire aux rentes, Son Excellence dit que l'on a dû évaluer les pertes, en fixer le montant, et comme le revenu des biens-fonds n'excède pas 3, on a été amené par une conséquence nécessaire à créer des rentes dont le produit serait égal à ce revenu, et non des 5 qui aurait mis à la charge de l'État un intérêt de 50,000,000. On se contenterait a-t-on dit, de 37 millions à 5 pour cent. Mais comme la charge se trouverait dans le fait augmentée annuellement de 7 millions qu'il faudrait demander aux contribuables dans leur intérêt comme celui de l'État, cette proposition ne peut recevoir la sanction de la Chambre.

On objecte encore que la création des 3 pour cent est une innovation; ce n'est pas devant une Chambre qui a consacré l'année dernière trois semaines à discuter ces sortes d'effets qu'on peut tenir un tel langage.

Un grand vice de l'amendement de M. Berton, dit-il, c'est qu'il n'est qu'une générosité. Si cela était, il ne serait pas permis au Gouvernement de la faire; s'il y a droit au contraire à une réparation, il peut la proposer.

M. *Hyde de Neuville* appuie le projet de l'amendement qui a pour objet de faire concourir les rentiers à l'indemnité. Avant de s'occuper d'indemniser les pertes occasionnées par la vente des biens, il lui semble que l'on doit restituer ceux que l'on a encore; cela lui paraît d'autant plus facile à exécuter, que les titres existent toujours, et que l'on rendra cette justice avec une modique somme de deux millions.

Il demande donc la division de l'amendement et le renvoi dans les bureaux de ce qui a rapport aux rentiers.

M. *Bonnet* est d'avis de cette division, mais sans renvoi; il pense en outre que l'on ne procède pas dans l'ordre naturel des idées; qu'avant de fixer la quotité de l'indemnité il conviendrait d'en voter le principe.

La Chambre, consultée sur cette proposition, la rejette.

M. Mestadier fait ensuite à l'amendement de M. Breton, un sous-amendement qui consiste à fixer le credit pour l'indemnité à 15 millions de rentes 5 pour cent, en élevant à 20 mille francs de rente, le maximum de chaque ayant-droit.

Il le justifie en disant que les confiscations ont eu lieu en vertu de lois écrites et qui n'ont point été abrogées, quant à l'exécution qu'elles avaient reçue avant la restauration; que la Charte elle-même, par le mot *préalable* qui se trouve dans l'art. 10, prouve qu'en faisant cet article et l'art. 9, le législateur souverain n'avait alors ni la pensée ni la volonté de consacrer le principe d'une indemnité aux anciens propriétaires, que ce n'est donc pas dans la loi, mais dans le cœur du Roi et la générosité du peuple français que l'indemnité prend sa source, que si l'on parle de justice rigoureuse, il est aussi d'une souveraine injustice de faire peser le poids de l'indemnité sur ceux qui, dévoués autant que les émigrés, éprouvèrent comme eux des pertes que l'on ne répare pas; qu'il se tairait si l'on prenait les terres pour base de l'indemnité, mais qu'on s'attache uniquement à la spoliation; qu'elle doit dès-lors s'étendre à tous ceux qui en ont souffert, que l'effet moral que l'on compte en tirer ne sera pas atteint, parce qu'en même temps qu'elle sera abondante pour les uns, elle sera parcimonieuse pour les autres, qu'il n'en conclut pas que la mesure ne doit pas avoir lieu, mais que l'on ne doit donner qu'en proportion des souffrances et des besoins.

M. Breton déclare se référer à l'amendement de M. Mestadier.

M. de Martignac répond que si l'on convient que 30 millions de rente ne peuvent pas suffire pour cicatriser les maux produits par la révolution, on doit également convenir que 15 millions conduiraient encore moins à ce résultat; qu'il est impossible de ne pas reconnaître et que l'on reconnaît en effet, que l'injustice et la violence ont présidé aux confiscations, que le but du gouvernement est d'en effacer les traces; qu'il l'a déjà dit et qu'il ne cessera de le répéter; que l'on prétend que les anciens propriétaires seront peu satisfaits de ce que l'on fait en leur faveur, mais que c'est là une grande erreur; il se demande ensuite ce que l'on pourrait exiger de plus; une ratification?,elle est impossible, elle serait même une violation de la Charte, car la Charte n'en a pas besoin, puisqu'elle a déclaré toutes les propriétés inviolables, le sacrifice réclamé est le seul qu'on puisse faire, il est une transaction entre l'État et les anciens propriétaires, et par là, tout est *irrévocablement terminé.*

L'amendement de M. Mestadier, auquel s'est joint M. Berton, est aussitôt mis aux voix et rejeté à une forte majorité.

Le Président rappelle que la Commission a proposé de substituer aux termes qui commencent l'art. 1er du projet de loi: *Il est alloué une indemnité aux Français*, ceux ci: *Trente millions de rente au capital d'un milliard sont affectés à l'indemnité des Français.*

M. Hyde de Neuville a proposé cette disposition: *Une somme, qui dans aucun cas ne pourra excéder* 30 *millions de rentes, est affectée à l'indemnité des Français, etc.*

M. Bazire désire qu'on ajoute: *Cette indemnité est définitive, sans que, sous aucun prétexte il puisse être procédé à l'allocation d'aucune somme excédant celles qui sont portées dans les articles de la loi.*

Il fait sentir la nécessité d'insérer cet amendement dans la loi, parce qu'encore bien que l'on ait dit qu'il résultait de l'esprit de ses dispositions, les intentions étant toujours sujettes à contestation, le moyen le plus sûr de les éviter est de déclarer hautement ce que l'on entend faire; qu'il est incontestable qu'il résultera des inégalités de l'exécution de la loi; que l'on n'aperçoit pas pour les réparer, de fonds communs; qu'on viendra donc demander un supplément de crédit; que si le gouvernement ne veut pas qu'il en soit ainsi, le gouvernement doit donner son assentiment à l'amendement proposé, auquel M. de Neuville a réuni le sien.

M. le Ministre des finances déclare que ne voyant pas qu'il soit contraire ni au système de la loi, ni à celui de la commission, il ne trouve pas d'obstacle à ce que la Chambre l'adopte.

M. le Rapporteur ne veut point combattre l'amendement, puisqu'il est conforme à l'opinion de la commission; que si elle avait pensé que l'on considérât l'indemnité comme un à-compte, elle n'aurait pas hésité à rédiger son amendement d'une manière plus explicite; que néanmoins elle a exprimé sa pensée à cet égard d'une manière assez formelle.

M. *de la Bourdonnaye* demande la priorité pour l'amendement de M. Bazire.

M. *Hyde de Neuville* annonce l'intention de se référer à cet amendement, si l'on trouve qu'il rend mieux que le sien sa pensée, qui est qu'on ne donne aux Émigrés ni moins ni plus.

M. le Ministre des finances pense que l'amendement du préopinant est préférable, en ce que la proposition de M. Bazire contient une disposition qui ne peut être que la conséquence d'une discussion qui n'a pas encore eu lieu et qui trouvera sa place à l'art. 2, quelque sorte d'amendement que l'on adopte.

M. *Bonnet* rappelle qu'il a proposé un amendement semblable, ainsi conçu : *Trente millions de rentes au capital d'un milliard, sont affectés à l'acquit total et définitif de l'indemnité*; il ajoute qu'il se joint cependant à celui de M.

Bazire, parce qu'il exprime mieux que celui de M. Neuville que l'indemnité est définitive.

M. *de la Bourdonnaye* reprend la demande qu'il avait faite de voter d'abord sur cet amendement.

M. *Casimir Perrier* présente un sous-amendement qui consiste à appliquer l'amendement de M. Bazire à l'article 1er du projet du gouvernement, parce qu'ainsi l'on ne jugera pas la question des rentes.

M. le Ministre des finances croit cette manière de procéder contraire à l'ordre de délibération établi par la Chambre, en ce qu'il tendrait à faire voter sur l'article du gouvernement avant de délibérer sur l'amendement de la commission, ce qui conduirait la chambre à rejeter cet amendement sans examen.

M. *Hyde de Neuville* appuie la proposition de M. Perrier.

M. *de la Bourdonnaye* soutient que l'amendement de M. Bazire peut aller tout aussi bien avec l'article du projet de loi qu'avec celui de la commission.

Le Président observe que cette réflexion est juste, mais qu'un obstacle s'oppose peut-être à ce que l'on s'occupe d'abord de cet amendement, et cet obstacle est qu'il suppose l'adoption préalable du principe de l'indemnité, qu'en conséquence il ne peut être mis aux voix que quand l'on aura adopté, soit l'article du projet, soit celui de la commission, inconvénient que n'a pas l'amendement de M. de Neuville.

M. *de Berbis* croit que l'on peut délibérer ainsi, en renvoyant les sous-amendemens de MM. Hyde de Neuville et Bazire à la fin de l'article.

Ce renvoi est mis aux voix et adopté.

M. *Basterrèche* demande alors la suppression de ces mots de l'amendement de la commission, *au capital d'un milliard,* pour ne point effrayer ceux qui auront à le payer, et ne point préjuger d'ailleurs le principe de la loi sur les rentes.

M. *Piet* allègue que la commission ne s'est point occupée

d'opérations financières; que la loi n'a aucune connexion avec celle des rentes, qu'elle n'est qu'une mesure réparatrice; que si on spécifie un capital, c'est celui de la perte éprouvée; qu'enfin l'intérêt n'en a été qu'à 3, que parce que c'est là le produit ordinaire des biens-fonds.

M. Casimir Perrier insiste de nouveau sur ce point, que les deux lois sont connexes; il s'efforce de le prouver par l'action de l'amortissement qui manquerait au capital d'un milliard, si la loi des rentes était rejetée

M. le Ministre des finances répond que la caisse d'amortissement existant, elle agira toujours sur celles des rentes dont le rachat présentera le plus d'avantages. Examinant ensuite la question telle qu'elle existe, il démontre que vouloir retirer de l'amendement de la commission ces mots : au capital d'un milliard, c'est vouloir ne consacrer que 600 millions à l'indemnité, cependant le milliard est indispensable; assurément, dit-il, l'indemnité serait plus complète, si l'on créait 50 millions de rentes : mais tout en faisant un acte de justice, il faut ménager et l'intérêt des contribuables et le crédit : il pense que la Chambre doit aborder franchement la question, qui est de savoir si elle veut accorder l'indemnité qui a pour base vingt années de revenu ou si elle veut la diminuer, ou encore si elle veut porter à 50 millions le sacrifice que s'impose l'État.

M. Berthier demande si M. le Ministre des finances qui vient de défendre l'amendement de la commission est autorisé à l'adopter; il regarde sa rédaction comme préférable, mais il faut faire attention que tel qu'il est, il préjuge les art. 5 et 6 du projet.

M. le Ministre des finances répond que rien dans sa conduite n'a pu motiver la demande qui vient de lui être adressée. Il ajoute que le préopinant se trompe lorsqu'il ne voit que dans les articles qu'il a cités, la création des rentes, qu'elle est aussi dans les art. 1er et 2.

Le sous-amendement de M. Basterrèche est mis aux voix et rejeté.

On passe à l'amendement de la commission, qui est adopté à une très-forte majorité.

Après ces mots de la partie de l'amendement que la Chambre vient d'accueillir, *affectés à l'indemnité*, M. Gallard propose de mettre, à titre *de réparation et de justice*. M. Agier, *par forme de transaction légale*. MM. Bacot de Romand et de Courtivron, *à l'indemnité due aux Français*.

M. Agier appuie son amendement sur les paroles mêmes de M. le commissaire du Roi et de Son Excell. le Ministre des finances.

M. *Barié* combat cet amendement comme inutile : il est mis aux voix et rejeté.

M. *Gallard* a réuni son amendement à celui de M. Mortellet, qui consiste dans l'addition de ces mots *à juste indemnité :* n'étant pas appuyé il ne donne lieu à aucune délibération.

M. *le Président* rappelle le sous-amendement de MM. de Romand et Courtivron, qui tend à l'addition du mot *due*.

M. *de Romand* le justifie en disant que l'indemnité est réellement une dette; il est adopté.

M. *Hyde de Neuville* demande que les rentiers soient compris dans l'article 1.er de la loi.

M. *le Ministre des Finances* dit que le Gouvernement y a pensé, mais qu'il a reculé devant la nouvelle charge qui devait en résulter.

M. *Casimir Perrier* répond que quand on veut faire une loi de justice, on ne doit pas reculer devant les conséquences de la justice; qu'on ne devait pas réclamer pour quelques-uns, puisqu'on ne pouvait pas être juste envers tous.

La proposition de M. Hyde de Neuville consistait à ajouter dans l'article avant les mots *et biens-fonds*, ceux-ci *dont les rentes sur l'État ;* elle est mise aux voix et rejetée.

M. *le Président* annonce qu'aux mots de l'article, *situés en*

France, M. de Waughen demande qu'on substitue ceux-ci : *sur le territoire continental de la France, tel qu'il était au premier janvier* 1792.

Le but de cet amendement est de comprendre dans la mesure de l'indemnité, les émigrés des provinces frontières, dont partie du territoire a été cédée par les traités de 1815.

M *Reboul* observe que si on l'adoptait tel qu'il est redigé, il aurait cet inconvénient d'exclure de l'indemnité la Corse et quelques autres îles moins importantes.

M. *de la Bourdonnaye* se fondant sur ce que l'amendement tend à faire payer à des contribuables Français, des indemnités pour des biens situés hors de France, demande l'ordre du jour.

Un membre observe que ces émigrés sont restés Français, et qu'il y aura cela de bizarre qu'ils contribueront à l'indemnité sans y prendre part.

M. *Casimir Perrier* demande si les propriétaires jadis Français, qui servent aujourd'hui en pays étranger, participeront à la mesure.

M. *le Rapporteur* dit qu'il faudra distinguer entre le cas où ces Français auront pris du service avec autorisation du Gouvernement, et celui où ils se seront fait naturaliser ; que dans la première hypothèse seulement ils auront droit à l'indemnité parce qu'ils n'ont pas perdu leur qualité.

Le sous-amendement de M. Wanghen, est mis aux voix et adopté.

M. *le Président* dit qu'à la suite des mots du projet de loi *en exécution des lois sur les émigrés*, la commission a proposé d'ajouter *les déportés et les condamnés révolutionnairement*, et que M. Hyde de Neuville demande que l'on remplace cette énonciation par celle-ci, *en exécution des lois de confiscation rendues depuis le 21 janvier* 1790.

M. *de Martignac* déclare que l'on n'a pu ajouter dans le projet ces mots *déportés*, etc., parce qu'ils se trouvent au titre suivant, qu'il ne voit cependant aucune difficulté à ce qu'ils y soient insérés; que peut-être l'expression que voudrait y substituer M. de Neuville, serait plus naturelle, mais elle offrirait un inconvénient, celui de confondre ceux qui ont subi des confiscations judiciaires avec les personnes que la loi se propose de dédommager.

L'amendement de M. Hyde de Neuville n'étant pas appuyé n'est pas mis aux voix; celui de la commission est adopté.

M. *le Président* rappelle que la commission a également proposé par amendement la substitution du mot *aliénés* au mot *vendus* qui se trouve dans le projet.

La Chambre adopte aussi cet amendement.

M. *le Président* observe que la commission a encore proposé le retranchement de ces mots *au profit de l'État.*

M. *le Rapporteur* dit que le motif de ce retranchement est que les divers Gouvernemens qui se sont succédés, ont pu profiter des biens confisqués au profit de particuliers, et que dans tous les cas il a pu être disposé de ces biens autrement que par des transactions qui aient tourné au profit de l'État.

Le retranchement est adopté.

M. *le Président* fait lecture d'un amendement de M. Delaage, ayant pour but d'ajouter après l'art. 1.er ce paragraphe :

Ladite indemnité, faisant le complément possible des remises antérieurement effectuées, ne pourra dépasser le maximum de 400,000 en capital pour chaque titulaire primitif ou indemnisé.

Cet amendement est rejeté.

La Chambre revient ensuite aux propositions de MM. Hyde de Neuville et Bazire; celle de ce dernier obtient la priorité; vivement appuyée par un grand nombre de membres, elle est mise aux voix et adoptée sans contradiction.

M. *le Président* propose ensuite de voter sur l'ensemble de l'article.

M. *Kœchlin* déclare qu'il le considère comme attentatoire

à la fortune publique, et aux droits les plus sacrés de la nation française.

M. *Thibaut de Paris* partage la même opinion, mais en ce sens que cet article établit selon lui que toutes les propriétés sont transitoires, momentanées, temporaires; en ce qu'il établit que le plus fort, le plus adroit, le plus heureux, ou le plus scélérat peut donner la mort à son voisin et s'emparer de son bien avec l'espérance qu'un jour cette usurpation sera légalisée.

L'article tel qu'il a été amendé n'en est pas moins mis aux voix et adopté par la Chambre.

Avant de passer à l'article 2, M. le Président soumet à la Chambre une disposition présentée par M. Duparc, et qui, si elle était adoptée, serait placée immédiatement après l'article 1er; elle est ainsi conçue :

Les rentes purement foncières provenant de cession ou aliénation d'immeubles, notamment celles qui auront été créées avec la réserve de rentrer en possession en cas de non-paiement, seront regardées comme propriétés immobilières; et l'État devant à ce titre la restitution des remboursemens qu'il a perçus et dont il a profité, le montant total des sommes versées dans les caisses publiques sera rendu aux anciens propriétaires ou à leurs ayans-droits.

Il en sera de même pour les rentes foncières que l'État aurait obtenues par les partages faits avec des descendans ou des cohéritiers d'émigrés, soit qu'ils les aient cédées ou vendues, soit qu'il en ait touché le remboursement.

Il en sera encore de même pour les remboursemens de toutes créances appartenant à un émigré, ayant pour origine le prix d'une propriété foncière, vendue par acte public, et dont les capitaux auraient été séquestrés, confisqués ou versés dans les caisses de l'État, et dont il aura donné quittance.

M. *du Parc* justifie sa proposition en disant, que ces rentes formaient en beaucoup de provinces, notamment celle de

Normandie, tout le revenu de ceux de leurs habitans qui ont émigré; qu'elles étaient d'ailleurs considérées comme immobilières par l'ancienne législation; qu'elles doivent dès-lors être comprises dans l'indemnité; que s'il en était autrement, un grand nombre d'émigrés ne seraient point appelés à y prendre part.

M. *de Séguret* pense que la décision rendue contre les rentiers de l'État, repousse la première partie de la proposition qui a trait aux rentes foncières; la deuxième lui paraît devoir être admise en ce que la confiscation du prix doit d'autant mieux être assimilée à la confiscation des biens-fonds que le propriétaire n'en est dépouillé qu'autant que ce prix est remis en ses mains et qu'ici l'État en a profité; il demande donc la division de la proposition.

M. *Bazire* ne partage pas son opinion, et pense que les rentiers fonciers seuls doivent jouir de la faveur de prendre part à l'indemnité; il se fonde sur le motif que ces rentes étaient de véritables choses immobilières, et laisse à M. le rapporteur de la commission, le soin de réfuter ce que M. de Seguret a dit dans l'intérêt de ceux qui, après avoir vendu leurs immeubles, en ont vu confisquer le prix.

M. *le Ministre de l'intérieur* combat l'une et l'autre propositions; elles lui semblent devoir être rejetées, la première parce que la loi ne s'occupe pas de ce qui avait, d'après l'ancienne législation, le caractère immobilier, mais seulement de ce qui est, aujourd'hui, du sol actuel de la France; que, c'est au surplus une erreur de prétendre que les rentes foncières faisaient sous les anciennes lois partie du fonds, car l'acheteur seul en était propriétaire. La deuxième, parce que le non paiement du prix à l'émigré ne donnait lieu qu'à une action personnelle, afin de poursuite de ce prix qui était essentiellement mobilier; qu'ainsi, il se trouve dans le cas de ceux qui ont perdu des choses mobilières.

MM. *de Cambon et Bazire* insistent sur la proposition de M. Duparc.

M. *le Rapporteur* reproduit les raisonnemens de M. le ministre de l'intérieur.

Les deux parties de l'amendement sont successivement mises aux voix et rejetées.

La discussion s'établit ensuite sur l'art. 2 de la loi.

M. *de Lézardière* propose à cet article un amendement conçu en ces termes :

Cette indemnité sera partagée entre tous les départemens du royaume, dans la proportion déterminée par le tableau ci-annexé.

Dans chaque département, la somme nécessaire pour parfaire le paiement des indemnités dues à raison des articles 3 et 4 ci-après, sera d'abord prélevée.

Le reste de la part afférente à chaque département, sera partagé en quatre portions égales, dont trois sont destinées à être réparties entre tous les autres ayans-droit à l'indemnité, dont les biens, situés dans le département, ont été confisqués et vendus.

Cette répartition se fera au marc le franc du capital établi par une nouvelle estimation desdits biens, qui aura lieu de la manière indiquée ci-après.

Le quart restant formera un fonds commun, qui sera distribué entre tous les départemens, de manière à rétablir autant que possible, l'égalité proportionnelle dans le répartement de l'indemnité; cette répartition sera réglée par une loi.

L'estimation des biens est fixée à cent fois le principal de la contribution foncière de 1824.

A l'effet d'opérer cette évaluation, il sera créé dans chaque chef-lieu de département, une commission présidée par le Préfet et composée d'autant de fois trois membres qu'il y aura de sous-préfectures dans le département.

Les directeurs des domaines et des contributions directes en feront partie, avec voix consultative.

Les membres de cette commission seront nommés par le

Roi sur une liste triple des candidats, dont un tiers sera désigné par le conseil général, et les deux autres tiers par es conseils d'arrondissement.

Plusieurs autres amendemens sont présentés, mais celui de M. de Lézardière ayant obtenu la priorité, ce député monte la tribune pour le developper.

Il pense que s'il n'efface par les inégalités qui devaient résulter de la loi, il a du moins sur elle cet avantage que les inégalités porteront non plus sur des individus, mais sur des masses;

Il ne doute pas qu'il ne soit facile au Gouvernement, de se faire rendre compte des départemens qui ont le plus souffert et dans lesquels les biens se sont vendus le moins avantageusement, pour y suppléer au moyen des fonds de réserve.

Selon lui les mêmes fonds seront appliqués à détruire les inégalités qui pourront être occasionnées par la proposition qu'il fait de prendre l'impôt pour base de l'évaluation.

Il croit inutile d'insister sur la facilité de reconnaître les propriétés divisées, et de les reformer fictivement.

La composition des commissions telles qu'il les propose satisfera tous les besoins et tous les vœux.

M. *de Martignac* combat l'amendement, en faisant sentir les inconvéniens que doit engendrer une évaluation nouvelle qui laisse incertain le montant de l'indemnité.

Il regarde d'ailleurs cette évaluation comme impraticable en ce que les biens vendus se composent de 452 mille lots; que les portions de fonds ont été jointes à d'autres fonds avec lesquels elles se sont confondues; que dans un intervalle de trente années les reventes, échanges, et partages qui ont eu lieu les ont subdivisées à l'infini; que ces propriétés ont changé de nature, des maisons ayant été détruites, des bois ayant été défrichés, ou de nouveaux bois ayant été faits là où il n'y avait autrefois que des terres; qu'il ne peut dès-lors y avoir aucune analogie entre des biens ainsi bouleversés.

Enfin, comment faire cette évaluation? Par experts?.... Eh bien! C'est l'arbitraire qu'on vous propose.

Encore, dit M. le commissaire du Roi, si l'on terminait par là toute difficulté. Mais on veut que l'on fasse une distribution du quart accordé à chaque département; on veut que l'emploi de ce quart soit déterminé ultérieurement : on vous renvoie ainsi aux difficultés d'une loi nouvelle.

Ensuite ce n'est qu'à Paris que le passif suivant l'amendement devra être reglé, il ne remédie donc pas à l'inconvénient que l'on a signalé de centraliser l'opération dans la capitale.

Par tous ces motifs, M. de Martignac vote le rejet de la proposition.

M. *de la Pasture* l'adopte au contraire, parce qu'elle fait disparaître les deux cathégories qui sont traitées si différemment par le projet, quoique leurs droits soient égaux; que si on objecte que les propriétés ont beaucoup varié depuis la révolution, on y répond en observant que les variations sont moins grandes qu'on ne pense, qu'on peut au surplus retrancher la plus value.

M. *Forbin des Issarts* objecte que l'impôt foncier de 1824, comme terme de comparaison de la propriété en 1790, ne lui paraît pas applicable; autrement il faudrait supposer que toutes les propriétés d'un même département se sont élevées en valeur dans la même proportion, et sont toutes passées dans les mains de propriétaires qui les ont régies également, ce qui n'est pas; que l'amendement offre cela d'injuste et de déraisonnable, qu'il fait dépendre l'indemnité de la manière dont les biens-fonds auront été cultivés depuis la révolution.

M. *de la Bourdonnaye* reproche aux adversaires de l'amendement d'avoir toujours supposé l'excellence du projet de loi, sans prendre la peine de la démontrer.

Cependant ce project porte sur deux bases également vicieuses. Les revenus de 1790, et l'on sait combien sont inexacts les baux et les déclarations des fermiers au moyen lesquels on a établi ce revenu ; le prix des ventes, et la Convention elle-même tonnait contre les dilapidations commises par ceux qui en avaient été chargés.

Ce n'est pas tout, et la liquidation telle qu'elle doit être faite suivant la loi, ne touchera pas à sa fin avant 30 ans.

Un des premiers avantages de l'amendement au contraire, est de répartir l'indemnité à l'instant même.

L'impôt foncier de 1824, est une base d'autant plus sûre que le cadastre qui existe pourra servir dans un tiers au moins de la France. Quant aux propriétés situées là où il n'y a pas de cadastre, ou ces propriétés sont d'une vaste étendue, et sont encore imposées aujourd'hui ce qu'elles l'étaient autrefois ; ou bien elles ont été divisées, mais alors il sera facile de s'assurer d'un coup d'œil de la valeur de ces parcelles, que le propriétaire lui-même s'empressera de venir dénoncer.

S'il résulte de ce mode de répartition quelques inégalités ; elles seront peu considérables, et on les comblera au moyen du fonds commun.

M. le Ministre des finances répond qu'ayant à rechercher la valeur des biens vendus en 1790, l'auteur de l'amendement a pris une voie détournée, en s'attachant à l'impôt de 1824 ; car de l'impôt on n'arrive qu'au revenu, et qu'il faudra de là rechercher quelle est la valeur totale.

Il regarde cette base comme mauvaise par suite des changemens qui ont eu lieu depuis la vente des biens.

Elle sera du moins imparfaite, tant que l'on ne connaîtra pas la valeur de la dernière parcelle, et ce que l'on propose pour parvenir à cette connaissance est, non-seulement incertain, mais encore dangereux, impolitique et contraire au but de la loi, qui est la paix et la conciliation.

Que veut-on? empêcher les inégalités ; elles résultent tout aussi bien de l'amendement que du projet de loi, puisque l'on se ménage un fonds de réserve pour les combler.

Dans le fait, il est notoire que la régie de l'enregistrement s'est procuré, au moment des ventes de la première cathégorie, les renseignemens les plus exacts qu'elle a pu; la seconde est bien loin d'offrir les différences que l'on a signalées. Au reste, la plupart des émigrés participant à l'une et à l'autre, leur position sera bien meilleure qu'on ne le suppose.

L'amendement de M. de Lézardière est mis au voix et rejeté.

Cette décision dispense la Chambre de s'occuper du sous-amendement de M. Durand d'Elecourt, qui avait pour objet la sous-répartition de l'indemnité par arrondissement.

M. *de la Pasture* avait proposé un sous-amendement ainsi conçu :

La répartition individuelle sera faite au centime le franc de la valeur estimative des propriétés confisquées et vendues, en prenant pour base des évaluations les valeurs de 1790 ou celles de 1824.

Le Gouvernement fixera laquelle de ces deux bases doit être affectée à tel ou tel département.

Le travail des évaluations sera exécuté dans les départemens par les agens de l'administration, et arrêté par le Préfet, jugeant en conseil de préfecture, qui prononcera dans la même forme sur les observations et évaluations des ayans-droit.

Cette proposition est aussi rejetée.

Le reste de l'amendement de M. de Lézardière est mis aux voix et rejeté.

Deux autres amendemens de MM. de la Caussade et Duhamel sont ainsi conçus :

Le 1.er : *Il sera nommé à la diligence des Préfets, une commission gratuite dans chaque canton, laquelle sera composée de cinq membres pris parmi les plus recommandables du canton.*

Les anciens propriétaires dépouillés, ou leurs ayans-droit, seront tenus de présenter dans un délai de..... à la commission, un état désignatif des biens qu'ils possédaient dans le canton, et d'y indiquer la valeur qu'ils prétendent que ces biens avaient au moment de la confiscation ; d'après cette donnée et la notoriété publique, la commission déterminera la valeur de ces biens à l'époque de 1790.

Le tableau de ces opérations sera affiché pendant 15 jours à la porte de l'église paroissiale, et de la Mairie du lieu où les biens sont situés. Il sera ouvert à la Mairie du chef-lieu de canton, un registre destiné à recueillir les réclamations et observations auxquelles le travail de la commission pourra donner lieu. Après l'expiration de ce délai la commission cantonnale enverra à la commission départementale le tableau de ses opérations et le registre.

Il sera nommé dans chaque chef-lieu de département, une commission composée du Préfet, du Président de la Cour Royale, ou du tribunal de première instance, de deux membres du Conseil général, d'un membre de chaque conseil d'arrondissement, et deux propriétaires pris parmi les plus imposés de chaque arrondissement.

Cette commission fixera définitivement les estimations et statuera sur les réclamations des parties intéressées.

Le travail des commissions départementales sera adressé au ministre des Finances, et servira de base à la répartition entre les départemens, des 30 millions de rente au marc le franc.

Le second : *La valeur qu'avaient en 1790 les biens confisqués sera établie autant que possible par des documens authentiques, tels que matrices des rôles, états de sections, baux à ferme, et autres; mais en cas d'insuffisance ou faute desdits documens, il sera formé par les soins des préfets, une commission composée de notables et anciens cultivateurs du lieu, qui établiront par notoriété publique, la valeur des biens vendus, telle que cette valeur était notoire en 1790.*

Dans le délai de trois mois les évaluations ci-dessus pres-

crites, devront être transmises par le Préfet au Ministre des finances.

Ces deux amendemens sont rejetés.

M. *de Charencey* propose de prendre le revenu de 1790, multiplié par 20, pour base de l'indemnité.

Dans son système, ce revenu serait apprécié par des commissions spéciales, qui devront s'éclairer de tous les titres que l'on aura recueillis, et ne pourront prononcer qu'après avoir entendu les parties.

Lorsque les évaluations départementales seront terminées, un comité central composé d'un nombre égal de membres de chaque Chambre, établi près le ministre des Finances et présidé par lui, assignera, selon qu'il le trouvera juste et convenable, à chaque département le contingent qui devra lui appartenir dans la répartition générale.

Cet amendement est rejeté.

M. *Duchesnay* fait une proposition qui tend à faire participer aux avantages de la première cathégorie, ceux dont les biens ont été vendus en vertu des lois antérieures au 12 prairial an III, et qui auront les moyens de faire constater régulièrement le revenu de 1790; pour ceux qui ne le pourront pas, il propose de donner le prix de la vente réduit en numéraire, d'après le tableau de dépréciation des assignats, dressé en exécution de la loi du 5 messidor an 5.

Une commission départementale serait chargée de l'opération.

Il veut qu'elle la commence par constater le rapport existant entre le revenu de 1790 et la contribution de 1825, en faisant un total du revenu des biens confisqués depuis le 12 prairial an 3, à différentes époques et dans diverses parties du département, en se procurant l'état exact de la contribution foncière assise en 1825 sur chacun de ces mêmes biens, et en formant un total de toutes ces contributions, pour servir de diviseur de la somme totale du revenu de 1790, rapport qui deviendrait le régulateur des liquidations à faire.

M. de *Lacaze* fait un sous-amendement en ces termes : *pour les biens-fonds vendus en exécution des lois de confiscation, quelles que soient la date de ces lois et l'époque de la vente dont les procès-verbaux d'expertise ou d'adjudication constateraient ou énonceraient le revenu de 1790, l'indemnité consistera en une inscription de rente 3 p. 100 dont le capital sera égal à 20 fois le revenu de 1790.*

Pour les biens-fonds dont les procès-verbaux de vente ne contiendraient qu'une simple estimation préalable, l'indemnité se composera (le reste comme au projet de loi avec l'amendement de la commission.)

M. de *Martignac* observe que le Gouvernement a fait tout ce qui était en son pouvoir pour prendre le revenu de 1790 pour base unique de l'indemnité, quelle qu'ait été l'époque de la vente ; que si on l'a pu dans les pays de grande culture, on a été arrêté à chaque pas par des difficultés nouvelles dans les autres, et qu'on n'y est arrivé à aucun résultat satisfaisant, soit qu'on ait, à défaut de baux qui n'existent pas, recherché la contribution de 1793, soit qu'on ait voulu recourir à la notoriété publique que plusieurs orateurs ont indiquée comme un moyen si facile ; que c'est là ce qui a décidé le Gouvernement à adopter le parti qu'il a pris.

M. *Rebout* répond que le mode présenté par M. Duchesnay étant le moins défectueux, le plus exempt de vices, doit être adopté de préférence.

M. *Bazire* en vote le rejet, en se fondant sur le mot *régulièrement* qu'il renferme, et qui selon lui pourrait occasionner de graves inconvéniens ; il pense aussi qu'en demandant à faire entrer en compte le revenu de 1790 comparé à la contribution de 1825, on s'expose à des inégalités hors de toute proportion dans les départemens où la contribution est du cinquième du revenu, et ceux où elle est du dixième ; l'orateur se prononce surtout contre les expertises, qui, contradictoires comme elles le sont d'ordinaire, ne présenteraient que du danger.

M. le Président avertit la Chambre que M. de Kergariou a présenté un sous-amendement auquel M. de la Boëssière s'est réuni, et qui tendrait à donner pour base de la *répartition*, *les baux authentiques ou ayant une date certaine* antérieure à 1790, ainsi que les matrices des rôles des contributions, et les documens qui ont servi à établir cette contribution.

M. de *Lastours* combat cet amendement par le motif qu'il établirait des différences dans le sort même de deux voisins, dont l'on aurait des baux, tandis que la propriété de l'autre n'aurait pas été affermée.

M. *Humbert de Sesmaisons* l'appuie en ce qu'il efface la plus grande partie des inégalités, et que chacun y trouve les ressources qu'il peut desirer.

M. *Cornet d'Incourt* le rejette, parce qu'en améliorant la position d'un certain nombre de propriétaires il empirerait nécessairement celle des autres, la somme allouée à l'indemnité ne pouvant être dépassée.

M. *Carrelet de Loisy* vote pour l'amendement, en faisant remarquer combien il doit y avoir d'inégalité entre les deux catégories, puisque le capital affecté à la deuxième, qui ne comprend que 81,000 ventes, surpasse de près de neuf millions celui qu'on impute à la première, qui en compte [illegible],000.

M. le *Ministre des finances* regarde comme très-heureuse l'idée d'étendre l'application de la base prise de la valeur de 1790, au plus grand nombre de propriétés qu'il est possible; mais il lui semble que cette base, pour être appliquée avec justice et égalité, doit être connue; il ajoute que c'est là que déjà la proposition soumise à la Chambre présente des inconvéniens; qu'elle a cela de mauvais, que l'inégalité qui doit en résulter est la plus choquante de toutes en ce qu'elle existera d'individu à individu entre ceux qui pourront et ceux qui ne pourront pas justifier du revenu de 1790; qu'elle met en outre entr'eux cette différence qu'elle les obligera ou les engagera à se dispenser de justifier de ce revenu selon qu'ils seront mal ou bien traités par la liquidation ; qu'un autre genre d'inégalité sera nécessairement produit par l'absence du fonds commun qui, s'il n'est pas entièrement détruit, est du moins réduit pour ainsi dire à rien par l'amendement.

M. le Ministre termine en disant que ce n'est pas sans motifs que le Gouvernement s'est résigné à présenter les bases qu'il a soumises à la Chambre pour la répartition de l'indemnité ; qu'après avoir refléchi mûrement à la proposition, qu'après avoir balancé même un instant, il estime qu'il est de beaucoup préférable d'adopter le projet de loi avec la modification que la commission y a apportée par la réserve du fonds commun.

M. *Hyde de Neuville* répond que le but de l'amendement est non-seulement de diminuer, mais encore de détruire l'injustice ; que si on objecte qu'en admettant à prouver par des baux, par des actes authentiques, la valeur du revenu de 1790, une classe des émigrés ne s'en trouvera que plus malheureuse ; on peut dire aussi qu'alors ils seront les victimes des choses, au lieu que l'on veut que les autres soient les victimes des hommes.

On vient de nous observer, dit-il, que le fonds de réserve sera employé à réparer les inégalités résultantes de la répartition. Eh bien ! il aura la même destination ; seulement, il s'exercera sur un moins grand nombre de victimes.

On dit encore que les 30 millions ne suffiront pas ; mais l'on peut faire la répartition des trois ou quatre premiers cinquièmes, et si l'on n'a pas de quoi faire le dernier, on répartira au marc le franc ce qui restera : en agissant ainsi, l'on sera juste.

M. *Bazire* fait observer, entre autres choses, que l'on ne peut s'en rapporter aux baux, parce qu'ils renfermaient une foule de choses qui n'existent plus ; qu'ainsi les prix qui y sont stipulés ne peuvent être pris pour point de départ ou terme de comparaison ; qu'on sera donc forcé d'en venir à une vérification, à des estimations, à des calculs qui ramènent tous les inconvéniens des autres amendemens que l'on a rejetés.

La Chambre rejette ensuite le sous-amendement de M. de Kergariou, celui de M. de Lacaze, et l'amendement de M. du Chesnay.

Elle rejette également et sans discussion, un autre amendement de M. Martin de Villers, ainsi conçu :

Le capital d'un crédit alloué sera réparti entre les anciens propriétaires ou leurs représentans, à raison du revenu de ces biens en 1790, multiplié par vingt.

Il sera procédé à cette répartition par des commissions départementales et une commission centrale, sur les documens qui seront spécifiés, et suivant le mode indiqué au titre II de la présente loi.

M. *de la Granville* propose de fixer l'indemnité au moyen de deux tableaux, dont l'un portera les revenus imposables des biens confisqués et vendus qui sont cadastrés; l'autre, le revenu de ceux de ces biens qui ne sont pas cadastrés et le seront sous le plus court délai possible, en déduisant dans l'une des colonnes de ces tableaux les revenus imposables pour les constructions nouvelles, hausses et baisses subites, et impenses extraordinaires faites depuis la confiscation; en sorte que la dernière colonne puisse offrir le total des revenus imposables aujourd'hui sur les biens confisqués et vendus, total qui servira de base à la répartition au marc le franc de la rente afférente au département.

M. de la Granville allègue à l'appui de sa proposition, que s'il faut vingt ans encore pour que toute la France soit cadastrée, il n'en faudra que deux pour terminer ce travail en ce qui concerne les biens mis sous le séquestre; qu'ainsi il y aura promptitude dans l'exécution de la mesure, qui faite de la sorte, sera exacte et régulière.

M. *Cornet d'Incourt* répond qu'un tel mode serait très-avantageux à l'administration, en ce que la partie du cadastre qui aurait pour objet les biens des émigrés, et dont il voudrait que l'on s'occupât de suite, servirait de type aux autres propriétés que l'on cadastrerait plus tard, et qu'il n'y aurait pas de meilleur moyen d'établir l'impôt foncier sur la plus large base possible.

M. *Reboul* appuie l'amendement, en se fondant sur ce qu'il lui semble moins défectueux que le système proposé, dont on ne peut se dissimuler les vices, et qu'il est en général, et à l'exception de quelques biens, d'une exécution facile.

Il est mis aux voix et rejeté.

Un amendement conçu en ces termes est présenté par M. de Bouville.

L'indemnité consistera en une inscription de rentes égale aux trois cinquièmes du revenu brut des propriétés vendues, valeur de 1790, telle qu'elle sera constatée par les procès-verbaux d'expertise ou d'adjudication, soit par l'évaluation préalable qui d'après les lois a dû être faite avant la vente, soit par le montant des impositions de l'époque, soit par les pièces authentiques ou autres renseignemens administratifs existant à la Régie des domaines, soit par les pièces authentiques ou autres renseignemens qui seront fournis par les réclamans eux-mêmes, soit enfin par la combinaison de ces différens documens entre eux.

M. *de Villèle* fait observer que cette proposition a déjà été jugée deux fois, d'abord dans l'amendement de M. de Lézardière, puis dans celui de M. de Charencey.

M. *Bacot de Romans* convient de cette vérité, mais il ne veut pas que l'on fasse un crime aux vaincus de chercher à rentrer sur le champ de bataille.

La Chambre consultée sur l'amendement le rejette.

M. *de Lastours* en propose un autre qui tendrait à donner pour base à la répartition la contribution foncière de 1824 afférente aux biens confisqués.

M. *de Burosse* développe ensuite un amendement ayant pour but de répartir provisoirement les deux premiers cinquièmes de l'indemnité d'après les bases établies dans l'article 2 du projet, et de prendre pour base de la répartition définitive la contribution de 1824.

L'une et l'autre propositions sont tour à tour rejetées.

MM. *de Cambon* et *Lemoine Desmares* demandent chacun séparément que pour tous les biens-fonds confisqués, l'indemnité se compose d'une inscription 3 p. 100 égale au prix de vente, réduit en numéraire au jour de l'adjudication, d'après le tableau de dépréciation des assignats dressé en vertu de la loi du 5 messidor an V.

L'un et l'autre orateurs font valoir en faveur de leur amendement, que s'il enlève quelque chose à la première catégorie, il accorde du moins davantage à ceux de la deuxième; et qu'il en résultera du moins que tous les émigrés seront traités de même, ce qui leur semble d'autant plus juste que tous ont les mêmes droits.

M. *de Martignac* fait observer que le nouveau projet soumis à la Chambre est diamétralement contraire à ceux que déjà on lui a présentés et qu'elle n'a point voulu accueillir.

Dans le but d'effacer les catégories de la loi, on proposait de faire remonter ceux de la seconde à la première, ce qui ne pouvait avoir lieu sans excéder de beaucoup les bornes fixées à l'indemnité; maintenant, ce sont ces derniers que l'on voudrait faire descendre à la seconde.

Cependant, ajoute M. le commissaire du Roi, il n'y a aucune analogie entre l'une et l'autre positions.

L'estimation qui avait lieu lors des ventes qui ont précédé l'an III n'était qu'une pure formalité; ce qui donnait à l'objet vendu son prix, c'était l'enchère, à laquelle tout le monde était admis en concours. Les ventes, à partir de l'an III, au contraire, ne se sont plus faites ainsi, mais bien au moyen de soumissions calculées sur le montant du revenu qui leur servait de base. Rendre semblable l'une et l'autre conditions, c'est priver ceux dont les biens ont été les premiers vendus de l'avantage qui résulte pour eux de la concurrence et de la publicité, c'est commettre à leur égard une criante injustice.

M. *Duplessis-Grenédan* prétend que c'est une erreur de dire que les ventes qui ont été opérées postérieurement à l'an III n'avaient pas lieu à l'enchère; qu'elle était au contraire admise, et que si le prix de la vente avait dans un cas paru une règle bonne à suivre, on ne devait pas dans l'autre n'y avoir aucun égard.

M. *Pardessus* répond qu'en voulant relever une prétendue erreur de M. le commissaire du Gouvernement, M. Grenédan s'est mépris lui-même, en ce que, s'il est vrai que la loi de prairial an III, qui permettait de vendre sur une soumission de soixante-quinze fois le revenu, fut abrogée quinze jours après sa promulgation, s'il est vrai que les enchères reparurent alors, quelque temps après intervint la loi du 28 ventôse an IV, qui ordonna que tous les biens seraient vendus sur de simples estimations, et pour un prix payable en mandats.

Comment voudriez-vous, continue l'orateur, que des estimations faites en mandats fussent réduites à l'échelle de proportion?

Il faut reconnaître qu'à cette loi ont succédé des lois qui ont ordonné des ventes aux enchères; mais les prix, quoique fixés en numéraire, étaient payables en valeurs plus ou moins dépréciées, et les considérer comme de l'argent serait une faveur injuste.

L'amendement est mis aux voix et rejeté.

M. *le Président* fait lecture de l'article 2 du projet.

Sur le premier paragraphe de cet article, la commission a proposé de substituer aux mots *égal à vingt fois le revenu*, ceux-ci : *dont le capital sera égal à vingt fois le revenu.*

M. *de Lastours* demande qu'à la place de ces mots *vingt fois le revenu*, on mette ceux-ci : *dix-huit fois le revenu*, afin d'augmenter de 60 millions le fonds commun destiné à réparer les inégalités de répartition qui seront la conséquence nécessaire du projet de loi.

M. de Bully soutient cette proposition, qui lui paraît d'autant plus juste que le fonds de réserve destiné à réparer les inégalités est selon lui trop peu considérable.

Il demande en outre, par un sous-amendement, que les liquidations de la deuxième catégorie qui pourraient dépasser le terme de dix-huit fois le revenu de 1790, soient également réduites à ce terme.

M. le Président fait observer que ce sous-amendement ne peut s'appliquer à cette catégorie, parce qu'elle n'est pas réglée par le revenu, mais par l'échelle de dépréciation.

M. *Blin de Bourdon*, tout en appuyant l'amendement de M. de Lastours, demande que l'on assimile aux biens de la première catégorie ceux qui ont été vendus en vertu des lois antérieures à l'an III, dont le revenu de 1790 pourra être établi, soit par des estimations, soit par les procès-verbaux d'adjudication.

M. le Président rappelle à l'orateur que cette proposition est identiquement la même que celle qui a été produite par M. de la Caze, et que la Chambre a rejetée.

M. *Bescais de Béais* pense que dès le moment où l'on reconnaît la nécessité d'un fonds commun, il y a urgence de l'augmenter.

M. de la *Bourdonnaye* déclare que si le fonds commun avait été mis aux voix au commencement de la discussion, il l'aurait appuyé de toutes ses forces; mais qu'une fois que l'on a rejeté après une longue discussion tous les amendemens qui pouvaient procurer des moyens convenables de fixer une base d'estimation, voter un fonds commun aussi considérable, c'est mettre à la disposition de la commission centrale une somme immense, dont elle ne saurait faire la répartition en aucune manière; car de quelque manière que les émigrés soient traités, aucun d'eux n'obtiendra jamais la valeur réelle de la perte qu'il aura faite: il s'élèvera donc un grand nombre de plaintes que cette commission ne pourra pas vérifier.

Forcé, dit-il, à en revenir au projet de loi, à adopter l'arbitraire, celui de la loi est encore préférable à celui de l'homme.

M. *Descordes* ne pense pas, comme le préopinant, que l'arbitraire préside à la répartition.

Il lui paraît que l'augmentation du fonds commun a cela d'avantageux, qu'il servira à compenser les pertes de la deuxième catégorie.

Sans doute, ajoute l'orateur, si l'on devait de suite répartir ce fonds, on éprouverait autant d'embarras que l'on en a par rapport à cette catégorie; mais lorsqu'on en sera venu à ce point, toutes les pertes, toutes les inégalités seront connues, la distribution sera donc faite avec justice.

M. de *Berbis* annonce qu'il appuyerait volontiers l'amendement, s'il lui était démontré que le prix des biens vendus avant l'an III, est effectivement de dix-huit fois le revenu, mais que rien n'est plus impossible à établir.

Il ne pense pas que la formation d'un fonds commun soit avantageuse; il voit même avec regret que sa destination ne pourra être réglée que par une loi, ce qui contraindra la Chambre à revenir une seconde fois sur cette discussion.

L'amendement est mis aux voix et *adopté*.

M. *Duhays* propose un autre amendement conçu en ces termes : *pour les biens-fonds dont la vente a été faite en vertu des lois antérieures à la loi du 12 prairial an 3, qui ne prescrivaient qu'une simple estimation préalable, l'indemnité se composera d'une inscription de rente 3 p. 100 sur le grand livre de la dette publique* AU TAUX DE 75 FRANCS, *et égale au prix de vente réduit en numéraire au jour de l'adjudication, d'après le tableau de dépréciation des assignats dressé par les commissaires de la trésorerie*..

Il dit que c'est l'espoir seul d'affaiblir les graves inconvéniens qui résultent de la loi qui le lui a fait présenter.

Que si le premier résultat de l'application de ce tableau est de diminuer de près d'un tiers le prix réduit en numéraire, des ventes composant la deuxième catégorie, on y remédie en augmentant les rentes que l'on entend délivrer aux émigrés, et en les leur donnant au taux de 75, ce qui doit produire dans cette catégorie une différence en plus de 611,575 fr. 48 c.

Qu'à la vérité cette somme est prise sur le fonds commun, mais que ce n'est pas un grand mal, car on ne saura pas mieux le repartir plus tard qu'aujourd'hui.

Qu'enfin, ce mode lui semble d'autant plus devoir être adopté que jusqu'à ce jour l'échelle de la tresorerie a été la seule en usage dans les liquidations avec le Gouvernement.

Qu'elle est d'ailleurs la seule qui ait de l'authenticité.

M. le *Ministre des finances* répond qu'en se servant de cette échelle, l'indemnité se trouve diminuée de 150 millions; qu'il est vrai qu'en donnant la rente pour 75 fr., au lieu de sa valeur nominale, on l'augmente de 134 millions; mais qu'alors l'amendement contrevient à l'article premier qui a déjà créé les valeurs dans lesquelles l'indemnité doit être payée. Que si le Gouvernement s'est servi de l'échelle de dépréciation des départemens, c'est que ce mode lui a paru beaucoup plus juste, en ce que la valeur du papier monnaie dans les lieux ou les ventes s'effectuaient, devait opérer sur le montant de la vente, tandis que sa dépréciation à Paris devenait souvent indifférente dans les départemens.

Cette proposition n'étant pas appuyée n'est pas mise aux voix.

M. le Président rappelle que la commission a proposé d'ajouter à l'article 2, la disposition suivante.

Lorsque le résultat de la liquidation aura été connu, les sommes restées libres sur les trente millions de rente déterminées par l'article premier, seront employées à réparer les inégalités qui auraient pu résulter des bases fixées par le présent article, suivant le mode qui sera réglé par une loi.

M. *Creuzé* demande *que les sommes restées libres sur les 30 millions de rente, soient annullées au profit de l'État.*

Son sous-amendement n'étant pas appuyé, n'est pas mis aux voix.

M. *Daudigné de Resteau* présente un amendement ainsi conçu.

Lorsque le résultat des liquidations aura été connu, il sera disposé par une loi des sommes restées libres sur les 30 millions de rente déterminés par l'article premier.

M. *de la Pasture* dit que le fonds commun étant le seul moyen de réparer les inégalités qui résulteront du projet de loi, il faut en adopter de suite le principe, pour consoler du moins ceux qui voient leurs espérances anéanties par ce projet.

M. *d'Ecerville* pense que dans l'incertitude où l'on est de savoir si les réclamations des personnes lésées, dépasseront le montant du fonds de réserve, il convient de ne rien préjuger sur l'emploi de ces fonds, en le déterminant d'avance; que de cette manière on pourra appeler à en profiter une foule d'autres malheureux; les émigrés rentiers, par exemple, qui ont aussi souffert de la révolution.

M. *de Saint-Chamans* répond que le Gouvernement n'a pu réparer toutes les injustices; qu'il est d'un intérêt général de ne pas ajourner celle de ces réparations qui a paru la plus urgente, mais que pour en finir avec le passé, il faut combiner avec le Gouvernement un article additionnel qui établisse ce fonds de réserve de manière à n'avoir plus à y revenir.

M. *le Ministre des finances* croit qu'il ne faut tromper personne, et que si au moyen du fonds commun on s'imaginait pouvoir satisfaire à des demandes qui ont déjà été soutenues à la tribune, on flatterait d'un vain espoir les malheureux dont on prend la défense.

L'amendement, auquel s'est joint M. d'Ecorville, est mis aux voix et rejeté.

Le général *Foi* propose d'employer le fonds commun, *moitié à réparer les inégalités occasionnées par la loi, l'autre moitié à réparer le dommage qu'ont éprouvé les créanciers des émigrés liquidés en conformité aux lois révolutionnaires.*

A l'appui de cet amendement, il dit que si la loi s'occupe des créanciers non liquidés, il en est d'autres, ceux qui ont été liquidés et non payés, ou qui ont été payés en valeurs dépréciées, qui ne méritent pas moins d'intérêt, et auxquels cependant il n'est point donné d'action; que c'est à ceux là qu'il désire que l'on accorde quelque attention; que la justice le veut, que la délicatesse de la Chambre lui en fait même une loi.

M. *de Martignac* observe que s'il existe deux catégories de créanciers, elles sont de leur choix; qu'en effet, après la déclaration qu'ils étaient créanciers de l'État, les uns s'en sont tenus à leurs premiers débiteurs, qu'ils ne se sont pas présentés à la liquidation, qu'il est donc juste qu'ils fassent valoir leurs droits lorsque ces débiteurs retrouvent eux-mêmes ceux qui leur appartiennent.

Quant aux autres, leur position est différente, dit M. le commissaire du Gouvernement; car il faut écarter ce que le préopinant a dit des gens de service, qui ont été payés sur le produit du mobilier. Les autres ont accepté l'État pour créancier, il s'est opéré novation à leur égard, ils ont même été payés; pour les comprendre aujourd'hui dans la loi, il faudrait revenir sur les quittances qu'ils ont données, et l'on voit à quel résultat on parviendrait si l'on agissait ainsi.

D'ailleurs, dit-il, la totalité de la somme a été affectée aux propriétaires de biens fonds confisqués, il n'est plus permis d'en distraire la plus légère partie.

M. *Benjamin-Constant* objecte que les gens à gage n'ont pas été intégralement payés; que si l'on parle de novation, on doit se rappeler que l'échange qui s'est opéré entre leurs droits et le paiement illusoire qu'ils ont reçu n'ont pas été tout-à-fait volontaires; et que d'ailleurs les émigrés eux-mêmes ont accepté un échange analogue, en rentrant en France et en prêtant le serment que la Chambre n'a point oublié; qu'il est vrai que jusqu'ici toutes les réclamations ont été repoussées, mais que l'on ne peut pas se montrer aussi impitoyable lorsqu'il ne s'agit que d'un excédent.

M. *le Ministre des finances* répond que l'amendement n'aurait une apparence de fondement qu'autant que l'on s'adresserait à l'État qui a payé en valeurs dépréciées, pour lui demander de réparer une perte qui vient de son fait; mais que les émigrés ne doivent rien, puisque l'État s'était chargé de leurs dettes en s'appropriant leurs biens.

L'amendement est mis aux voix et rejeté.

M. *Josse de Beauvoir* en propose un autre qui consisterait à ajouter au fonds de réserve le cinquième de chaque liquidation. Cette proposition est aussitôt retirée.

M. *Leroux du Chatelet* fait la proposition suivante :

Lorsque le résultat des liquidations aura été connu, les sommes restées libres sur les 30 millions de rentes déterminés par la loi, seront employées d'abord à indemniser le plus intégralement qu'il sera possible, les confiscations faites sur le même individu pour cause d'émigration, dont l'ensemble ne s'élèverait pas au-dessus de 4 mille francs de revenu; et sur le superflu, s'il en existait, à réparer ensuite les inégalités qui auraient pu résulter des bases fixées par le présent article, suivant le mode qui sera fixé par une loi.

Aucune indemnité ne sera accordée à ceux qui seront rentrés dans la possession et jouissance de leurs biens, soit par le rachat, soit par transaction ou succession, avant que la mesure ci-dessus prise ne soit déterminée.

M. *de Valon* se prononce pour cet amendement, se fondant sur cette raison, que les familles pourvues de pensions et de tant de genres de bienfaits, ne doivent pas recevoir la moitié du milliard sans aucun égard pour les pauvres familles des départemens; que s'il est des sacrifices à faire, ils sont plus faciles de la part des premiers, que pour les autres.

M. *Mestadier* demande que l'amendement soit renvoyé à la commission.

M. *Pardessus* déclare que la commission est aux ordres de la Chambre; que cependant elle ne pourra pas discuter un amendement qu'elle a déja repoussé.

M. *Mestadier* retire sa proposition.

M. *Pardessus* se borne alors à combattre M. du Chatelet dont la proposition, dit-il, tendrait à détruire tout ce que la Chambre a fait jusqu'à présent, puisqu'elle ferait d'une mesure de justice, une mesure de grace.

L'amendement est mis aux voix et rejeté.

M. *Dubourg* demande que ce qui restera libre sur le fonds de reserve, soit employé *au paiement d'un supplément d'indemnité au profit de ceux qui pourront établir par des pièces justificatives, que leur indemnité n'atteint pas dix-huit fois le revenu de leurs biens confisqués.*

Il veut que *ceux qui se croiront lésés réclament dans les six mois qui suivront la connaissance légale qu'ils auront de leur liquidation.*

Que leur *demande soit jugée par le conseil de préfecture après avoir pris l'avis du maire, et répartiteurs de la situation des biens, assistés du contrôleur des contributions et revêtu de l'avis du directeur des domaines.*

Qu'aussitôt que la commission centrale aura rassemblé toutes les liquidations, elle procédera à la répartition du fonds commun, qui sera distribué en commençant par ceux qui éprouvent la plus grande lésion, et ainsi successivement jusques à son épuisement.

M. *de Berthier* fait observer que si on adoptait cet amendement, on se trouverait en contradiction avec la décision que la Chambre a déja prise par rapport à celui de M. de Kergariou, qui était appuyé sur les mêmes bases.

Il pense qu'on ne peut encore rien déterminer relativement au fonds commun, puisque l'on ne peut pas savoir quel sera le résultat de l'application de la loi.

M. *Duhamel* déclare adopter l'amendement de M. Dubourg parce qu'il détermine le plus noble emploi du fonds de réserve, et trace la meilleure route à suivre, pour arriver à réparer les inégalités de la loi.

M. *de la Bourdonnaye* observe qu'il fera naître une foule de réclamations, en ce que personne ne voudra convenir qu'il reçoit plus de dix-huit fois le revenu de 1790.

Que du moment où le fonds commun est général et n'est pas réparti par département, les préfets chercheront à obtenir faveur pour leurs administrés, et se montreront larges dans la distribution de ce fonds au détriment des départemens voisins.

Qu'il est impossible de prendre sur ce point pour base les baux, actes de vente, etc....., lorsqu'on n'a point voulu les admettre pour la fixation de l'indemnité.

Que l'amendement offre ce vice que celui qui réclamera le plus, sera le premier dont on s'occupera, et qu'il pourra arriver que celui qui viendra de suite après lui n'ait rien, parce que la demande du premier aura tout emporté.

Qu'il paraît impossible enfin, de s'occuper actuellement d'une loi de répartition du fonds de réserve.

L'amendement est mis au voix et rejeté.

Celui de la commission que nous avons rapporté ci-dessus est adopté.

M. *de Fougères* demande *que ceux qui auront reçu une indemnité de* 15,000 *fr. de rente, au capital de* 500,000, *bien que lésés, ne soient pas admis à la répartition du fonds commun.*

Cette proposition est rejetée.

L'article 2, amendé par la commission, ainsi qu'on l'a fait remarquer plus haut, est ensuite mis aux voix et adopté à une très-grande majorité.

La Chambre passe à l'article 5, qu'elle adopte également avec l'amendement de la commission.

M. *Miron de l'Espinay* demande que l'on retranche *les femmes* du nombre des personnes interposées, désignées dans l'article 4.

Son motif est que plusieurs femmes d'émigrés, après avoir racheté les biens de leur mari, ont convolé après sa mort à de secondes noces, qu'elles ont eu des enfans d'un autre lit qui seraient, suivant les principes de l'article 4, appelés comme les enfans du premier lit à réclamer l'indemnité : ce qui ne serait pas juste.

M. *Leclerc de Beaulieu* pense que le cas prévu par le préopinant est très-rare, et que sa proposition ouvrirait la porte à un grand nombre d'abus, parce qu'en général ce sont les femmes qui ont racheté les biens des émigrés, et qu'en ne les comprenant pas dans l'article, on pourrait voir des gens venir réclamer une indemnité intégrale, quoique les biens séquestrés soient rentrés dans leurs mains.

Le sous-amendement est rejeté.

M. *de la Boissière* estime que la rédaction du projet du Gouvernement est plus claire que celle de la commission, en ce que l'une exige la rentrée en possession de l'émigré, et que l'autre n'en parle pas.

M. *Pardessus* répond que si la commission n'en a pas parlé, c'est qu'il lui a paru que cette rentrée en possession n'avait pas eu lieu dans beaucoup de cas, et à l'égard surtout de certains émigrés auxquels le Gouvernement avait, à leur retour en France, rendu leurs dettes sans leur rendre leurs biens, et qui n'avaient retrouvé que ceux que leurs parens avaient rachetés.

M. *de Ricard (du Gard)* partage l'opinion de M. de la Boissière sur l'amendement de la commission, qui suppose que l'acquisition aurait eu lieu pour l'émigré toutes les fois qu'elle aura été faite par personnes interposées, encore qu'elle n'ait pas été suivie de l'abandon de l'objet acquis.

Il propose, en conséquence, de rédiger ainsi l'amendement de la commission.

Lorsque les anciens propriétaires seront rentrés en possession de biens confisqués sur leur tête, après les avoir acquis de l'État, soit directement, soit par personnes interposées, l'indemnité... etc.

Ce sous-amendement est mis aux voix et adopté.

L'article de la commission, ainsi sous amendé, est pareillement adopté.

M. *Fouquerand* présente un paragraphe additionnel conçu en ces termes :

Les anciens propriétaires ou leurs héritiers qui seront rentrés dans les biens sur eux confisqués, en vertu d'une donation gratuite à eux faite par l'acquéreur desdits biens ou par ses héritiers, n'auront droit à aucune indemnité, à moins qu'ils ne se trouvent successibles du donateur.

Cette disposition, dit-il, manque à la loi, car il serait injuste et contraire à son esprit que ceux auxquels elle s'applique prissent part à l'indemnité.

Qu'on ne suppose pas, ajoute l'orateur, que c'est là une hypothèse gratuite ; s'il n'y a pas beaucoup d'exemples de ce cas, il existe, et cela suffit pour que la loi ne soit pas muette à cet égard.

Que si l'on objecte que la donation faite à l'émigré est pour lui une bonne fortune, ce raisonnement est sans force ; parce que, hors le cas où il ne s'agit pas d'un successible, cas qu'il excepte, la présomption de droit est que la remise n'a été effectuée à l'ancien propriétaire que pour cela seul qu'il était ancien propriétaire.

M. *le Ministre de l'intérieur* convient que l'amendement est séduisant en principe, quoique rare dans l'application ; mais il pense qu'il offrirait dans l'exécution des difficultés qu'il est aisé de sentir.

Plusieurs émigrés, dit-il, en quittant la France, y ont en effet laissé des amis que le malheur n'a pas rendus injustes ;

loin de céder à la tentation d'acheter pour eux-mêmes les biens de leurs amis malheureux, ils les ont acquis pour ces derniers avec des valeurs qu'ils leur avaient remises ; ce n'est presque que dans ce cas qu'il y a eu des restitutions. Comment se sont-elles faites, ce n'est pas par voie de revente, mais bien par donation ; eh bien ! l'amendement proposé aurait pour objet de les éloigner de la mesure de l'indemnité, quoique la confiscation les ait gravement lésés.

Il ajoute que si des acquéreurs véritables ont rendu gratuitement les biens qu'ils avaient payés de leurs propres fonds, ce cas est fort rare, et qu'il vaut mieux ne pas s'en occuper que de porter à ceux dont il vient d'être parlé le préjudice qu'ils souffriraient de la proposition de M. de Fouquerand.

Cette proposition est mise aux voix et rejetée.

Sur l'article 5, M. *Sanlot-Baugenault* présente l'amendement suivant :

Les rentes affectées à l'indemnité seront inscrites avec jouissance du 1.er juillet 1825.

Pour l'exécution des dispositions ci-dessus, il est ouvert au Ministre des finances un crédit de trente millions de rentes, avec jouissance du 1.er juillet 1825.

A l'effet de pourvoir au paiement de ces nouvelles rentes, trente millions de rentes, pris sur celles dont la Caisse d'amortissement se trouvera propriétaire au 30 juin 1825, seront annulés, en vertu de l'article 109 de la loi des finances de 1816, de manière à laisser disponible dans le budget de la dette publique, à partir du 1.er juillet, ladite somme annuelle de trente millions, nécessaire au service des intérêts de la rente affectée à l'indemnité.

L'orateur observe à l'appui de sa proposition, que tout en créant une masse considérable de rentes, la loi en discussion ne contient aucune disposition sur les fonds qui seront employés à en payer l'intérêt ;

Que si les rachats de la Caisse d'amortissement et l'annulation des rentes rachetées produisent quelques ressources, elles ne suffiront pas, et que le Ministre ne donne pour le reste que des éventualités pour base de ses espérances, lorsqu'il compte sur une augmentation du revenu public qui n'est pas vraisemblable;

Que l'allocation d'un fonds est cependant nécessaire, soit pour assurer la créance des émigrés, soit pour dissiper les craintes des contribuables, et que le seul moyen praticable à cet effet est celui qu'il a prévu dans sa proposition;

Qu'il aura encore l'avantage de ne donner aucune place à l'agiotage;

Que de plus, en fournissant dès à présent des ressources à l'État, il rend possible de faire courir dès à présent aussi en faveur des émigrés, les intérêts qui leur sont dus;

Qu'on ne peut prétendre qu'il doit diminuer la valeur des rentes en circulation par l'affaiblissement de l'amortissement, car une semblable crainte serait singulière, au moment où l'on déclare que l'amortissement n'aura lieu sur les 5 p. 100 qu'autant qu'ils dépasseront 100 francs;

Que c'est aussi vainement que l'on alléguerait que s'il survenait de nouveaux besoins on serait forcé pour y pourvoir de créer de nouveaux impôts, parce que la France trouverait toujours à emprunter si (ce que l'orateur est loin de désirer) cela devenait nécessaire.

M. *le Ministre des finances* demande s'il est un seul exemple, qu'au moment où l'on a créé des rentes, on ait aussi créé un impôt pour en payer l'intérêt. Rien de semblable n'est jamais arrivé, dit il, par le motif que le service des rentes venant naturellement comme élément de dépense du budget, les recettes générales de l'État ont été établies conformément aux charges générales de l'État, parmi lesquelles les rentes sont comprises. Son Excellence déclare qu'il en sera de même à l'égard de celles que l'on se propose de créer et que la nécessité d'en acquitter l'intérêt n'obligera à établir aucune nouvelle charge, qu'on y pourvoira au moyen des ressources du budget. Qu'au reste prendre sur ces ressources, ou prendre sur la caisse d'amortissement, c'est toujours faire un prélèvement sur le contribuable, et que ce dernier offre ce danger de plus, qu'il affecte un fonds de réserve, une caisse d'épargne, où il est dangereux de puiser, surtout lorsqu'on a d'autres fonds libres auxquels on peut toucher sans inconvénient. Que d'ailleurs le moment de diminuer les fonds de la caisse d'amortissement n'est pas opportun lorsqu'on va émettre pour 30 millions de rentes sur la place; que ce serait doublement porter atteinte au crédit.

Qu'une semblable mesure ne serait ni dans l'intérêt des émigrés, ni dans celle des rentiers.

Qu'elle ne serait pas dans l'intérêt des émigrés; car s'ils recevaient leurs rentes plus tôt, ils les auraient tellement dépréciées, qu'ils perdraient sur le capital plus qu'on n'aurait cru leur faire gagner par les intérêts.

Qu'elle ne serait pas dans l'intérêt des rentiers: car toute atteinte portée à l'amortissement donnerait un coup subit au cours des rentes.

Qu'en laissant au contraire l'amortissement ce qu'il est, on lui conserve son action et l'on se ménage par là les moyens de répandre sur le crédit son influence réparatrice.

La proposition est mise aux voix et rejetée.

M. *de Saint Chamans* demande que l'indemnité soit payée en trois paiemens au lieu de cinq.

Cet amendement est rejeté.

Sont également rejetés un amendement de M. d'Aboville et un sous-amendement de M. Berton, tendant à faire liquider à des époques plus ou moins rapprochées, les émigrés qui paient plus ou moins d'impôts, et ont droit à une indemnité plus ou moins forte et d'une valeur déterminée.

M. *Clausel de Coussergue* propose de délivrer les 6 millions de rente formant le premier cinquième de la somme allouée à ceux des anciens propriétaires, pour lesquels le montant de l'indemnité sera le plus faible, en commençant par la moindre cote et en remontant graduellement jusqu'à celle qui atteindra la dernière partie des 6 millions de rente qui doivent être inscrits le 22 juin 1825, et les quatre autres cinquièmes, les 22 juin 1826, 1827, 1828 et 1829; d'après le mode et la marche graduelle exposés dans le paragraphe ci-dessus.

M. *de la Tour-du-Pin la Charde* appuie l'amendement, et demande que ceux qui n'auront à réclamer qu'une rente de 1500 fr. ou au-dessous, soient inscrits dès la première année pour la totalité de l'indemnité.

M. *de Lézardière* pense que ces propositions doivent souffrir d'autant moins de difficultés, que c'est la cause du pauvre que l'on plaide.

M. *Pardessus* répond que la commission avait été animée du désir d'améliorer leur sort, mais qu'elle a été arrêtée par des obstacles sans nombre; qu'il est, en effet, très-possible que la liquidation des plus petites cotes éprouve des lenteurs, qui ne proviendront pas du Gouvernement, et seront attachées à la nature des choses; qu'on ne peut pas d'ailleurs prévoir ni l'époque où les liquidations seront faites ni leur résultat.

M. *Mestadier* observe que s'il s'élève des contestations on ne s'arrêtera pas pour cela; qu'on peut dès-lors toujours s'occuper de ceux auquels s'applique l'amendement.

M. *le Ministre des finances* objecte que pour prononcer sur les plus petites sommes qui doivent consommer le premier cinquième, il faudrait connaître la totalité des liquidations; que cependant pour satisfaire l'opinion qui se manifeste en faveur de ceux qui n'auront droit qu'à une faible indemnité, et améliorer autant que possible le projet de loi, il propose d'ajouter cette disposition :

Néanmoins les liquidations donnant droit aux inscriptions inférieures à 250 fr. de rente ne seront pas soumises aux délais prescrits ci dessus. L'inscription en aura lieu en totalité, et avec jouissance du 22 juin 1825.

M. *Clausel de Coussergue* déclare se réunir à la proposition de M. le Ministre des finances.

Elle est mise aux voix et adoptée.

La Chambre adopte également deux amendemens de la commission qui consistent, l'un à substituer aux mots : *accordées à titre d'indemnité* ceux-ci : *affectées à l'indemnité*, l'autre à retrancher du paragraphe 1.er *la somme allouée*, et de laisser purement et simplement *par cinquième.*

L'article 5 ainsi amendé, est mis aux voix et adopté.

M. le Président annonce qu'après cet article, M. Pavy a proposé une disposition additionnelle conçue en ces termes :

Les parties prenantes seront tenues d'insérer dans le reçu des sommes qu'elles recevront du trésor :

De laquelle réparation je suis satisfait, transportant au besoin au Roi réparateur, et source de toutes légitimités, tous droits *moraux et de conscience sur lesdits biens, m'interdisant sur mon honneur et en loyal et fidèle sujet, toute récrimination ou murmures à raison de la présente quittance et cession.*

Les acquéreurs auront droit d'exiger une expédition régulière de cette quittance, en payant les droits d'enregistrement et en sus les frais d'expédition, fixés à 2 pour cent au profit du domaine qui sera tenu de les délivrer,

Chaque acquéreur partiel pourra exiger pour lui un aussi grand nombre d'expéditions qu'il sera nécessaire : les frais de ces expéditions par duplicata, seront réduits à un demi pour cent du prix total de l'immeuble.

Ces produits seront versés dans la caisse d'amortissement.

M. *Pavy* prétend que sa proposition est le seul moyen de consolider l'œuvre de pacification commencé par le défunt Roi.

Plusieurs voix s'élèvent pour demander la question préalable, en alléguant que cette proposition est contraire à la Charte.

La question préalable est mise aux voix et adoptée.

Il en est de même de la proposition de M. de Beaumont, tendant à ce que *les Français qui auront reçu en indemnité de leurs biens vendus des rentes trois pour cent, aient le droit aussi long-temps qu'ils les conserveront, de porter un pour cent du capital de ces mêmes rentes au nombre des contributions qui leur confèrent les droits de succession et d'éligibilité* ».

Le motif de cette décision est qu'elle est contraire, soit à la Charte, soit à la loi des élections.

L'article 6 est ensuite adopté sans discussion.

Sur l'article 7, la commission a proposé l'amendement qui suit :

Seront admis à réclamer l'indemnité, l'ancien propriétaire, et à son défaut, les Français qui étaient appelés par la loi ou par sa volonté à le représenter, à l'époque de son décès, sans qu'on puisse leur opposer aucune incapacité résultant des lois révolutionnaires, ni leur renonciation.

Il ne sera dû aucun droit de succession pour les indemnités réclamées, dans les cas du présent article et de l'article 3.

M. le Président fait observer que cet article renferme quatre amendemens principaux, le premier relatif *aux héritiers légaux*, le second *aux héritiers testamentaires*, *le troisième aux incapacités légales et aux renonciations*, *le quatrième tendant à affranchir du droit de mutation l'indemnité à accorder aux héritiers*, et propose de les mettre successivement aux voix.

Cet ordre étant adopté, il rappelle un sous-amendement de M. de la Grandville qui a pour but d'exiger *que le décès soit légalement constaté*, pour que les héritiers à l'époque de ce décès puissent se présenter et faire valoir les droits de l'émigré; sinon qu'ils appartiendront aux héritiers à l'époque de la promulgation de la loi.

Ce sous-amendement est rejeté.

La discussion s'établit dès-lors sur le premier amendement de la commission.

M. *Bazire* lui préfère le projet de loi, en ce que s'il est vrai que la mesure soit commandée par la justice, il est également vrai qu'elle doit être régie par des principes politiques auxquels la commission a eu le tort de ne pas s'arrêter.

M. *Chifflet* répond que la commission a suivi les règles d'une saine politique en nous faisant rentrer dans le droit commun, au lieu de s'égarer dans les considérations sans nombre de convenance; en craignant de supposer encore existante la mort civile des émigrés; en pensant qu'une loi qui s'attache plus fixement aux anciens principes sur la transmission de la propriété territoriale, et qui les applique à son remplacement, est une loi monarchique.

Le premier amendement de la commission, consistant à substituer les héritiers au moment du décès de l'ancien propriétaire aux héritiers à l'époque de la promulgation, est adopté à une grande majorité.

M. *Dutertre* demande *que les Françaises mariées en pays étranger soient admises à l'indemnité.*

M. *Bonnet* penche pour l'amendement de la commission, tel qu'il a été présenté, dans le cas seulement où la proposition du préopinant fixerait l'attention de la Chambre. Il déclare ne l'appuyer qu'autant que *la Française ne se sera mariée à l'étranger que postérieurement à la mort de son auteur.*

M. *le Ministre de l'intérieur* observe que le sous-amendement de M. Dutertre est en contradiction évidente avec l'article 1er.

M. *Hyde de Neuville* répond qu'en votant cet article, il n'a pas entendu faire autre chose que de consacrer ce principe, savoir : que la propriété à indemniser était celle qui avait été confisquée sur un propriétaire français, mais que jamais il ne lui est arrivé de songer qu'on demanderait à un émigré français, êtes-vous Russe ou Autrichien par droit d'aubaine? qu'on a vu sur la terre étrangère des Françaises émigrées contracter des liens mal assortis, pour arracher à la misère un père, une mère sexagénaires, et que la Chambre ne peut vouloir les priver de ce qui leur appartient si légitimement.

M. *de Frenilly* propose, pour bien fixer le sens de l'article, la rédaction suivante :

Sont admis à réclamer l'indemnité, l'ancien propriétaire, et à son défaut, ceux ou celles qui avaient la qualité de Français quand ils furent appelés par la loi ou par sa volonté à le représenter.

M. *Pardessus* rappelle qu'il a expliqué la pensée de la commission, en disant que les émigrés qui étaient Français à l'époque de la confiscation n'avaient pas droit à l'indemnité s'ils étaient devenus étrangers; que M. de Wangen a très-sagement réduit son amendement aux seuls individus qui, séparés de la France par les derniers traités, ont opté pour la domination française, et sont rentrés dans les nouvelles limites du royaume; qu'enfin, la manière dont la Chambre a exprimé sa volonté sur l'article 1.er est si précise, qu'il ne peut y avoir de doute à cet égard.

M. *Dutertre* avoue qu'il serait de l'avis de M. le rapporteur, si les Françaises pour lesquelles il réclame avaient eu réellement le choix et la possibilité de revenir en France, mais que dépendantes de leur mari, elles n'ont pas pu l'abandonner ainsi que leurs enfans pour rentrer dans leur patrie. Il ne conçoit pas que l'on puisse tirer des objections de l'article 1.er, où ces mots *les Français* sont des termes génériques, comme *les hommes* quand on parle d'une manière collective des deux sexes. Il termine en se demandant s'il est un seul des députés qui, profitant du bénéfice de la loi, voulût s'approprier l'héritage d'une sœur, ou augmenter le fonds commun par une spoliation injuste.

Les sous-amendemens de MM. Bonnet et de Frenilly sont mis aux voix et rejetés.

L'amendement de M. Dutertre est également rejeté.

Sur la partie de l'amendement de la commission qui appelle à l'indemnité ceux que la volonté des propriétaires a désignés pour les représenter, MM. de Moustier, Nicod de Ronchaud, de Fougière et Duhamel proposent *de n'admettre les donataires et légataires institués, qu'autant que la donation ou le testament renfermerait une clause expresse de transmission actuelle de droits éventuels sur les biens confisqués ou leur valeur.*

Ils pensent, à l'appui de cette proposition, que pour être juste, morale et politique, la loi doit avant tout relever *la famille dépouillée;* qu'il est impossible d'arguer que l'effet de la volonté dernière se trouvera entravé par cela qu'on demande que cette volonté ait été formellement exprimée; que l'on se trouve ici dans un cas particulier; qu'un émigré, exilé loin de sa famille, a pu instituer pour son légataire universel un valet dévoué, un créancier, l'objet enfin d'une affection passagère, sans songer pour cela lui léguer autre chose que la besace de son pénible pélerinage, et dépouiller même des chances éventuelles de l'avenir son héritier naturel ou ses propres enfans.

M. *Bonnet* observe qu'étant entré dans le droit civil, il n'est plus permis d'en sortir.

M. *Mestadier* fait remarquer à la Chambre que l'amendement présenté aurait pour effet d'annuler tous les testamens faits avant le Code civil, et même depuis la restauration; que vainement on objecte la politique, parce que la meilleure politique est de ne pas faire des lois d'exception.

Consultée sur l'amendement, la Chambre le rejette.

M. *Delorme* restreint le principe qu'il tendait à faire consacrer, aux dispositions qui auraient été faites par des personnes restées et décédées en pays étranger, depuis la ratification du traité d'Amiens jusqu'au 1.er janvier 1814.

Cette proposition est pareillement rejetée.

L'amendement de la commission est adopté.

Son troisième amendement tend à ce qu'on *ne puisse opposer aux émigrés aucune incapacité résultante des lois révolutionnaires, ni leur renonciation.*

M. *Chifflet* demande que *leurs renonciations ne puissent leur être opposées que par les personnes qui, à leur défaut, auraient accepté la succession.*

A l'appui de ce sous-amendement, il cite l'exemple d'un homme qui laisserait un neveu et un cousin à un degré quelconque; le neveu, effrayé, dit-il, par les charges de la succession, ne l'accepte pas : si le cousin, frappé des mêmes craintes, n'a fait aucun acte d'héritier, il ne pourra opposer à l'héritier du degré supérieur la renonciation qu'il aurait faite; mais s'il a pieusement accepté l'hérédité, s'il en a payé les dettes, il a un droit dont il ne saurait être dépouillé sans injustice.

M. *le Garde des sceaux* fait remarquer que l'amendement a cela de vicieux, qu'il ne s'applique pas seulement aux héritiers, mais qu'il est encore applicable aux créanciers qui se seraient fait autoriser à accepter la succession.

M. *Chifflet* reconnaît la justesse de cette observation, et substitue le mot *héritier* à celui de *personne*, que renfermait d'abord sa proposition.

M. *Descordes* dit que le motif qu'a eu la commission de rédiger son amendement comme elle l'a fait, a été de mettre obstacle à ce qu'un mineur qui ne pouvait s'empêcher, à cause de sa minorité, d'accepter la succession onéreuse d'un émigré, qui aurait été répudiée par ses frères majeurs, ne se prévalût de cette renonciation à leur préjudice.

M. *Bazire* observe que c'est là un cas particulier qui ne peut pas faire règle; que la Chambre ne doit s'occuper que des généralités, et que rien n'est plus juste que l'amendement de M. Chifflet.

M. *le Rapporteur* déclare que la commission a voulu, par

sa proposition, que l'indemnité ne tombât pas au fisc, dans le cas où, par suite de la renonciation de l'héritier, et à défaut d'héritier subséquent, il est appelé aux successions.

Il déclare encore que la commission s'est déterminée par la pensée que si, dans le droit commun, un héritier était relevé de l'acceptation qu'il aurait faite d'une succession, lorsqu'on vient à découvrir un testament qu'il avait ignoré d'abord, il était bien permis de le relever d'une renonciation dans le cas dont il s'agit, et où il ignorait bien certainement l'indemnité accordée aujourd'hui.

Le sous-amendement de M. Chifflet et l'amendement de la commission sont successivement adoptés.

Reste le dernier amendement de la commission, qui affranchit du droit de succession les indemnités réclamées dans le cas du présent article et de l'article 3.

M. *de Martignac* le considère comme inutile en ce que, dans l'état de notre législation, les rentes ne sont assujetties à aucun droit.

L'amendement n'en est pas moins adopté.

L'article 7 est ensuite adopté dans son entier, et avec les modifications qu'il a reçues.

L'article 8, tel qu'il est amendé par la commission, est également adopté.

La Chambre rejette préalablement un amendement de M. de Courtarvel, qui avait pour but d'adjoindre au Préfet, pour le travail de la liquidation des indemnités, *un membre du conseil-général, un juge du tribunal de première instance, le directeur des domaines et le secrétaire général de la préfecture.*

Sur l'article 9, la commission a proposé cette addition :

4.° *Si quelques-uns des biens vendus sur lui ne provenaient pas d'engagemens ou autres aliénations du domaine royal, auquel cas il sera fait déduction du quart sur l'indemnité due pour ces biens.*

Par une pétition on demande si l'on considérera comme biens

pris sur les émigrés, ceux qui leur appartenaient à titre d'engagement, et qui, après la révocation de l'engagement, ont été vendus comme domaines nationaux.

M. *Pardessus* auquel cette pétition a été communiquée, répond que la question n'est pas douteuse.

M. *de Martignac* pense que la rédaction de cette disposition est conçue dans des termes trop généraux, en ce qu'aux termes des articles 4 et 5, de la loi du 14 ventôse an VII, il n'y a pas lieu au paiement du quart de la valeur de certains biens.

Il propose de la modifier ainsi :

Si quelques-uns des biens vendus sur lui, ne provenaient pas des engagemens ou autres aliénations du domaine royal, non exceptés par la loi du 16 *ventôse, an VII.*

Après quelques explications, on s'accorde sur la rédaction suivante :

4.° *Si quelques-uns des biens vendus sur lui, ne provenaient pas d'engagemens ou autres aliénations du domaine royal, qui n'auraient été maintenus par les lois des* 12 *ventôse an VII, et* 28 *avril* 1816, *qu'à la charge de payer le quart de la valeur desdits biens, auquel cas il sera fait déduction du quart sur l'indemnité due pour ces mêmes biens.*

M. le Président rappelle que la dernière disposition de l'amendement présenté par la commission sur le paragraphe 2 de l'article 9, a été modifiée en ces termes :

Il sera dressé un état des déductions à opérer dans lesquelles ne seront comprises les sommes payées à titre de secours aux femmes et aux enfans, les gages des domestiques et autres paiemens de la même nature faits par l'État, pour le compte du propriétaire dépossédé.

M. *le Ministre des finances* observe que cette disposition, *et autres paiemens de la même nature*, laisse dans la rédaction un vague qu'il importe de faire disparaître.

Il propose à cet effet d'ajouter, *et autres paiemens de*

même nature faits en assignats, en exécution des lois du 8 *avril* 1792 *et* 12 *mars* 1793.

M. *Pardessus* fait remarquer que la commission n'a fait dans son amendement que copier l'exposé des motifs; que cependant l'observation de M. le Ministre des finances est juste, et qu'il ne voit aucune difficulté à ajouter l'énonciation des lois.

M. le Président met aux voix l'amendement de la commission tel qu'il a été modifié.

M. *Cornet d'Incourt* demande qu'on retranche la dernière disposition ainsi conçue :

Quel que soit le total de ces déductions, il ne pourra diminuer l'affectation des 30 *millions fixés par l'article* 1.er

Son motif est que l'article 2 du projet que la Chambre a adopté, contient implicitement cette diposition, et qu'il y a redondance à la répeter ici.

Ce retranchement n'est point admis.

Les amendemens sont ensuite adoptés ainsi que l'article 9 sur lequel ils ont été faits.

La Chambre adopte pareillement l'article 10, tel qu'il a été rédigé par la commission et avec le retranchement d'une partie de celui du projet de loi;

Il reste ainsi conçu :

Le bordereau d'indemnité et l'état des déductions seront transmis par le Ministre des finances à une commission de liquidation nommée par le Roi.

M. *de Colligy* propose à cet article une disposition additionnelle, qui tendrait à diviser les départemens en cinq séries, qui seraient appelées par la voie du sort, à faire liquider leurs droits à l'indemnité, en telle sorte qu'aucune liquidation n'aurait lieu avant que celles de la série en tour ne fussent terminées.

Il pense que cet amendement affranchira la commission d'un grand nombre d'importunités, et qu'il aura en outre l'avantage d'informer le public de l'état où se trouve la liquidation.

M. *le Ministre des finances* ne pense pas qu'il puisse être admis, en ce qu'il est impossible de déterminer la manière dont les liquidations seront faites, les délais qu'elles éprouveront et les difficultés qu'elles feront naître.

M. *de la Bourdonnaye* croit qu'il établirait de l'ordre dans l'opération.

M. *le Rapporteur* partage l'opinion de M. le Ministre des finances, par cet autre motif que les indemnitaires peuvent avoir des biens dans plusieurs départemens, et que l'adoption de l'amendement obligerait à diviser leur liquidation, lorsqu'elle doit être faite à la fois.

Il est mis aux voix et rejeté.

La chambre passe à l'article 11.

A la fin du dernier paragraphe, la commission demande que l'on ajoute ces mots, *sur simple mémoire et sans frais.*

M. *de Martignac* observe que les questions que les tribunaux auront à juger dans ces cas, sont des plus graves, et qu'il est impossible qu'elles soient traitées comme le propose la commission.

M. *le Rapporteur* fait remarquer qu'elle n'a voulu qu'éviter les frais aux parties,

L'amendement est rejeté.

La commission propose en outre d'ajouter à l'article 11, le paragraphe suivant :

Il y sera statué comme en matière sommaire, à moins qu'il ne s'élève quelque question d'état.

M. *Bonnet* considère que rien ne sera plus important que les débats qui pourront s'élever dans les familles au sujet de l'indemnité, et que c'est renverser toutes les idées que de vouloir qu'ils soient instruits sommairement.

M. *le Rapporteur* répond que le Code de procédure rangeant au nombre des affaires sommaires celles qui requièrent célérité, la commission a pensé que cette disposition s'appliquait parfaitement au cas dont elle avait à s'occuper;

qu'elle a cherché en deuxième lieu à ne pas faire de la loi une source de procès trop dispendieux.

Ce second amendement est adopté.

La Chambre adopte aussi l'article 11.

Sur l'article 12, M. Bacot de Romand demande que les déductions dont il est parlé dans cet article, *soient vérifiées par la commission, sur pièces ou registres.*

Il regarde cette proposition comme une garantie qui doit être donnée aux familles, pour éviter que l'on ne prenne comme irrévocable l'œuvre d'un commis.

M. *le Ministre des finances* estime qu'elle est inutile, en ce qu'elle est dans l'esprit de la loi, qui ne veut pas que l'on réclame des dettes sans preuves, ou qu'on en croie les agens d'affaires sur parole, pour réduire l'indemnité.

L'amendement est rejeté.

M. le Président fait lecture d'un deuxième amendement de M. Leroy, ainsi conçu.

Mais il ne pourra en aucun cas être exercé aucune espèce de recours pour raison des liquidations de créances; ces liquidations étant et demeurant définitives.

M. *Bonnet* sous-amende cet amendement, en y ajoutant la disposition suivante :

Si ce n'est dans le cas ou l'indemnisé rapporterait la preuve légale d'un double paiement; et alors il aurait droit seulement à se faire restituer, par le créancier liquidé, la valeur de la liquidation appréciée à l'époque où elle a été délivrée.

M. *le Ministre des finances* ayant déclaré que l'article 1.er de la loi du 5 septembre 1814, pourvoit d'une manière encore plus positive que l'amendement, au cas dont il s'agit, MM. Bonnet et Leroy retirent leurs propositions qui ne sont point dès-lors mises aux voix.

L'article 12 est adopté.

Les articles 13 et 14 sont pareillement adoptés; ils ne donnent lieu à aucune discussion.

M. *le Général Foy* demande que *des extraits de liquidation portant indication*, 1.° *des noms du dépossédé et de l'indemnisé;* 2.° *des biens confisqués;* 3.° *de la quotité de chaque indemnité, soient affichés avant l'inscription de rente, dans le département et la commune de l'indemnisé, ainsi que dans le département et la commune où sont situés les biens dont l'aliénation donne lieu à l'indemnité.*

De cette publicité doivent résulter selon lui, les plus grands avantages; quand chaque émigré, dit-il, aura sous les yeux le tableau de toutes les indemnités, mis en regard du tableau de toutes les pertes, il pourra juger, en connaissance de cause, de la réalité de son droit et de la validité des prétentions de son voisin; que ce sera pour la masse l'occasion d'une espèce de contrôle sur les opérations des commissions de liquidation; que ce sera pour ceux qui se croiront maltraités, un moyen de comparaison propre à motiver leur recours au Conseil d'état; que ce sera l'acheminement à une bonne répartition de ce fonds commun, l'espérance et le refuge de tous ceux qui craignent de ne pas recevoir une assez forte part du milliard.

Qu'outre ces considérations, une autre raison milite en faveur de l'amendement: c'est qu'il est le seul moyen de faire connaître aux créanciers des émigrés leurs débiteurs, et la valeur du gage qui doit répondre de leurs créances.

Il termine en disant que la Chambre ne peut pas permettre que l'on inscrive, chaque année, six millions sur le grand-livre, sans qu'elle sache pourquoi et au nom de qui.

M. le Ministre répond que, des deux intérêts indiqués par le préopinant, l'un, celui des émigrés, n'est pas sérieux; car ils ne retireraient aucun jour d'un tableau où se trouverait portée une indemnité qui ne serait pas la leur, et dont ils ne pourraient pas apprécier le mérite.

Quant à l'intérêt des créanciers, il objecte qu'ils ont une chose plus simple à faire : c'est de mettre opposition à la délivrance des rentes.

La seule garantie qu'on puisse exiger, dit-il, est dans les bases qui ont été posées par la loi.

Il ajoute que, lorsque l'indemnité des émigrés aura été liquidée, il n'y a pas un seul des dossiers de cette liquidation qui ne soit à la disposition de celui des membres de la Chambre qui prétendrait qu'il y a eu abus de la part de l'administration dans l'exécution de la loi.

Enfin il pense que ce que l'on propose comme une garantie, est directement contre le but de la loi, puisque l'on veut faire une loi de paix et de réconciliation, et qu'on demande que l'on affiche, dans chaque commune, les noms des indemnisés et le montant des opérations qui auront été nécessitées pour le même individu, scandale qu'il importe d'éviter.

M. *Benjamin Constant* répond que le scandale ne peut jamais être dans la publicité; qu'au reste, M. Foy, ne réclamant pas autre chose, et ayant d'ailleurs déclaré qu'il ne tenait pas au mode qu'il a présenté, il propose de sous-amender son amendement, en se bornant à demander que la liste des indemnisés et le montant de chaque indemnité soient imprimés et distribués seulement aux Chambres.

M. *le Ministre des finances* répète que la loi offre toutes les garanties possibles; qu'en ce qui concerne la publication désirée, elle ne pourrait être faite qu'après que l'indemnité aura été liquidée, et qu'alors il sera du devoir du Gouvernement de se présenter devant la Chambre et de lui apporter tous les documens nécessaires pour l'apurement des comptes.

L'amendement de M. Foy et celui de M. Benjamin Constant sont successivement rejetés, le premier, à une forte majorité; le deuxième, après une épreuve douteuse.

L'art. 15, amendé par la commission, est après cela adopté.

M. *Duparc* propose une disposition additionnelle ainsi conçue :

Les déportés et leurs ayans-droit, comme aussi les héri-

tiers des condamnés, ne pourront réclamer d'indemnités sur des biens provenant d'émigrés qui auraient été achetés sous le régime de la confiscation, à moins qu'ils ne fussent les héritiers en ligne directe des anciens propriétaires.

A l'appui de cette proposition, M. Duparc observe que les persécuteurs des émigrés ont eux-mêmes subi la déportation ou des condamnations révolutionnaires, et qu'on ne peut vouloir les placer sur la même ligne que leurs victimes, non plus que leur assimiler les déportés ou parens des condamnés qui, en acceptant des *bons* pour acheter des biens d'émigrés, ont contribué ainsi à leur spoliation; que le but de ce qu'il désirerait que l'on ajoutât à la loi, est d'empêcher un tel résultat.

Deux épreuves sont tentées sur cette proposition et demeurent douteuses.

L'appel nominal est demandé.

M. *de Laurencin* monte à la tribune pour un sous-amendement qui tend à retrancher de l'amendement de M. *Duparc*, ces mots : *en ligne directe*, en ce qu'il peut y avoir des héritiers en ligne collatérale aussi dignes d'intérêt que les héritiers directs.

Plusieurs réclament en même temps pour *les créanciers, les femmes, les enfans.*

M. *le Ministre des finances* déclare d'abord que le système de l'amendement ne serait pas complet, si l'on n'y ajoutait pas les émigrés; car, ajoute-t-il, il est des personnes qui n'ont émigré que tardivement, et qui avaient auparavant acheté des biens confisqués. Ensuite, il répète qu'il n'irait à rien moins, qu'à priver du bénéfice de la loi, les femmes, les enfans, les familles et les créanciers; il finit en disant qu'il serait en opposition avec le système général de la loi, à laquelle il imprimerait un cachet de récrimination et d'exclusion.

Le sous-amendement de M. de Laurencin est en conséquence rejeté.

Le résultat de l'appel nominal, sur la proposition de M. Duparc, est de 60 boules blanches contre 240 noires; la Chambre la rejette donc.

M. *de Laurencin* propose d'appliquer les principes de la loi aux maisons confisquées et démolies dans la ville de Lyon après le siége.

M. *le Ministre des finances* observe que la Chambre ne s'arrêterait pas, si elle entrait dans la voie de l'amendement qui lui est présenté; que les chaumières et les villages de la Vendée sont dans la même catégorie, que tous ceux qui ont souffert de la guerre auront droit aux mêmes réparations; qu'il ne prend pas la parole sur le mérite de ces pertes, mais sur l'impossibilité de les réparer.

M. *Pardessus* répète que la proposition, pour être complète, devrait s'étendre aux villes de Marseille, Toulon et Caen. Il ajoute que la commission n'a pas entendu qu'elles fussent comprises dans l'indemnité.

Comme député, il implore cependant la bienveillance de la Chambre en faveur de tant d'infortunés, et amende ainsi la proposition de M. de Laurencin.

Toutes les maisons et édifices confisqués et démolis en exécution des lois révolutionnaires.

Cet amendement et celui de M. de Laurencin sont tour-à-tour rejetés.

M. le Président lit les art. 16 et 17 du projet avec les amendemens proposés sur ce dernier article, par la commission.

MM. *de la Potherie, de Berbis* et *Duplessis-Grenédan*, ont proposé divers amendemens qui s'appliquent à l'un et à l'autre; cependant ils se sont réunis à la rédaction de M. de Berbis, qui est ainsi conçue :

Les biens donnés ou affectés définitivement ou provisoirement aux hospices et autres établissemens de bienfaisance, soit en remplacement de leurs biens aliénés, soit en paiement des sommes dues par l'Etat, seront restitués à leurs anciens propriétaires, et, à leur défaut, à leurs représentans. Une indemnité égale au montant de l'estimation en numéraire, faite de ces biens avant leur cession, sera allouée auxdits hospices et autres établissemens de bienfaisance, en rentes 3 p. cent inscrites conformément à l'art. 5 de la présente loi.

Toutefois les anciens propriétaires, et, à leur défaut, leurs représentans, seront obligés de s'engager, envers lesdits établissemens, à leur compléter, chaque année, le revenu des rentes 3 p. cent jusqu'à leur entière inscription.

Cet amendement, plus considérable que celui de la commission, fixe d'abord l'attention de la Chambre.

M. *de la Potherie* soutient qu'il aura pour effet de réparer une des injustices de la révolution : celle qui dépouilla les émigrés pour doter les hospices qui ne peuvent s'enrichir de leurs malheurs.

Plusieurs voix demandent la question préalable, en ce que la proposition serait contraire à l'art. 9 de la Charte et à la loi du 5 septembre 1814.

M. *de Berbis* ne partage pas cette opinion, se fondant sur ce que la Charte a voulu interdire que l'on revînt sur les ventes nationales, et qu'on ne peut assimiler aux biens qui en ont été l'objet ceux des émigrés qui n'ont pas été vendus et qui ont été donnés aux hospices en remplacement de ceux qu'on leur a enlevés ; qu'autrement ce serait vouloir couvrir une spoliation par une autre spoliation.

Quant à la loi du 5 septembre 1814, il pense qu'elle-même a violé la Charte, puisqu'elle statue que les biens cédés aux hospices pourront être rendus aux propriétaires, et que, dans tous les cas, elle peut être rapportée par une autre loi.

M. *le Ministre de l'intérieur* déplore de rencontrer, dans la discussion d'une loi de réconciliation, des dispositions dont il est pénible d'avoir à s'occuper.

Il ne met pas en doute que la propriété ne soit aussi sacrée dans les mains des hospices que dans celles des particuliers,

Quoique sous la surveillance de l'administration, elle n'a pas le droit de leur enlever ce qu'ils possèdent.

Un obstacle invincible résulte, selon lui, de la Charte et de la loi qui ont été invoqués.

L'amendement est rejeté.

La Chambre adopte l'art. 16.

Sur le 1er paragraphe de l'amendement de la commission, relatif à l'art. 17, M. Hersart de Villemarque cherche à combattre le préjugé qui s'est généralement répandu, et qui suppose les hospices plus riches qu'autrefois; il en est à sa connaissance dont le revenu est entièrement borné; la disposition que l'on propose tend à le réduire encore; il avertit la Chambre de ne pas les dépouiller par les lois de la restauration comme ils l'ont été par les lois révolutionnaires.

Le 1er paragraphe est adopté.

En ce qui concerne le 2e paragraphe du même amendement, M. le Ministre de l'intérieur observe que la question est préjugée par le rejet de l'amendement de M. de Berbis.

Il est, en effet, rejeté par la Chambre.

M. *Mousnier-Buisson* demande que l'on insère, après l'art. 17, la disposition suivante :

Les dispositions des deux articles précédens ne sont pas applicables aux anciens propriétaires de biens-fonds affectés et concédés gratuitement au nom de l'État, par des lois, décrets et autres actes des gouvernemens intermédiaires, à des établissemens de service public autres que ceux de bienfaisance. Lesdits propriétaires ou leurs héritiers, rentreront immédiatement en possession desdits biens-fonds, s'ils ne leur ont été déjà rendus, en vertu de la loi du 5 décembre 1814, sans préjudice de l'indemnité à laquelle ils auraient droit pour raison de non jouissance, à dater de la promulgation de la susdite loi.

Il expose à l'appui que le sénatus-consulte de l'an X, en ordonnant la remise de quelques-uns des biens non vendus, excepta formellement ceux qui se trouvaient alors affectés à des établissemens publics ; qu'un décret de l'an XI mit ensuite ces mêmes biens à la disposition des départemens et des arrondissemens; que la loi du 5 décembre 1814 les déclara aussi non restituables; qu'elle a toujours a été appliquée dans ce sens; que rien n'est cependant plus injuste ; que cette injustice sera réparée par sa proposition ; qu'il ne s'agit pas de dépouiller des acquéreurs qui ont traité avec l'État, mais bien d'annuler des dons faits, aux dépens d'autrui, à des établissemens pour lesquels ils sont une charge.

M. *Mestadier* répond que, si l'amendement a seulement pour objet les biens affectés à un service public, sans que l'État ait cessé d'en avoir la pleine et entière disposition, il est inutile, puisque l'art. 7 de la loi du 5 décembre 1814 y a pourvu.

Que s'il a un objet plus étendu; si dans la pensée de son auteur il tend à exproprier les établissemens publics devenus propriétaires en vertu des lois, décrets et autres actes, il est inconstitutionnel et virtuellement rejeté à la séance de la veille.

Qu'en effet, sans vouloir approuver le décret du 7 avril 1811, qui concéda gratuitement aux départemens, arrondissemens et communes, la pleine propriété des édifices et bâtimens nationaux, il existe; depuis la Charte a consacré la propriété qu'il accorde, on ne peut donc y porter atteinte.

Il ajoute que la proposition de M. Buisson lui a fait cependant entrevoir une lacune dans la loi, relativement aux propriétaires dépouillés par des concessions gratuites faites aux départemens, aux arrondissemens ou aux communes; qu'ils ont un droit incontestable à l'indemnité, et qu'il fait la proposition de la consacrer dans la loi.

M. *de Martignac* abonde dans le sens du préopinant : c'est-là, dit-il, l'intention du Gouvernement et l'esprit de la loi. Il propose que l'indemnité soit fixée sur l'estimation qui a dû précéder la donation ou sur celle qui, à défaut, serait faite par experts.

M. *Mestadier* demande qu'elle s'élève au moins à dix-huit fois le revenu de 1790.

M. *de Martignac* propose d'assimiler ce cas à celui de l'article 16, et d'agir de même dans l'un et l'autre.

M. *Mestadier* présente en conséquence la rédaction suivante, qui est adoptée.

En ce qui concerne les biens définitivement et gratuitement concédés, soit à des départemens, soit à des établissemens publics, l'indemnité en sera réglée conformément à l'art. 16 ; à défaut d'estimation antérieure à la cession desdits biens, il y sera procédé contradictoirement sur le pied de la valeur de 1790.

On passe à l'art. 18.

Cet article est lu ainsi que la nouvelle rédaction proposée par la commission.

La première partie du dernier paragraphe, conçue en ces termes : *ces créanciers exerçant leurs droits suivant le rang des priviléges et hypothèques qu'ils avaient sur les immeubles confisqués*, est adoptée.

M. *Jacquinot-Pampelune* demande ensuite qu'il soit donné aux créanciers un délai de six mois, à partir de la publication de la loi, pour conserver le privilége que leur assure cette nouvelle rédaction.

M. *Bazire* prétend que ce délai est trop court, et qu'il doit être porté à une année.

M. *le Ministre des finances* observe qu'une semblable disposition entraverait la liquidation.

M. *Bonnet* en réduit le terme à trois mois.

M. *Bazire* ayant retiré son amendement, celui de M. Jacquinot est mis aux voix et rejeté; on rejette pareillement celui de M. Bonnet.

La commission avait proposé d'ajouter aux mots : *non liquidés par l'État*, ceux-ci : *et non inscrits au grand-livre;* le Ministre des finances propose d'y substituer ces mots : *non liquidés et non payés par l'État*. M. le rapporteur ayant adhéré à cette substitution, la disposition est adoptée.

La Chambre adopte aussi la première partie de la disposition de l'article qui veut que les *oppositions n'aient d'effet que pour le capital des créances.*

La discussion s'établit alors sur celle qui tend à autoriser les émigrés à se libérer en rentes à 3 p. cent.

M. *Creuzé* la considère comme souverainement inique, en ce que tel émigré qui devait 100,000 fr., qui en recouvre 7 ou 800,000 fr., pourra se libérer envers son créancier avec une rente de 3,000 fr. quand il lui en doit 5,000.

M. *de Frenilly* objecte que sa position est encore plus heureuse que celle de l'émigré qui perd plus du quart de son bien.

M. *Bonnet* observe que l'indemnisé ne peut payer sa dette autrement qu'il la doit; qu'il le peut d'autant moins que la loi est fondée sur le respect de la propriété.

M. *Descordes* pense qu'en traitant le créancier comme l'émigré lui-même, il n'a pas à se plaindre.

M. *Mestadier* demande alors que *les créanciers soient aussi autorisés à payer leurs dettes avec les valeurs incomplètes qu'ils auront reçues.*

Il retire cependant cet amendement.

Celui de la commission est au contraire mis aux voix et adopté.

M. *Caumont-Laforce* propose que *les créanciers opposans ne soient payés que progressivement et proportionnellement aux cinq échéances voulues par la loi.*

M. *Pardessus* fait remarquer qu'un tel principe serait quelquefois juste, quelquefois injuste; juste lorsque le débiteur n'aura rien que l'indemnité qui doit lui revenir; injuste lorsqu'il trouvera de quoi payer dans son premier cinquième; qu'en conséquence, il est plus convenable de rester dans le droit commun fixé par l'art. 1244 du Code civil.

L'amendement est rejeté.

M. *Petit-Perrin* demande que l'on ajoute à l'article : *sans qu'il être puisse être opposé auxdits créanciers aucune prescription ni déchéance qui n'auraient pas été acquises avant* 1790.

Cette addition lui paraît conforme à l'esprit de la loi. Du moment, dit-il, où l'on fait revivre des droits éteints, on doit les rendre tous dans leur plénitude; il observe qu'il a parlé de la prescription, parce qu'elle n'a pu courir contre le créancier auquel on ne peut imputer aucune négligence; que, s'il s'est occupé de la déchéance, c'est qu'encore que les créanciers en soient relevés, il lui a paru qu'une disposition précise, à cet égard, était nécessaire.

La proposition est mise aux voix; l'épreuve demeure douteuse.

M. *Bonnet* propose alors de l'amender en ces termes : *sans qu'on puisse opposer pour la prescription tout le temps qui s'est écoulé depuis le moment de la déchéance jusqu'au jour de la demande.*

M. *Pardessus* objecte que l'on ne peut pas priver l'émigré du bénéfice de la prescription fondée sur la possibilité qu'il a perdu ses titres de libération; que par là on ferait revivre des créances éteintes, et qu'on favoriserait les collusions; que l'époque de 1790 ne peut pas être donnée pour point de départ, parce qu'il y a eu des émigrés qui ont, depuis lors, habité le territoire pendant deux ou trois ans; que le sous-amendement de M. Bonnet n'est pas plus acceptable, car il serait en contradiction avec la loi du 5 décembre 1814, qui établit que les créanciers ne pourront conserver leurs droits que par les actes conservatoires qu'elle prescrit.

M. *Jacquinot-Pampelune* considère l'amendement comme très-bon quant à la déchéance.

M. *le Garde des sceaux* pense au contraire qu'il n'est pas nécessaire, la déchéance n'ayant d'effet qu'à l'égard de l'Etat.

D'après ces explications, M. Bonnet retire son amendement.

M. *Petit-Perrin* répond qu'il a rappelé la déchéance dans son amendement, parce qu'il a vu dans le rapport de la commission que l'émigré pourrait l'opposer, comme étant au lieu et place du Gouvernement ; que s'il a fixé le terme de 1790, c'est qu'il lui fallait prendre un point de départ ; qu'en général, la prescription est un moyen odieux de s'affranchir de ses dettes, qu'ici il serait déshonorant.

M. *le Garde des sceaux* fait remarquer que la disposition serait très-fâcheuse du créancier au débiteur ; qu'elle serait en outre souverainement injuste du créancier au créancier, en ce qu'elle priverait celui qui ne viendrait qu'en ordre inférieur d'hypothèques, ou le créancier chirographaire, du droit de se prévaloir de ce que le créancier antérieur ou privilégié aurait laissé périmer ses titres.

L'amendement est rejeté.

A la dernière disposition de l'amendement de la commission, M. le Garde des sceaux demande qu'on ajoute *la distribution.*

M. *Jacquinot-Pampelune* propose d'ajouter encore *s'il y a lieu ;* parce que, dit-il, on ne peut faire de distribution qu'autant qu'on ne fait pas d'ordre, c'est-à-dire qu'il n'y a pas de créancier hypothécaire.

La disposition, ainsi amendée, est adoptée.

On adopte aussi l'article 18, avec les sous-amendemens qui ont été successivement accueillis par la Chambre.

M. *Mestadier* demande que l'on ajoute à cet article la disposition suivante :

Ne sera pas compté pour l'accomplissement de la prescription, l'intervalle écoulé entre la déchéance prononcée contre les créanciers porteurs de titres antérieurs à la confiscation et la publication de la présente loi, ou la remise de tout ou partie des biens confisqués, faite, soit en vertu du sénatus-consulte du 6 floréal an X, soit en vertu de la loi du 5 décembre 1814.

La présente disposition ne préjudiciera pas aux droits acquis à des tiers avant la publication de la présente loi.

M. *Pardessus* répond qu'en faisant de semblables propositions on ne songe pas assez aux autres créanciers, qui, aux termes de l'article 2225, ont le droit d'opposer la prescription, lors même que leur débiteur commun ne s'en fait pas un moyen de libération, droit dont on ne saurait les priver;

Que la proposition ne serait pas toujours juste, en ce que le créancier a pu agir contre son débiteur, du moment où il a été réintégré dans sa capacité;

Que si l'on dit qu'il n'avait rien alors, il n'en a pas moins pu l'actionner pour conserver sa créance sur les biens qui pouvaient lui advenir un jour.

Qu'au reste, tout se réduit à des circonstances qu'il n'appartient point au législateur de prévoir, et qui tombent entièrement dans le domaine du juge.

L'amendement de M. Mestadier est rejeté.

M. *Foy* proposait d'autoriser les créanciers non liquidés et non payés à poursuivre l'indemnité en leur nom lorsque les anciens propriétaires négligeront de le faire, mais il retire cette proposition, sur l'observation qui lui est faite que ce droit leur est accordé par le Code.

L'article 19 est ensuite adopté.

Il est donné lecture de l'article 20.

M. *Jacquinot-Pampelune* propose d'ajouter au premier paragraphe : *ainsi que le résultat de chacune des liquidations, lorsqu'elle aura été terminée.*

Il veut que le paragraphe 2 soit ainsi rédigé :

Des extraits régulièrement certifiés des registres seront délivrés à toutes personnes qui auront intérêt à le réclamer.

Ces deux amendemens, consentis par M. le Ministre des finances, sont adoptés, ainsi que l'article 20.

M. *de Charencey* présente un article additionnel ainsi conçu :

Il sera annuellement distribué aux Chambres, avec les

projets de loi des comptes, des états détaillés de toutes les liquidations arrêtées conformément aux dispositions de la présente loi, pendant l'exercice auquel se rapporteront ces projets.

Cet article est adopté.

Un amendement de M. Casimir Perrier, tendant à faire déposer à la caisse des consignations les dixièmes provenant des 30 millions de rentes crées par l'art. 6, et qui n'auront pas été retirées dans les trois mois de leur création, n'ayant pas été appuyé, n'est pas mis aux voix.

M. *Chifflet* propose d'ajouter : *les dispositions de la présente loi seront applicables aux biens-fonds situés sur toutes les parties du territoire actuel, qui n'auraient été remis que postérieurement au 1er janvier 1790.*

Il observe que ce principe était consacré dans le projet du Gouvernement, mais qu'il n'est pas compris dans la loi tel qu'elle a été amendée; que cependant il est nécessaire.

M. *Potteau-d'Hancardrie* émet le vœu que cet amendement soit rédigé ainsi qu'il suit : *les dispositions de la présente loi sont applicables aux biens-fonds situés sur les parties du territoire qui auraient été réunies à la France postérieurement au 1er janvier 1792*, pour comprendre, dans la mesure réparatrice dont s'occupe la Chambre, les propriétaires des biens-fonds situés en Belgique et dans les pays réunis qui en ont été violemment dépouillés.

M. *le Ministre des finances* répond que cette dernière rédaction est contraire à l'art. 1er de la loi.

Elle n'est pas adoptée par la Chambre qui adopte, au contraire, l'amendement de M. Chifflet.

M. le président donne lecture d'un article additionnel présenté par M. Hyde de Neuville, en ces termes :

La perte de la qualité de Français ne pourra être opposée aux émigrés, à qui cette qualité de Français aura été rendue par ordonnance du Roi, dans le délai d'un an, à compter de la promulgation de la présente loi.

A l'égard des filles d'émigrés, mariées à des étrangers avant la restauration, elles pourront obtenir l'indemnité, si le Roi, prenant en considération leur position, juge à propos de les y autoriser.

M. *Hyde de Neuville* appelle l'intérêt de la Chambre sur les malheureux auxquels s'appliquent les principes qu'il lui propose de consacrer.

M. *Bazire* objecte qu'ils ont déjà été repoussés par elle; que l'article 28 du Code civil, qui n'accorde à ceux qui recouvrent la qualité de Français que la jouissance des droits ouverts depuis cette époque, s'oppose, au surplus, à ce qu'ils soient accueillis.

M. *Bonnet* demande la division de l'amendement dont les deux parties sont tour-à-tour rejetées.

Quatre articles additionnels sont proposés par MM. Duhamel, Leclerc de Beaulieu, de la Granville et Leroux du Châtelet, qui tous tendent à affranchir du droit de mutation, les transactions, rétrocessions, ventes et autres actes de cette nature intervenus ou à intervenir entre l'ancien propriétaire et le possesseur actuel.

Le général *Foy* demande la question préalable sur chacun de ces articles, dans lesquels il voit une violation de l'art. 2 de la Charte, qui veut que tous les Français contribuent indistinctement, dans la proportion de leur fortune, aux charges de l'État, en ce que c'est établir un privilége pour une certaine classe que de lui permettre de payer des droits d'enregistrement moindres que les autres.

M. *Duhamel* répond qu'en matières financières on peut élever ou abaisser les droits d'une manière régulière; que déjà, en 1814, le Ministre des finances a usé de cette faculté en n'assujétissant qu'au demi droit d'enregistrement les actes de ratification donnés par les émigrés aux acquéreurs de leurs biens.

M. *Benjamin Constant* dit qu'il ignore ce qui s'est fait

à cette époque, mais qu'il y a eu irrégularité si les choses se sont passées comme on l'assure; que la proposition a cela de fâcheux que quand les émigrés viendront, en la présentant aux propriétaires actuels de leurs biens, leur demander de les leur rendre, il y aura une espèce de proscription morale contre ceux qui s'y refuseront.

M. *de la Bourdonnaye* allègue qu'il n'y a pas de danger à accorder une prime à celui qui revendiquant le château de ses pères, le lieu où sont déposées les cendres de ses ayeux, vient présenter peut-être la masse des indemnités qu'il reçoit pour recouvrer la plus faible portion des biens qui lui ont été enlevés.

M. *Bucelle* manifeste la crainte que la mesure que l'on propose ne marque plus que jamais les propriétés que l'on voudrait confondre avec les biens que l'on qualifie de patrimoniaux; qu'elle ne doit pas être accueillie, parce qu'elle serait une imitation de celle qui fut prise par les auteurs des maux qui ont pesé sur la France, et par laquelle on fixa à 75 c. les droits des actes d'aliénations pour rendre plus prompte la spoliation que l'on poursuivait alors.

M. *le ministre des finances* déclare que le fisc ne se trouve nullement lésé par le principe que l'on soumet à la Chambre, puisque les transactions dont il s'agit, pourraient ne pas avoir lieu sans la réduction que l'on propose.

Que la Charte ne doit être pour rien dans la discussion qui s'élève à ce sujet.

Que si le Gouvernement n'a pas fait entrer dans son projet la disposition proposée, c'est qu'il a pensé qu'elle ne devait pas y être comprise, qu'il a regardé comme plus sage de la différer, et qu'il a voulu éviter surtout les débats fâcheux qu'elle a déja fait naître.

Les quatre amendemens sont renvoyés à l'examen de la commission.

M. *Pardessus*, rapporteur, annonce que la commission

avait songé à consacrer la règle qu'ils établissent; qu'elle n'y avait vu rien de contraire à la Charte, mais qu'elle avait abandonné cette pensée après plusieurs conférences avec M. le Ministre des finances; soit parce que l'initiative devait venir du Roi, soit à cause de l'inopportunité de la proposition; qu'elle persiste dans les mêmes sentimens.

M. *Bacot de Romand* ne pense pas que cette proposition appartienne à la prérogative royale, qu'elle est au contraire dans l'esprit de la loi; qu'elle en est le complément.

M. *Duhamel* dont l'amendement avait la priorité, présente la rédaction suivante qui est adoptée.

Pendant cinq ans, à compter de la promulgation de la présente loi, tous actes translatifs de propriété faits par les possesseurs de biens d'émigrés, de condamnés ou de déportés, et relatifs auxdits biens, avec l'ancien propriétaire ou ses héritiers, ne seront soumis qu'à un droit fixe d'enregistrement de 3 francs.

M. *Jacquinot* remet un article additionnel ainsi conçu :

Le premier alinéa de l'article 19 du Code civil ne pourra être opposé, relativement à l'exécution de la présente loi, aux françaises, veuves ou descendantes des émigrés, lesquelles auraient contracté mariage avec des étrangers antérieurement au 1.er avril 1814.

Il fait remarquer que cette proposition diffère de celle de M. Hyde de Neuville qui a été rejetée, en ce que ce dernier avait appelé en partage les filles d'émigrés mariées avec des étrangers antérieurement à la promulgation de la loi, tandis qu'il ne veut que l'on y admette que celles qui se sont mariées antérieurement au 1.er avril 1814.

A l'appui de sa proposition, il observe que les exclusions que l'on prononcerait contre elles, ne profiteraient ni au fisc, ni à la caisse de réserve, mais bien aux héritiers à un degré inférieur qui viendront recueillir l'indemnité.

Elle est mise aux voix et adoptée par un dernier article additionnel.

M. *Hay* demande que conformément à l'article 9 de la Charte, tous les actes et droits acquis aient leur effet tant à l'égard de l'État, qu'à l'égard des indemnisés et des tiers, et ne puissent être attaqués sous aucun prétexte.

Il déclare que sa proposition a pour objet de rassurer les esprits et d'imprimer aux biens vendus le sceau de la propriété légale.

Que si on prétend que le principe est posé dans la Charte, il ne voit pas pourquoi on ne le reproduirait pas dans la loi présente.

Qu'on ne peut invoquer l'article 1.er de la loi du 5 décembre 1814, parce qu'il n'est ni aussi étendu, ni aussi explicatif que celui qu'il propose.

M. *Dudon* considère la proposition comme contraire à la Charte, en ce qu'elle prive les émigrés d'un droit qui appartient à tous, celui d'attaquer des actes qui peuvent être entachés de nullité.

M. *le ministre des finances* objecte qu'il n'est pas vrai de dire que l'article présenté soit en contradiction avec la Charte; que, quoique sa rédaction ne diffère en rien de celle de l'article 1.er de la loi de 1814, il y a peut-être nécessité de l'adopter, soit parce qu'il tend à assurer la paix, et que la loi est essentiellement une loi de pacification, soit parce qu'il pourra servir de correctif à l'article qui a été précédemment adopté, et dont la malveillance pourrait s'armer pour jeter de l'inquiétude dans les esprits.

La proposition de M. Hay est rejetée.

L'on passe ensuite à l'appel nominal sur l'ensemble de la loi.

La Chambre se compose de 383 votans; le résultat du scrutin est de 259 boules blanches, contre 124 noires.

La loi est adoptée.

ANALYSE

DE L'EXPOSÉ DES MOTIFS DU PROJET DE LOI A LA CHAMBRE DES PAIRS;

Par M. DE MARTIGNAC, *commissaire du Roi.*

LE Roi nous a ordonné d'apporter à vos Seigneuries un projet de loi déjà adopté par la Chambre des députés du royaume; et tendant à attribuer une indemnité aux anciens propriétaires des biens-fonds confisqués et vendus en vertu des lois révolutionnaires.

Aucun de vous n'a oublié les temps de trouble et de discorde qui virent naître ces lois; la nature des actes dont il faut réparer les effets, la trace funeste que ces actes ont laissée après eux, et sur laquelle vos regards ont dû s'arrêter souvent avec inquiétude; le principe d'ordre public et d'existence sociale sur lequel repose le projet que nous vous apportons, le mal qu'il doit guérir, le bien qu'il peut produire, tout cela est depuis long-temps senti et apprécié par vous.

Nous rappellerons donc, en peu de paroles, et les faits auxquels se rattache le projet de loi et les considérations qui doivent en justifier le principe.

M. *de Martignac* esquisse rapidement les maux produits par la confiscation qui, abolie en 1790, fut rétablie peu après par d'imprudens novateurs, et détruite enfin à jamais par la Charte.

Mais, poursuit-il, la Charte ne réglait que l'avenir.

Celui dont la sagesse l'avait méditée jugea qu'il n'était pas au pouvoir des hommes de détruire, sans ébranlement, ce que le temps, les habitudes, d'innombrables intérêts avaient consolidé. Il pensa que, quelque vicieuse que pût avoir été dans son origine la possession actuelle des biens confisqués, la paix publique exigeait que cette possession fût respectée.

C'était là, sans doute, ce que prescrivait la prudence; mais un autre devoir naissait de l'accomplissement de celui-là : l'État devait un dédommagement à ceux dont la dépossession opérée en son nom venait d'être irrévocablement consommée.

Ce n'est qu'à ce prix que le sceau de la confiscation, toujours empreint sur les propriétés consolidées, pouvait s'effacer et disparaître.

Tel fut, nobles Pairs, le cri de la conscience publique; c'est ici, c'est au milieu de vous que ce cri se fit entendre pour la première fois.

D'autres devoirs inspirés par des temps difficiles, d'autres nécessités qu'il est inutile de rappeler ici, ont long-temps empêché le Gouvernement de répondre à ce vœu.

Mais dès que la possibilité s'en est présentée à lui, le gouvernement du Roi n'a pu hésiter à proposer aux Chambres ce grand acte de justice et de saine politique.

M. le commissaire du Roi parcourt ensuite les principales objections qui ont été présentées contre la loi en général.

Essaierait-on de défendre, dans la confiscation politique, la violation de la loi existante et l'attentat funeste porté aux droits les plus sacrés? Une tentative pareille ne pouvait pas être prévue.

Prétendrait-on justifier ces actes de violence, en accusant de les avoir provoqués, ceux qui en ont été les victimes? On n'a pu le tenter avec succès dans un moment où la voix des passions se faisait seule entendre : lorsque le calme est rétabli, une telle justification serait considérée comme une injustice nouvelle.

Rappellerait-on les autres maux que la révolution a traînés après elle, et chercherait-on à montrer de l'injustice dans la réparation accordée à un malheur qu'on appellerait *privilégié?*

Mais qui ne pressentirait la réponse? Dans l'impuissance de réparer tant de maux, il est naturel, il est juste, il est politique de porter un remède à ceux qui sont à la fois les plus graves et les plus funestes, à ceux dont l'origine et les conséquences offrent le plus de danger.

Ainsi, convaincu de la nécessité de la mesure qu'il propose aujourd'hui, le Gouvernement ne s'est point dissimulé les difficultés sérieuses que devait présenter son exécution : il a cherché à les applanir.

M. *de Martignac* expose ensuite le projet de loi tel qu'il était dans son origine.

Ce projet, dit-il, a été, après une longue discussion, adopté par la Chambre des députés, sauf quelques modifications et quelques additions dont nous devons faire connaître à vos Seigneuries les plus importantes.

Le Gouvernement n'avait point dissimulé les inconvéniens que présentait le mode de répartition qu'il avait choisi.

La commission chargée d'examiner le projet, et après elle, la Chambre, durent chercher avec ardeur les moyens de le remplacer; tous les moyens successivement indiqués, ayant paru insuffisans, il a pensé alors à la formation d'un fonds de réserve destiné à réparer les inégalités que la liquidation aurait fait connaître.

La création de ce fonds exigeait l'affectation positive d'un capital déterminé; c'est ce que l'on a fait par l'art. 1er.

Il y avait espoir de voir se former cette réserve par les déshérences, par les réductions à opérer en vertu des articles relatifs aux partages de présuccession et aux rachats faits par les propriétaires : mais de telles ressources n'étaient qu'éventuelles, et la Chambre voulait en assurer de positives; elle a alors modifié l'art. 2, en réduisant d'un dixième l'indemnité accordée à ceux qui devaient se trouver dans la première catégorie.

Nous n'entretenons pas maintenant vos Seigneuries de quelques modifications de peu d'importance faites aux articles suivans, mais nous ne pouvons nous dispenser d'arrêter votre attention sur celle qu'a subie l'art. 7.

Le projet de loi admettait à l'indemnité les héritiers qui seraient appelés à représenter l'ancien propriétaire *à l'époque de la promulgation de la loi.*

La Chambre a admis, au contraire, ceux qui étaient appelés, par la loi ou par la volonté de l'ancien propriétaire, à le représenter *à l'époque de son décès.*

M. le commissaire du Roi rappelle les motifs qui avaient déterminé le Gouvernement à présenter le principe qu'il avait posé.

Ces motifs, continue-t-il, ont été combattus avec force, et par la commission et par les orateurs qui ont prêté leur appui à son amendement.

« S'il est vrai, a-t-on dit, qu'il s'agisse d'une restitution » de justice, que l'indemnité soit, en effet, la représentation » de l'immeuble confisqué, le droit de l'ancien propriétaire » n'a jamais cessé d'exister ; ce droit a été transmis par lui à » ceux qui étaient ses héritiers, et ceux-ci l'ont recueilli à » l'époque de sa mort naturelle.

» Il n'est ni juste ni permis de créer un ordre nouveau » d'hérédité. »

Ces raisons ont convaincu la Chambre des députés, et vous reconnaîtrez sans doute avec nous qu'elles n'étaient dépourvues ni de force ni de puissance.

Aucune des dispositions suivantes, jusqu'à l'art. 18 du projet, n'a éprouvé de modification qui mérite d'être remarquée. Il n'en est pas de même de celle qui se rattache à cet article.

La disposition qui n'admet l'opposition des créanciers antérieurs à la confiscation qu'à concurrence du capital seulement, a été adoptée par la Chambre ; mais elle y en a ajouté une seconde qui autorise les anciens propriétaires à se libérer des causes de l'opposition en transférant au créancier opposant, en rente 3 p. cent, un capital nominal égal à la dette réclamée.

Cette proposition a été vivement combattue avant son adoption; mais il est vrai de dire aussi qu'elle n'avait pas été bien comprise.

Le projet de loi ne s'occupe que des créanciers antérieurs à la confiscation; il ne prononce rien sur les autres aux droits desquels on ne porte aucune atteinte; les créanciers antérieurs eux-mêmes, conservent la plénitude de leurs actions sur tous les biens de leurs débiteurs. La disposition ajoutée ne change rien à cet état de choses.

Tels sont, nobles Pairs, les changemens apportés aux divers articles du projet de loi.

La Chambre des députés a cru, en outre, devoir y ajouter trois dispositions nouvelles.

L'une d'elles prescrit la distribution annuelle aux Chambres des états détaillés de toutes les liquidations.

Une autre disposition écarte, en ce qui touche l'indemnité, l'application de l'art. 19 du Code civil aux Françaises, veuves ou descendantes d'émigrés mariées à des étrangers avant le 1er avril 1814.

Cet article mérite une courte explication.

Par l'art. 1er du projet, l'indemnité n'est affectée qu'*aux Français*.

Aux termes du Code civil, la femme française, mariée avec un étranger, suit la condition de son mari et perd la qualité de *Française*.

D'après cette règle, la fille ou la veuve d'un émigré mariée avant 1814, avec un étranger ou avec un Français devenu étranger par la réduction du territoire, aurait été privée de l'indemnité.

Une pareille rigueur aurait touché à l'injustice, et la Chambre a pensé qu'elle devait la prévoir et l'empêcher.

Enfin, nobles Pairs, une disposition d'une autre nature,

adoptée par addition au projet de loi, a éprouvé une vive opposition ; c'est celle qui exempte pendant cinq ans du droit proportionnel les actes translatifs de propriété passés entre les propriétaires actuels et les anciens propriétaires, et en ordonne l'enregistrement, moyennant un droit fixe de 3 fr.

On a soutenu qu'une pareille exception constituait une violation des art. 2 et 9 de la Charte.

On a voulu voir là une violence morale exercée contre ces propriétaires, une sorte de transition pour arriver à une violence matérielle.

Si ces plaintes étaient fondées, Messieurs, vous n'hésiteriez pas à repousser la disposition qui les aurait fait naître.

Mais est-il vrai que l'exception proposée contienne une violation quelconque des dispositions de la Charte?

Son article 2 ne peut être ici d'aucune application; il ne fait aucun obstacle à ce que la loi établisse des règles diverses pour la perception des droits suivant la nature des biens, leur situation, et même suivant l'avantage qui peut résulter de la mutation de ces biens. Nous en retrouvons des exemples dans une loi récente : celle du 16 juin dernier.

Est-il vrai maintenant que la mesure proposée porte atteinte aux dispositions de l'art. 9?

C'est en cherchant dans cette mesure un sens caché et des intentions secrètes, qu'on arrive à cette conséquence. Pour la juger sainement, il ne faut voir que ce qui s'y trouve réellement; elle tend à exempter du droit proportionnel les actes *translatifs de propriété* passés entre les anciens et les nouveaux propriétaires.

Aucune contrainte ni matérielle, ni morale, ne peut, ne doit résulter de l'exception proposée.

Où serait donc l'atteinte portée à l'inviolabilité des propriétés?

Telles sont, nobles Pairs, les raisons qui ont déterminé le

Roi à proposer à vos Seigneuries l'adoption du projet de loi ainsi amendé.

La France entière connaît le sentiment pieux et paternel qui inspira au Roi qu'elle pleure la résolution qui s'exécute aujourd'hui.

Le même esprit anime l'héritier de son pouvoir et de ses affections.

Il fallait, pour arriver à ce but, passer péniblement au travers des passions et des intérêts.

Mais le souvenir de ces débats s'effacera bientôt; il ne restera que les salutaires effets d'une loi réparatrice, l'empire d'une Charte révérée, à l'abri de laquelle tous les droits peuvent se reposer avec sécurité, et l'inébranlable volonté du Roi, qui fera respecter par-tout le fondement sur lequel sont affermis le bonheur et la paix de la France.

Après cet exposé, le Ministre des finances donne lecture du projet de loi dont une expédition officielle est déposée sur le bureau.

Acte est donné de ce dépôt par M. le président (*Moniteur du 20 mars 1825, n° 79*).

Une commission de sept membres, composée de MM. le duc de Tarente, le marquis de Lally-Tolendal, le comte Portalis, le comte de Pontécoulant, le duc de Brissac, le comte de Laforest, le duc de Cadore, est nommée pour en faire préalablement l'examen. (*Même Moniteur*).

M. le comte *Portalis*, choisi par elle comme rapporteur, fait le rapport dont suit l'analyse.

Analyse du Rapport fait par M. le Comte DE PORTALIS, *au nom de la Commission chargée d'examiner le Projet de Loi d'indemnité.*

Un projet de loi, tendant à *indemniser les anciens propriétaires des biens-fonds confisqués et vendus au profit de l'État, en vertu des lois révolutionnaires*, vous a été présenté au nom du Roi, le 15 du mois dernier.

Son importance, le nombre et la nature de ses dispositions, ont déterminé vos Seigneuries à charger de son examen, une commission de sept membres, sans doute pour qu'il fût soumis à une discussion préalable plus approfondie.

Organe de votre commission, je viens vous rendre compte de ses observations et de son travail.

L'allocation d'une indemnité est-elle juste? est-elle politique? Telle est la première question qu'elle a dû se proposer.

M. le rapporteur fait, dans cette partie de son discours, l'histoire de toutes les confiscations imaginées pendant la révolution.

Toutefois, dit-il, la révolution recula devant son propre ouvrage.

La Convention, affranchie du joug des bourreaux, ordonna (1) que les biens des condamnés qui se trouvaient encore dans la possession du domaine, seraient rendus en nature à leurs familles, et que le prix des biens aliénés leur serait remboursé. Plus tard elle accorda les biens des prêtres déportés à leurs héritiers (2).

Enfin, quand sur les ruines de l'anarchie directoriale un nouveau Gouvernement s'établit, une disposition insérée dans une des lois fondamentales de cette époque, déclara que tout Français dont les biens auraient été vendus par erreur, comme faisant partie des propriétés d'un émigré, recevrait une indemnité (3).

Bientôt un senatus-consulte permit au plus grand nombre des émigrés de revoir le sol natal, et ordonna que cette partie de leurs biens qui n'était pas vendue ou aliénée, et que

(1) Décret du 21 prairial an III.

(2) Décret du 21 fructidor an III.

(3) Acte du 22 frimaire an VIII, art. 93.

le Gouvernement n'avait pas réunie au domaine de l'État, leur serait rendue (1).

Lorsque la Convention a reconnu que les enfans et les héritiers des condamnés devaient recevoir le remboursement des biens vendus, lorsque le Gouvernement consulaire a proclamé la nécessité d'indemniser le propriétaire spolié; après la restauration et sous l'empire de cette Charte qui a aboli la confiscation; par quelle fatalité serions-nous réduits à démontrer aux Pairs du royaume qu'il est juste d'allouer une indemnité aux Français dont les biens-fonds ont été confisqués et aliénés, en exécution des lois sur les émigrés, les déportés et condamnés?

Le noble pair démontre, en s'appuyant sur les autorités les plus recommandables, que le Roi a pu, qu'il a dû même prononcer sur les aliénations, et les maintenir.

Il soutient que cette ratification qu'il leur a donnée, efface les vices et les nullités qui les infectaient.

Sur ce point il cite le concordat de 1801 (2), par lequel on avait déclaré que l'on ne troublerait en aucune manière les acquéreurs des biens ecclésiastiques aliénés, et le concordat de 1817 (3), où l'on n'a pas reproduit cette disposition, parce l'on pense et qu'il fut reconnu qu'elle avait été *l'exercice d'un droit désormais épuisé.*

Tout se réunit donc, reprend M. le Rapporteur, pour dissiper les alarmes de ceux qui pourraient se laisser abuser jusqu'au point de redouter la restitution en nature des biens confisqués et aliénés.

Mais la conséquence naturelle de cette démonstration est

---

(1) Sénatus-consulte du 6 floréal an X.

(2) Article 13, page 6.

(3) *Exposé des Motifs du Projet de loi* présenté par Son Exc. le Ministre de l'Intérieur (M. le vicomte Lainé), sur le Concordat, Chambre des Députés, séance du 22 novembre 1817, pages 12 et 13.

que les anciens propriétaires ont un droit incontestable à une juste indemnité.

Nous ne fondons ce droit, ni sur l'article 10 de la Charte, ni sur l'article 545 du Code civil. Nous le fonderons sur le droit naturel et des gens, sur le droit public des nations.

En effet, lorsqu'une impérieuse raison d'État a prescrit au Roi la nécessité de confirmer l'expropriation des émigrés, des condamnés et des déportés, s'ils en supportaient seuls le fardeau, ils seraient soumis à des sacrifices auxquels les autres citoyens ne contribueraient pas; ils auraient payé seuls, pour tous, la rançon de la paix publique. La justice et les lois s'y opposent également.

M. le comte Portalis rappelle que l'on ne conteste, ni aux déportés, ni aux condamnés, mais aux émigrés seulement leur droit à l'indemnité.

Ce n'est pas, dit-il, de l'émigration qu'il s'agit ici; c'est de la propriété, c'est de la famille, c'est de la constitution même de l'État.

Il importe que tous soient convaincus que l'expropriation violente d'une ou plusieurs familles, ne peut avoir lieu sans porter à tous un dommage certain et positif.

La loi qui vous est présentée n'est point une loi de rémunération, mais une loi de réparation; la mesure qu'elle consacre n'est point un hommage rendu à la fidélité et au dévouement de quelques-uns, mais une indemnité accordée dans l'intérêt de tous, à ceux dont la propriété a été violée.

Du moins cette acte de réparation dégénere-t il en injustice parce qu'il est spécial, et convient-il de s'y refuser, s'il n'est étendu à tous les désastres que la révolution a occasionnés.

Sans doute, enfans de la même patrie, il nous serait doux, il l'aurait été bien plus encore au cœur paternel du Roi de sécher toutes les larmes, de ne laisser aucune misère sans secours, ni aucune douleur sans consolation; mais d'étroites limites bornent la toute-puissance de l'homme, et le plus grand nombre des maux que les révolutions politiques traînent à leur suite sont irréparables.

Quand même il serait uniquement question de secourir les malheureux que la révolution a faits, il faudrait encore choisir entre les actes de réparation et de bienfaisance ceux qui seraient possibles.

Mais il ne s'agit pas seulement aujourd'hui de justice et de bienfaisance, il s'agit surtout d'un grand acte de politique, dans l'intérêt général de la société.

Les infortunes de ses membres intéressent l'État à un degré différent; nous avons démontré qu'il ressentait profondément les atteintes portées à la propriété; cependant toutes les propriétés n'ont pas la même importance politique.

Les fonds de terre sont le seul genre de biens qui appartiennent à chaque état en particulier, tandis que les effets mobiliers appartiennent au monde entier.

L'État a donc un intérêt spécial à ce que la propriété du fonds de terre soit assurée.

Il est donc naturel, il est juste, il est raisonnable qu'il donne la préférence aux infortunes de ceux entre les mains desquelles elle se trouve.

Ensuite la confiscation des objets mobiliers peut laisser des regrets, mais elle ne perpétue pas des divisions. Il n'en est pas de même des biens fonds, qui, en changeant de mains ne changent pas de nature, et l'aspect du champ paternel irrite sans cesse dans le cœur de celui qui en a été dépouillé le ressentiment de l'injure soufferte.

Ainsi la loi est juste :

Elle n'est pas moins politique, en ce que les confiscations affligent la société, qu'un tel état de choses est contraire au bien public, et qu'il importe d'en sortir.

Telles sont les considérations qui ont amené votre commission à penser que l'indemnité était due.

Pour éviter toute équivoque et ne laisser aucune inquiétude à la bonne foi timide et ignorante, M. le Rapporteur déclare que la Commission a cru devoir ajouter au projet, qu'elle était *due par l'Etat.* C'est là, dit-il, son premier amendement.

Il s'arrête spécialement sur l'art. 7, qu'il compare au projet du Gouvernement.

Suivant ce projet, continue-t-il, rien de ce qui concerne l'indemnité ne cessait d'être placé sous la tutelle du droit politique; la loi reconstituait la dotation des familles.

Cette manière d'envisager les choses aurait paru préférable à votre commission; elle avait l'avantage de tout simplifier; elle n'introduisait pas dans la loi proposée deux principes différens, qui, s'ils peuvent co-exister sans s'entre-détruire, en rendent l'intelligence difficile.

Ce n'est pas tout : les successions des anciens propriétaires peuvent être régies par trois législations différentes, sans compter la législation actuelle; car il fait subitement revivre et le droit romain et les anciennes coutumes, et les lois des 12 brumaire et 17 nivôse an II, et celle de l'an VI qui les a mitigées.

Ainsi pourront successivement renaître, devant nos tribunaux, une foule de questions sur les institutions d'héritiers, les querelles d'inofficiosité, les portions légitimaires, le droit d'aînesse, le tiers-coutumier, et tant d'autres inséparables de l'application des coutumes et du droit écrit.

Ainsi, au grand détriment de la propriété, se présenteront, pour recueillir l'indemnité, des successibles de tous les degrés, quand la succession se sera ouverte sous l'empire de la législation de l'an II, qui admettait la représentation à l'infini.

Ainsi, au grand préjudice de la morale publique, se présenteront, comme héritiers de leurs pères, de leurs mères, et même de tous les membres des deux familles, des enfans naturels (1), et peut-être même des bâtards adultérins (2).

(1) Loi du 12 brumaire an II, art. 1.er

(2) Même loi, art. 13 et 14.

Il faut bien des avantages pour compenser de si grands inconvéniens; indiquons ceux que présentent les dispositions de l'article 7.

Elles décident franchement la grande question du droit et du fait; elles établissent que le fait n'a pu préjudicier au droit; que le temps ne saurait légitimer l'œuvre de la violence; que les droits du propriétaire réclament sans cesse; qu'ils sont immortels comme la justice; qu'ils se transmettent par succession; que les lois, ou plutôt les actes politiques intervenus pour consommer et garantir l'expropriation, ont bien pu suspendre ou paralyser l'exercice de ces droits, mais ne pouvaient en altérer la nature.

Votre commission a pensé qu'on aurait pu balancer entre l'article originaire et l'article actuel, mais que cet article n'était en effet susceptible d'aucune modification, et qu'on ne saurait, sans les plus graves inconvéniens, chercher à les allier l'un à l'autre.

Une discussion s'est élevée à ce sujet dans le sein de la commission; on demandait que les héritiers testamentaires ne pussent se présenter qu'en vertu d'un testament qui aurait expressément statué sur le droit à l'indemnité, ou qui aurait contenu quelque autre clause de même nature.

On s'appuyait sur l'intérêt que doivent inspirer les héritiers; sur l'intention de la loi, qui est de réparer les pertes souffertes par les familles; sur la volonté du testateur, qui n'avait entendu disposer que de ses biens actuels.

Il a été facile de se convaincre qu'il y avait contradiction absolue entre l'amendement proposé et la disposition principale de l'article.

En effet, aux termes de l'article 7, le droit à l'indemnité remonte à l'époque même de l'expropriation; établir dans l'amendement qu'il n'en a pas disposé, lorsqu'il a disposé de tous ses biens, droits et actions, n'est-ce pas dire précisément tout le contraire. Il n'est, d'ailleurs, pas nécessaire, pour qu'un héritier ou un légataire universel soit saisi d'un objet auquel le testateur aurait eu droit, que ce testateur ait su qu'il lui appartenait.

Ces motifs ont décidé votre commission à ne vous proposer aucun amendement sur cet article.

Il n'en est pas de même à l'égard de l'article 23.

Votre commission a pensé qu'il ne rendait aux veuves et aux descendans du propriétaire exproprié, mariées avec des étrangers, qu'une justice incomplète. Elle a pensé qu'une loi de justice et d'équité ne devait pas exclure les enfans de la succession de leur mère.

Toutefois, comme on ne peut, dans le système d'une indemnité circonscrite par un chiffre invariable, donner aux uns sans diminuer la portion des autres, elle vous propose de restreindre le supplément de justice qu'elle vous demande, et de ne l'accorder qu'aux enfans nés de Françaises mariées avec des étrangers avant la restauration, et veuves ou descendantes d'émigrés, de déportés ou condamnés, dont les pères auront joui de la qualité de Français.

Elle n'a point jugé qu'il fût nécessaire de dire que cet article n'est applicable qu'aux Françaises mariées depuis le 1.er janvier 1792, et à leurs enfans; il lui a paru que ces mots : *veuves ou descendans d'émigrés*, etc., supposaient nécessairement que les femmes ne s'étaient mariées qu'après l'émigration, la déportation ou la condamnation de leur premier mari.

Votre commission a peu d'observations à vous présenter sur les dispositions du projet de loi relatives aux mesures qui doivent en assurer l'exécution.

Le projet de loi a divisé les biens vendus en deux classes distinctes.

Vos Seigneuries remarqueront que celui du Gouvernement avait élevé à vingt fois le revenu l'indemnité destinée aux propriétaires de la première catégorie, et que le projet de loi actuel, en le réduisant de deux vingtièmes, a doté du produit de cette réduction le fonds commun créé par l'article 1.er, et destiné à réparer les inégalités résultantes de la loi ; l'ensemble de ces dispositions a excité de vives réclamations ; mais votre commission s'est convaincue qu'il était impossible d'y faire droit.

Elle aurait désiré que le mode de répartition des fonds de réserve pût être, dès ce moment, déterminé par la loi ; cependant nous nous sommes assurés, à regret, que les élémens d'une pareille détermination manquaient absolument.

Il aurait également paru convenable à votre commission, que l'on étendît l'exception du dernier alinéa de l'article 5, jusqu'aux inscriptions inférieures à 500 fr. de rente, qui représentent tout au plus des alimens. Mais après une mûre délibération, elle a reconnu que tout amendement de ce genre pourrait compromettre l'exécution du projet de loi, en contrariant les calculs financiers qui en sont la base.

Votre commission n'a pu qu'approuver le Code de procédure, si complet et si régulier qu'elle renferme, relativement à la marche à suivre pour réclamer l'indemnité.

Quant aux créanciers dont il est parlé dans l'article 18, elle aurait désiré que cet article dît, d'une manière expresse, que la prescription n'avait pu courir contre eux durant le temps de l'émigration du débiteur, mais elle a été unanimement d'avis que le texte de la loi le disait implicitement.

Si votre commission n'avait pris la résolution de ne proposer à vos Seigneuries, à l'occasion d'une loi qui touche à tant d'intérêts et qui remue si vivement tous les esprits, que des amendemens indispensables, elle aurait cru de son devoir de réclamer contre les conditions que l'on impose aux créanciers, car l'abolition ou la réduction des dettes n'est pas plus favorable à l'ordre public et aux intérêts de la monarchie, que l'expropriation du sol ou le partage égal des terres.

Votre commission ne peut s'empêcher de rappeler que le grand intérêt de la publicité et la nécessité du contrôle des

Chambres, ait rendu indispensable la disposition de l'article 21, persuadée qu'elle est, qu'il n'est pas sans inconvénient pour le maintien de la concorde, de produire de nouveau au grand jour de fatales listes.

L'article 22 mérite une attention particulière.

Il a pour objet de favoriser la rétrocession des biens confisqués et aliénés ; il eût été d'un commun accord accueilli comme un bienfait en 1814; mais est-il bien à sa place dans la loi d'indemnité ? n'appartient-il pas à un autre ordre d'idées et de dispositions ? est-il parfaitement en harmonie avec l'article 9 de la Charte et l'article 1.er du Projet ?

Votre commission a été amenée à penser qu'une disposition qui tendait à faciliter les transactions libres, volontaires et amiables entre les anciens et les nouveaux propriétaires, ne doit pas être considérée comme contraire à l'art. 9 de la loi fondamentale; qu'elle ne l'est pas davantage à l'art. 1er du projet de loi, car l'exception du droit qu'elle accorde profitera plus encore au fisc, en multipliant les mutations intérieures, qu'il ne lui ferait perdre par le sacrifice qu'on lui impose; que si cet article avait pu trouver plus naturellement sa place dans une autre loi, il y aurait inconvénient à le repousser lorsqu'il a été introduit dans celle-ci; qu'enfin, son inopportunité même peut devenir l'occasion et le motif d'une heureuse addition à la loi proposée, addition qui, en continuant à l'art. 1er de la loi du 5 déctembre 1814, son plein et entier effet, a l'avantage immense d'élever un mur d'airain entre le passé, le présent et l'avenir; d'imposer un éternel silence à toutes les réclamations, et d'éteindre, s'il est possible, des actes désastreux de la révolution, jusqu'aux dangereux souvenirs.

Votre commission vous propose donc, à l'unanimité, d'adopter le projet de loi qui vous est présenté avec les trois amendemens qu'elle a eu l'honneur de soumettre à votre approbation par mon organe.

PROJET DE LOI.	AMENDEMENS.
ART. 1.er Trente millions de rente au capital d'un milliard, sont affectés à l'indemnité due aux Français dont les biens-fonds, etc.	ART. 1.er Trente millions de rente au capital d'un milliard sont affectés à l'indemnité due *par l'État*. (Le reste comme au Projet.)
ART. 23. Le premier paragraphe de l'article 19 du Code civil, ne pourra être opposé relativement à l'exécution de la présente loi, aux Françaises veuves ou descendantes d'émigrés, déportés ou condamnés révolutionnairement, lesquelles auraient contracté mariage avec des étrangers, antérieurement au 1.er avril 1814.	ART. 23. *La qualité d'étrangère ou d'étranger* ne pourra être opposée relativement à l'exécution de la présente loi, aux Françaises veuves ou descendantes d'émigrés, de déportés ou de condamnés révolutionnairement, lesquelles auront contracté mariage avec des étrangers, antérieurement au 1.er avril 1814, *ni à leurs enfans, nés de pères ayant joui de la qualité de Français.*

ART. 24, *additionnel.* L'article 1.er de la loi du 5 décembre 1814, continuera de sortir son plein et entier effet; en conséquence, aucune des dispositions de la présente loi ne pourra préjudicier, en aucun cas, aux droits acquis avant la publication de la Charte constitutionnelle, et maintenus par ledit article, soit à l'État, soit à des tiers, ni donner lieu à aucun recours contr'eux.

(*Moniteur du* 9 *avril* 1825, N.° 99.)

La discussion est ouverte sur l'ensemble de la loi.

M. le duc de *Broglie*, appelé le premier à la tribune, rapproche le projet actuel de celui qui avait été originairement proposé par le Gouvernement; leurs principes, dit-il, sont différens; les conséquences ne sauraient être les mêmes; c'étaient les considérations d'utilité générale que l'on invoquait; aujourd'hui, c'est sur les propriétaires du droit strict que l'on se fonde. On voulait faire cesser tout sujet de division entre deux classes nombreuses de la société; aujourd'hui, on les met en présence l'une de l'autre. L'indemnité offerte n'était qu'un revenu accordé à l'ancien propriétaire, pour remplacer celui dont il avait été privé; aujourd'hui, c'est une espèce de fonds d'amortissement qui lui est donné pour racheter des biens dont la valeur est dépréciée par la loi même.

Dans ces circonstances, continue l'orateur, que fera la Chambre ? Plusieurs partis lui sont offerts : elle peut ou adopter le projet tel qu'il est, ou le ramener à son état primitif, ou réparer, comme le veut la commission, par quelques modifications, les principales défectuosités que l'on y remarque.

Le noble pair pense, au contraire, que le seul parti convenable est celui de rejeter entièrement le projet.

D'abord le Gouvernement regrette son ouvrage.

Si la commission propose d'adopter le fond du système; ce n'est pas qu'elle le croie bon en lui-même; les réflexions auxquelles elle s'est livrée le prouvent assez. Seulement on veut en finir avec les déplorables questions que cette discussion a soulevées; la loi n'est même pas approuvée par les anciens propriétaires qui regardent comme insuffisante et incomplète toute mesure qui ne conduit pas à leur réintégration dans les propriétés qu'ils ont perdue.

C'est cette opinion qui détermine surtout M. le duc de Broglie à repousser le projet de loi.

Il observe que l'argent que l'on destine à l'indemnité n'est pas un trésor qui arrive à l'improviste. Le Gouvernement ne peut l'obtenir en définitive que par des sacrifices imposés aux divers individus dont il se compose. Or, qu'arriverait-il? Parmi ces individus il n'en est pas un seul qui, dans le cours de la révolution, n'ait éprouvé des pertes et des malheurs. Comment soutenir que ceux qui ont perdu leur fortune sont obligés à indemniser les émigrés ? Rien ne lui paraît plus injuste.

D'ailleurs, continue-t-il, ce n'est pas d'une question d'argent qu'il s'agit seulement ici; à côté de cette question se place une question d'honneur et de principes; ce que l'émigration veut est que l'on reconnaisse qu'elle a seule combattu pour la bonne cause. Or, une pareille déclaration frapperait en quelque sorte de réprobation les sept huitièmes de la France, et soulèverait tous les esprits, loin de les calmer comme on l'espère. Le silence est le meilleur moyen de faire oublier les dissentimens et les haines; c'est donc au nom de la paix et de la tranquillité publique que je vote le rejet de la loi.

M. le comte de *Saint-Roman* s'attache à repousser les reproches adressés à l'émigration.

Il compare ensuite les pertes que tous les Français ont éprouvées pendant la révolution à celles qui ont particulièrement pesé sur les émigrés.

La situation des premiers, dit-il, est toute passive; rien n'est de leur fait dans le sort qui les accable. L'émigré, au contraire, a tout perdu, parce qu'il a employé toutes ses facultés à rétablir le prince légitime sur le trône de ses pères: s'il a mal fait, il n'a rien à réclamer. Mais si les principes pour lesquels il a combattu sont ceux de l'ordre social et de toute civilisation, si son infortune est née de l'amour de son devoir, resterait-elle confondue avec toutes les autres? C'est ainsi que disparaissent tous ces reproches accumulés ou recueillis par des inimitiés mal éteintes.

Le noble pair déclare qu'il n'entrera pas dans le détail des dispositions de la loi.

Tout en approuvant l'exception contenue dans l'art. 25, il regrette qu'on ne l'ait pas étendue aux Français expatriés que le besoin a pu contraindre de prendre du service à l'étranger.

Il regrette aussi que le Gouvernement ait été forcé de borner l'indemnité à la propriété territoriale.

Il espère que des circonstances plus heureuses permettront quelque jour d'achever cette réparation.

L'article 22 lui semble le complément nécessaire de la loi.

La promesse royale et le texte de la Charte sont, dans son opinion, la plus sûre garantie des propriétés nationales ; il en conclut que l'art. 23 est inutile et doit être rejeté, en ce qu'il n'empêchera pas la distinction qui existe entre ces biens et les biens patrimoniaux, distinction que l'administration seule peut effacer en encourageant par une influence paternelle, mais inaperçue, des actes que la loi approuve sans les commander.

Le noble pair adopte le projet.

M. le vicomte *de Châteaubriant* déclare qu'il ne partage l'opinion d'aucun des orateurs qui l'ont précédé à la tribune. Il ne peut ni approuver, avec le second, tous les détails du projet, ni repousser, ainsi que le premier, le principe sur lequel il repose.

Le noble pair justifie l'émigration.

On ne veut, dit-il, apercevoir que des nobles dans ses rangs ; mais les paysans du Roussillon, de la Flandre, de l'Alsace, étaient-ils donc des nobles ? Les émigrés ont-ils d'ailleurs été les seules victimes de la spoliation ? Le rapport de la commission a montré les hôpitaux eux-mêmes inscrits sur la fatale liste.

Il repousse également le blâme que l'on veut verser sur les propriétaires de biens nationaux.

Les possesseurs de ces biens, ajoute l'orateur, sont, pour la plupart, étrangers à nos premiers désordres, et ils les ont fertilisés par leurs sueurs et leur industrie.

D'ailleurs ils sont partout, dans les corps politiques, judiciaires, administratifs, dans l'armée, dans le palais du Roi.

La Charte a confirmé la vente originaire ; ne semons donc pas la division parmi les citoyens : disons que, pendant trente ans, les Français ont été plus ou moins malheureux.

S'il y a eu gloire dans la France armée à l'intérieur, et malheur dans la France armée à l'extérieur, la gloire loin du Roi était malheureuse ; le malheur près du Roi était glorieux. Voilà comment nous ne formons qu'une seule famille.

Le noble pair examine ensuite les principes de la loi.

Pour reconnaître combien elle est vicieuse, dit-il, il n'est pas besoin d'aller au-delà de l'art. 1er.

Il affecte à l'indemnité un capital d'un milliard.

De deux choses l'une : ou l'État ne paiera ce qu'il reconnaît être une dette qu'autant que cette somme ne sera pas dépassée, ou il paiera plus qu'il ne doit, si elle n'est pas atteinte par les liquidations.

Considérant dans son ensemble le système d'exécution qu'établit le projet, il se propose de démontrer qu'il repose sur quatre fictions principales, et qu'il s'évanouit entièrement quand on arrive à la réalité.

Ces quatre fictions sont celles-ci : fiction dans l'intégralité de l'indemnité; fiction dans les moyens d'évaluation; fiction dans les fonds affectés; enfin, fiction dans les limites du temps prescrit pour la liquidation.

Quant à la première, il faut avouer que l'indemnité est intégrale, quant à l'État qui la paie; elle ne l'est pas également pour l'émigré qui la reçoit. Sur ce point il cherche à démontrer, par une suite de calculs, que le milliard si pompeusement annoncé se réduit à 531 millions.

Le mode d'évaluation n'offre aussi qu'illusion, car il ne donnera que des résultats inexacts, et le fonds de réserve n'aura pas des bases plus solides.

Aucune hypothèque n'est attachée au milliard promis aux indemnisés.

On se confie aux rachats de la caisse d'amortissement et à un excédant que l'on espère dans les recettes.

D'abord l'action de l'amortissement ne peut être comptée que pour 3 millions par an, somme à laquelle elle ne s'élèverait même pas, si les 3 p. 100 prenaient quelque valeur, puisque cette caisse ne pourrait plus racheter autant.

Quant à l'excédent des recettes, on le fonde sur l'augmentation de consommation, produite par l'indemnité elle-même, et sur les droits d'enregistrement qui subiront aussi une hausse.

Si les indemnisés dépensent plus, les contribuables qui paient dépenseront moins; ainsi s'établira une sorte de compensation.

S'il n'y a pas de transactions, l'enregistrement ne verra pas grossir ses produits; s'il y en a, cette augmentation ne sera que très-légère; ces transactions même en empêcheront d'autres.

Rien n'est plus chimérique encore que la promesse de terminer, en cinq années, les liquidations. Il est impossible de concevoir les délais, les embarras qu'entraînera la marche adoptée.

Dira-t-on que ces délais ne changeront rien au fond de la loi? C'est une erreur; il est évident, au contraire, que le danger des diverses fictions sur lesquelles le projet repose augmentera en proportion du temps que la liquidation devra durer.

Le noble pair se réserve d'appuyer tous les amendemens qui lui paraîtront propres à améliorer le projet.

M. le comte *Cornudet* pense qu'on ne peut se dispenser de reconnaître qu'il est impossible de remonter à la source de chaque propriété pour constater la pureté de son origine; que la tranquillité des possessions ne peut être subordonnée aux conditions d'une équité indéfinie; qu'il faut nécessairement admettre que, sans autre inquisition, la légalité constitue leur juste titre pour acquérir et posséder.

Il lui semble incontestable que les gouvernemens de la révolution avaient le caractère public nécessaire pour donner à leurs actes, suivant l'expression des jurisconsultes, la force de transférer, par la tradition, le droit de propriété.

Il établit ensuite qu'il y a eu bonne foi de la part des acquéreurs qui ont pu croire que celui qui leur transférait les biens par eux acquis, avait le droit d'en disposer.

Que si l'on parle du vil prix auquel ont été faites la plupart des ventes nationales; il faut observer que, pour un grand nombre d'acquéreurs, le prix d'acquisition a été l'emploi d'une valeur nationale reçue pour solde d'une valeur réelle.

L'orateur s'attache ensuite aux divers amendemens qui ont été proposés.

Il repousse celui que l'on a introduit dans l'art. 1er, se fondant sur ce que la loi, étant une loi politique, ne peut être basée sur les principes étroits du droit civil. Si c'est pour assurer la paix publique qu'on a jugé une indemnité nécessaire, il ne faut pas, en l'accordant, leur imprimer le caractère d'une accusation qui porterait sur la majorité de la nation.

Il pense que l'art. 22, qui met les propriétaires nouveaux en contact avec les propriétaires anciens pendant cinq ans, loin de conduire à l'oubli du passé, n'est propre qu'à en perpétuer le souvenir.

On veut, dit-on, accroître le produit de l'enregistrement; mais on tarit au contraire cette source de revenus.

D'un autre côté, jusqu'où ne se portera pas le zèle des agens subalternes, pour seconder l'effet de cette mesure? N'est-il pas à craindre que, sinon directement, du moins par des voies détournées, on ne soit conduit à une violation entière de l'art. 9.

Enfin, une classe de Français se trouvant ainsi favorisée pour acquérir, et les droits électoraux reposant sur la propriété, ne résultera-t-il pas de la loi une grande altération dans le système électoral et dans la composition de la Chambre élective?

Il demande, en conséquence, que l'on retranche la qualification de dette donnée à l'indemnité par l'art. 1er, et la disposition toute entière de l'art. 22.

M. *le Ministre des finances* répond qu'en effet la loi est une loi politique, mais que la charge qu'elle impose à l'État est d'une telle importance, qu'on ne pouvait se dispenser d'y exprimer fortement la nécessité sociale qui oblige à s'y soumettre.

Quant à l'art. 22, il a déjà eu occasion de déclarer, dans l'autre Chambre, qu'il ne le croyait en rien contraire à la Charte; qu'il est même autorisé par les précédens; peut-être est-il vrai de dire que le moment était mal choisi pour une pareille discussion, mais une fois la question soulevée et résolue, le devoir du ministère a été de proposer au Roi l'adoption de l'amendement.

Qu'on se rassure, au surplus, sur les conséquences de cette disposition; les inquiétudes que l'on fait naître sont loin d'être fondées. Il faut soigneusement distinguer entre les transactions forcées et les transactions volontaires : les premières sont impossibles; les secondes, la Charte ne les réprouve pas, et elles ne peuvent qu'être utiles à la paix publique.

Déjà même un grand nombre de transactions ont eu lieu; si la plupart n'ont point été revêtues de formes authentiques, ce n'est absolument que pour éviter les droits, et l'art. 22 serait encore un grand bienfait quand elle n'aurait d'autre résultat que de permettre de les régulariser. Cet article doit donc être maintenu.

On a prétendu que le but de la loi était manqué, qu'on a voulu qu'elle fût une loi d'union, et que l'on n'a réussi qu'à semer la division dans les esprits.

Déja cette objection avait été présentée dans l'autre Chambre et la réponse doit être la même; ce n'est pas au moment de la discussion d'une loi, que l'on peut sainement en juger les résultats.

Tout en adoptant le principe de la loi, un autre orateur a soutenu qu'il avait été gâté par les détails.

Il a dit qu'elle reposait sur quatre fictions dont la première est l'intégralité de l'indemnité. Mais pour qu'il y eût fiction à cet égard, il faudrait que le Gouvernement eût annoncé quelque part qu'il entendait réparer intégralement les pertes éprouvées par les anciens propriétaires. Or, c'est ce qui ne se trouve ni dans la loi, ni dans aucune partie de la discussion, parce que l'État ne peut pas s'imposer un plus grand sacrifice que celui qu'il fait.

Il n'y a pas davantage de fiction sous le 2.me rapport, celui de l'égalité des bases d'évaluation, car le Gouvernement a long-temps cherché celles que l'on pouvait raisonnablement établir, et la Chambre elle-même sentira combien il était difficile d'en trouver de certaines après trente années. Sur ce point il n'y a rien que de franc et loyal de la part du ministère.

On dit que les 3 pour 100 manquent d'hypothèque; s'ils n'ont eu jusqu'à présent qu'une valeur fictive, ils en prendront une réelle après que la loi sera adoptée, et ne sont aujourd'hui ni plus, ni moins que ne sont toutes les rentes avant leur émission.

Quant aux moyens de paiement, il faut reconnaître qu'ils sont éventuels, mais cette éventualité s'est réalisée depuis cinq ans. Ce n'est donc pas là une ressource imaginaire.

L'accroissement de produit, dit-on, repose sur une consommation qui n'aura pas lieu. C'est une erreur, car l'indemnité met de suite à la disposition des indemnisés un capital qu'ils peuvent réaliser à leur gré, et si ce capital est pris au trésor il n'impose aucune charge supplémentaire aux contribuables qu'il prive seulement d'un dégrèvement; ainsi se trouve écartée la troisième fiction.

La dernière est relative à la durée de la liquidation; le Gouvernement est le premier à reconnaître qu'elle est difficile, et il rendra grâce à la Chambre si elle la simplifie autant que possible en adoptant les bases d'évaluation que le projet établit. On a allegué que partie de ces difficultés naîtraient des divisions qui pourront exister entre les héritiers à ce sujet : son Excellence fait observer que ce n'est pas de cela que le Gouvernement aura à s'occuper; il liquidera seulement l'indemnité, et s'il y a ensuite contestation entre les héritiers, il ne s'en mêlera pas.

Plusieurs autres orateurs sont entendus.

M. le comte Portalis s'attache ensuite dans son résumé, à défendre et le projet et les amendemens de la commission des attaques dont ils ont été l'objet.

Il pense avoir démontré que l'indemnité est due à titre d'obligation naturelle resultant à la fois, et de l'injustice de la confiscation, et de la ratification de ses effets lors de la restauration.

Si les Gouvernemens nés de la révolution se sont empressés de reconnaître cette injustice, la France sous Charles X hésiterait-elle à en dédommager ceux qui en ont souffert ?

La loi ne lui semble pas moins politique.

Il est vrai que la discussion à laquelle elle a donné lieu a ébranlé les esprits; qu'elle a excité des prétentions absurdes et surannées; mais la sagesse, la modération du Roi, celle de la Chambre remédieront à ces inconvéniens.

Il termine par l'éloge le plus brillant de la génération actuelle, qui comprendra parfaitement que la loi de l'indemnité est une mesure de paix, dont l'effet sera d'affermir les propriétés et les libertés publiques.

La Chambre passe à la discussion des diverses dispositions de la loi.

M. *le duc de Choiseul* propose sur l'article 1.er, un amendement qui consiste à allouer trente millions de rente au capital de 600 millions, aux Francais qui ont éprouvé des pertes par suite de la révolution; à affecter sur cette somme, 15 millions de rentes aux anciens propriétaires de rentes sur l'État et de biens-fonds situés en France qui ont été confisqués, en déclarant que cette indemnité n'est que le tiers des valeurs des biens vendus, et à distribuer les 15 millions de rentes restans à ceux qui ont éprouvé des pertes dans la Vendée, à Lyon, Toulon et autres lieux, au prorata de leurs pertes.

M. *de Martignac* observe que la valeur des immeubles vendus s'élève à 1,300 millions, qu'il est impossible sur l'indemnité réduite au tiers, de faire la déduction des dettes, que le tiers à payer pour l'indemnité, serait dès-lors de 438 millions, qui donnent à 5 pour 100 une rente de plus de 21 millions ; que cependant l'amendement n'en alloue qu'une de 15 ou de 19 millions au plus, qu'il y a donc évidemment incohérence entre les dispositions et insuffisance dans la somme qu'il alloue, qu'en conséquence l'amendement doit être repoussé, indépendamment même des motifs de rejet qu'il serait facile de trouver dans le vague de la disposition relative aux pertes autres que celles qui résultent de la confiscation des biens.

M. le baron Pasquier répond que le tiers auquel serait fixée la réparation due aux anciens propriétaires de biens confisqués, ne peut s'entendre que du tiers de la perte qu'ils auront réellement éprouvée, sous la déduction des dettes.

M. *le Ministre des finances* insiste sur la difficulté du partage de l'indemnité que l'on veut créer par l'amendement ; il fait de nouveau remarquer le vague dont il porte l'empreinte, et qui selon lui indique assez combien une pareille mesure serait impraticable.

La proposition est rejetée.

Le deuxième amendement proposé sur le même article tend à substituer à ces mots *trente millions de rente au capital d'un milliard*, ceux-ci 37,500,000 *f. de rente au capital de* 750 *millions sont affectés.*

M. le comte Roy, auteur de la proposition, cherche à démontrer qu'il y a avantage pour les propriétaires à recevoir 250 millions de moins sur le capital nominal, et 7 millions 500 mille francs de plus en intérêts annuels pris sur la dotation de l'amortissement, en ce que le placement de cet excédent pendant 21 ans, et à l'intérêt de 4 pour 100 seulement, leur procure une somme égale à la diminution qu'éprouve le capital nominal, indépendamment de l'avantage qu'ils conservent ensuite de toucher l'intérêt à 5, au lieu de 3 pour 100.

M. *le Ministre des finances* se demande d'abord si le rentier serait satisfait de voir disparaître une partie du gage qui lui avait été affecté par la dotation de l'amortissement.

On assure, il est vrai, dit-il, que si l'indemnisé perd quelque chose sur son capital il ne tient qu'à lui de combler ce déficit, en plaçant pendant 21 ans l'excédent d'intérêts qu'on lui donne en compensation.

Mais comment croire qu'une semblable théorie soit jamais mise en pratique ?

D'ailleurs dans le système de l'amendement, au bout de cinq années que doit durer l'opération, la dotation de l'amortissement sera réduite de 77 millions; les charges des contribuables seront les mêmes, et aucune partie de la rente affectée à l'indemnité n'aura été rachetée; tandis que dans le système du Gouvernement, au contraire, la dotation de l'amortissement sera encore ce qu'elle est aujourd'hui, et il aura racheté la moitié des rentes créées.

L'amendement porte donc la plus funeste atteinte au crédit.

Il doit être écarté.

M. le comte *Mollien* considère qu'en parlant de la loi d'indemnité, il est difficile de ne pas reporter sa pensée sur une autre loi qui lui est connexe; il se demande pourquoi on n'offre pas à tous les rentiers en général les mêmes conditions. Après des réflexions générales sur l'état de la bourse, celui de l'amortissement, comparé avec les fonds affectés en Angleterre au même usage, il pense que sa dotation est beaucoup trop considérable; que la réduire, c'est enlever un ressort à l'agiotage; que ce but étant atteint par l'amendement, il n'hésite pas à l'appuyer.

M. le duc *de Narbonne* le rejette, comme contenant une atteinte portée à la prérogative royale, en ce qu'il change entièrement tout le système financier.

M. *de Châteaubriant* entrevoit qu'il a pour but de changer en réalité l'indemnité, qui est à peu près fictive dans le projet de loi.

Il rappelle rapidement les raisonnemens ou plutôt les calculs de M. le comte Roy.

On objecte, dit-il, qu'en diminuant le fonds de l'amortissement par le prélèvement de rentes nécessaires à l'indemnité, on occasionnerait une baisse considérable à la bourse.

Selon lui, la question n'est pas là; il s'agit de savoir si une création de 30,000,000 de rentes nouvelles, avec la caisse d'amortissement actuelle, ne ferait pas baisser la rente autant que si, sans aucune création nouvelle, on diminuait de 37,500,000 fr. le fonds de la caisse, pour les donner en indemnité. Au reste, ajoute-t-il, l'expérience a prouvé que le crédit public ne suit pas le mouvement de la dette nationale.

Mais, dira-t-on, non-seulement vous ôtez à la caisse d'amortissement 37,500,000 fr., mais vous remettez en circulation la même valeur en rentes rachetées; comment, en couvrant la place d'une aussi grande quantité d'effets, espère-t-on éviter une baisse?

On oublie que ces 37,500,000 fr. ne seront pas jetés à la fois sur la place; qu'ils ne deviendront négociables que par cinquièmes, d'année en année, et que, dès-lors, une si faible diminution de l'amortissement ne saurait avoir d'influence sensible sur le cours de la rente.

L'on ne peut pas prétendre, au surplus, que l'amendement change rien à la puissance de l'amortissement; car, si d'une part on lui retranche 37,500,000 fr., de l'autre, on le décharge du rachat de 30,000,000 à un capital plus élevé.

Il estime que ce serait un moyen de crédit suffisant, qu'un fonds d'amortissement qui ne s'éleverait pas à moins de 40,000,000.

Enfin, le dernier avantage de l'amendement est de faire disparaître toute idée de connexion entre l'indemnité et la loi sur les rentes, en même temps qu'il met obstacle à ce système erroné qui consiste à prendre pour des monnaies réelles, des monnaies fictives, des masses de papier qui ne représentent aucun produit du sol, du commerce ou de l'industrie.

M. le comte *de Vaublanc*, commissaire du Roi, rappelle l'une des objections que l'on a tirées de ce que le Trésor n'avait pas les fonds nécessaires pour payer les rentes aux indemnisés; il y répond comme a fait précédemment le Ministre, en se fondant sur les augmentations des revenus. On a repoussé ce moyen, continue-t-il, on a prétendu qu'on ne pouvait établir une dépense sur cet accroissement; rien n'est, au contraire, plus certain, moins chimérique. Et, s'appuyant à son tour de l'exemple invoqué si souvent de l'Angleterre, il cite ces paroles du chancelier de l'Echiquier, prononcées dans la Chambre des communes, pendant que la loi était discutée dans la Chambre des députés, que l'*accroissement des consommations en Angleterre et en France, est une source de revenus pour l'Angleterre elle-même.*

Dans la discussion d'une loi aussi importante, il faut toujours revenir au motif principal sur lequel elle est fondée. Ce motif n'est pas, comme on l'a dit, l'intérêt unique des émigrés, mais le grand intérêt d'une société sous la protection d'un puissant monarque.

Vous ne pouvez donner un capital : vous donnez des rentes, et alors il importe d'examiner dans quelle situation se trouvent les rentes de l'État.

Si elles étaient avilies, il serait indigne de vous de les offrir aux indemnisés.

Si, d'un autre côté, par des combinaisons quelconques, vous pouvez rendre meilleur le sort des indemnisés, mais en diminuant la force de votre crédit, vous ne devez pas adopter ces combinaisons, parce que l'intérêt général s'y oppose.

On demande l'appel nominal.

Le résultat du dépouillement donne 127 voix pour le rejet et 100 pour l'adoption.

L'amendement est en conséquence rejeté.

M. le marquis *de Pouge* croit qu'en admettant pour l'indemnité le principe d'une obligation rigoureuse, on autorise des prétentions immodérées, on contredit la jurisprudence établie; on nous replace sous l'empire successif de quatre législations incohérentes; qu'enfin, au détriment de la propriété, on en favorise l'extrême division, et au grand scandale de la morale publique, on révélera la honte des familles, en appelant au partage de l'indemnité jusqu'à des bâtards adultérins.

Tous ces inconvéniens eussent été prévenus par la sage rédaction de l'art. 1er tel qu'il se trouvait dans le projet originairement soumis à l'autre Chambre. Il propose, en conséquence, d'y revenir en rédigeant ainsi cet article : *Il est alloué, à titre d'indemnité et de réparation, une somme..., etc...*

M. *le Ministre des finances* répond que le mot *due* contre lequel on réclame, n'a point été employé par le Gouvernement; qu'il a été introduit dans la loi par l'autre Chambre; que cependant il n'aperçoit aucune considération décisive pour l'en retrancher.

Il a d'abord été déclaré que l'*adoption de ce mot ne préjugeait en rien celle des dispositions subséquentes du projet.* On ne peut dire ensuite qu'il n'exprime pas une idée juste, et qu'à proprement parler, l'indemnité ne soit pas due. Si elle ne l'était pas, par quel motif pourrait-on justifier l'énorme charge imposée pour son acquit.

Il conclut au maintien de l'article.

L'amendement est rejeté ?

La Chambre adopte l'art. 1er avec l'addition de la commission.

M. le comte *de Kergolay* regrette que l'on n'ait fait participer que les Français à l'indemnité. Il demande que l'on remplace ce mot *Français* par ceux-ci : *anciens propriétaires.*

M. *le Ministre des finances* observe que l'indemnité n'intéresse plus aussi vivement l'État, soit lorsque le propriétaire est étranger, soit lorsque la propriété n'est plus située en France; que c'est cette raison qui a engagé le Gouvernement à ne comprendre dans la loi ni ces sortes de propriétés, ni ces propriétaires.

M. le comte *de Boissy-d'Anglas* insiste pour l'adoption de l'amendement, en disant que, puisque l'on veut que l'indemnité soit une dette, il faut subir toutes les conséquences de ce principe.

Il est mis aux voix et rejeté.

M. le comte *de Kergolay* demande que l'on ajoute à la loi que les biens connus sous le nom de *domaines congéables*, sont compris dans ses dispositions.

Le Rapporteur de la commission déclare que cette addition est inutile, parce que la loi, par l'expression générale de *biens-fonds*, s'applique à cette espèce de propriété.

M. *de Martignac* convient que c'est dans ce sens qu'a été conçu le projet.

L'auteur de l'amendement annonce que, d'après ce qui vient d'être dit, il n'insiste pas davantage.

L'article 2 est adopté.

M. le comte *Daru* propose, sur l'art. 3, un amendement ainsi conçu :

Lorsque la confiscation des biens d'un émigré, alors fils de famille, aura eu lieu à titre de présuccession, et que, depuis, cet émigré aura été dédommagé de cette perte, soit par une donation de ses parens, soit par un abandon de la part de ses cohéritiers, l'indemnité qui doit résulter de la présente loi appartiendra, non à l'émigré seul, mais collectivement à lui et aux cohéritiers de la succession dont le partage avait été fait par anticipation.

M. *de Martignac* observe que cette proposition est inutile, et que la loi est assez claire pour n'exiger aucune explication; qu'en effet, c'est à l'ascendant lui-même qui a été dépouillé par l'effet du partage de présuccession, ou à ceux qui ont supporté la perte, que l'indemnité est accordée; que tous les cas sont donc prévus, et que celui que l'amendement a pour but de régler est compris dans la disposition générale.

M. le comte *Daru* n'en réclame pas moins son adoption, en s'appuyant sur ce qu'on peut ou doit même supposer que le père de famille, en disposant en faveur de son fils émigré, n'aura pas énoncé la cause de sa disposition ; qu'ainsi, rien ne constate que la perte a été répartie entre tous les membres de la famille ; que l'émigré, en recouvrant seul dès-lors l'indemnité, recueillera un bénéfice illégitime au préjudice de ses cohéritiers.

M. le commissaire du Roi remarque que de deux choses l'une : ou la disposition sera faite par préciput et hors part, et l'intention formellement exprimée par le testateur devra recevoir son exécution ; ou elle sera sujette à rapport, et, dans ce cas, l'indemnité devra être répartie entre les divers membres de sa famille.

L'amendement est rejeté.

Les articles 4, 5 et 6 sont adoptés.

Sur l'article 7, M. le comte de Tournon présente un amendement qui aurait pour effet de ramener au principe du projet originaire du Gouvernement, dont il ne conçoit pas que l'on se soit éloigné.

Les dispositions de cet article lui paraissent tendre à réduire l'indemnité en parcelles ; loin de favoriser la noblesse, elles arment contre elle jusqu'à la loi démagogique du 17 nivôse.

Quelle force cachée, quel pouvoir mystérieux a donc fait adopter ces dispositions ? Il n'en cherchera pas d'autre que l'empire, louable sans doute, mais ici trop absolu, du droit civil, dont l'introduction dans la loi l'a totalement pervertie.

Il signale un de ses vices qui est de dépouiller l'émigré qui, ayant perdu un parent pendant son émigration, n'a pas été nommé dans son testament précisément, parce qu'il ne pouvait pas recueillir le bénéfice des libéralités qu'il lui aurait accordées sans cela.

Avec l'adoption de l'art. 7, la confiscation poursuivra donc l'émigré même auprès du Roi qui l'a effacée de nos Codes? En conséquence, il persiste dans son amendement.

M. le comte *Lainé* soutient que l'article du projet est plus politique que l'amendement, et qu'il n'est pas moins juste.

Il est plus politique en ce que celui-ci, en faisant une dévolution nouvelle, attribue des droits à ceux à qui les lois générales n'en donnent pas, et en dépouille, par conséquent, ceux à qui ces lois les transféraient.

Il fait donc des exclusions, dit-il; il y aura, en effet, deux classes d'exclus, savoir : quelques héritiers naturels et tous les héritiers testamentaires, et alors les exclus n'auront-ils pas le droit de se dire dépouillés? Leurs prétentions ne seront-elles pas plus dangereuses que celles qu'on ne peut fonder ni sur les lois politiques, ni sur les lois civiles.

Le projet de loi n'est pas moins juste, car il attribue à ceux qui ont recueilli les biens non vendus des déportés et condamnés, ou le prix de ceux qui avaient été aliénés et non payés, la part qui leur revient dans l'indemnité, tandis que, suivant l'amendement, c'est un autre ordre d'héritiers qui se trouvent appelés.

Il est plus juste même, en ce que l'art. 7 conserve leurs droits aux héritiers testamentaires, parce qu'il faut toujours respecter la volonté des testateurs.

L'amendement est rejeté.

M. le marquis de *Coislin* demande que les légataires ou donataires ne soient admis à réclamer l'indemnité qu'autant que la donation ou le testament renfermerait une clause expresse de transmission de droits éventuels sur les biens confisqués ou sur leur valeur.

Cette proposition, appuyée et combattue par les mêmes moyens qui ont été présentés dans la Chambre élective, est également rejetée.

La Chambre adopte l'article 7.

L'article 8 et suivans, jusqu'à l'article 15 inclusivement, sont aussi adoptés.

Sur l'article 16, M. le comte de Marcellus reproduit la proposition faite dans la Chambre des députés, d'effacer la distinction que l'on a faite entre les biens donnés définitivement aux hospices et ceux qui ne l'ont été que d'une manière provisoire.

M. *de Martignac* répond que la question est tranchée par la loi du 5 septembre, qui, en ordonnant la remise des biens affectés aux hospices, en a formellement excepté ceux dont on aurait définitivement disposé; qu'à leur égard, tout est consommé.

L'amendement est rejeté.

L'article 16 est ensuite adopté.

On adopte aussi, sans discussion, les articles 17, 18, 19, 20 et 21.

M. le duc *de Choiseul* demande le retranchement de l'article 22, comme contraire à la Charte et dangereux dans la situation des choses.

M. le marquis *de Lally* répond à ces reproches dans le sens du rapport de la commission, et comme cela a été déjà fait lors de la discussion générale.

L'appel nominal demandé et obtenu sur ses dispositions, ayant produit 131 voix sur 225 pour leur adoption, l'article est adopté par la Chambre.

M. le Président rappelle la disposition de l'art. 23.

Il observe que deux amendemens ont été proposés sur cet article, l'un par la commission, l'autre par M. le marquis de Coislin; ce dernier commence par déclarer qu'il adopte entièrement les vues de la commission, mais qu'il demande que le bienfait de cette disposition de la loi ne soit pas limité par la clause qui le termine; qu'en conséquence il propose de supprimer ces mots : *antérieurement au 1er avril 1814*.

M. *de Martignac* répond qu'en établissant dans l'art. 23 une exception au principe posé dans l'art. 1er, on a voulu le restreindre au cas où des motifs légitimes justifiaient l'absence; que depuis 1814, ces motifs n'existent plus, puisqu'il est libre aux filles et femmes d'émigrés de rentrer en France; qu'une ordonnance royale leur en a même fait l'injonction; que dès-lors les motifs qui ont fait admettre l'exception de l'article dont il s'agit, ne pouvant s'appliquer à l'amendement, il convient de le rejeter.

L'auteur de l'amendement ajoute que, si les Françaises auxquelles s'applique la restriction ne sont pas rentrées en France en 1814, c'est qu'elles n'y auront trouvé aucune ressource.

Le commissaire du Roi croit devoir rappeler à la Chambre qu'il s'agit ici de sortir du droit commun, de révoquer l'art. 19 du Code civil; qu'on ne doit le faire qu'avec une extrême mesure.

L'amendement est rejeté.

Celui de la commission est mis en discussion.

M. *le Ministre des finances* déclare que ce n'est pas sans quelque peine qu'il se détermine à le combattre; il observe que le cas prévu ne se rencontrera que très-rarement, et qu'on s'expose à faire perdre à la loi le caractère de généralité qu'elle doit avoir, en y insérant un article dont l'application sera tellement restreinte, qu'elle ressemblera plus à une disposition d'intérêt privé qu'à une règle générale; qu'il ne faut pas oublier surtout que ceux auxquels la disposition pourra s'appliquer, seront les habitans des Etats limitrophes de la France, et qui en ont fait partie à certaines époques; qu'il serait plus d'une sage politique de laisser à ces Etats le soin de présenter, en faveur de leurs sujets, une réclamation qui pourrait amener des conventions diplomatiques dans l'intérêt des Français dont les propriétés, situées dans ces pays ont été confisquées et vendues.

M. comte *Portalis* ne se dissimule pas que la disposition est contraire à l'art. 1er, mais déjà une exception à cet article a été introduite dans la loi, et la commission n'a rien vu de mieux que d'assimiler les enfans à leurs mères; que cependant elle s'est restreinte à ne proposer cette assimilation que pour le cas où les enfans sont nés d'un père qui, à une époque quelconque, aurait joui de la qualité de Français, circonstance qui les rend encore plus favorables, puisque les enfans dont il s'agit tiennent aussi à la France et par leur père et par leur mère.

M. *le Garde des Sceaux* fait remarquer que les enfans nés d'un père qui a joui de la qualité de Français, sont nés ou pendant que leur père était revêtu de cette qualité ou depuis qu'il l'a perdue, ou avant qu'il l'eût acquise.

Dans la première hypothèse, dit-il, l'enfant est Français, et n'a besoin d'aucune disposition particulière pour recevoir l'indemnité; dans le second, l'enfant peut toujours recouvrer la qualité de Français, en remplissant les formalités prescrites par le Code. L'exception est donc encore inutile à son égard, c'est dans le dernier cas seulement que l'amendement peut avoir quelque effet; mais peut-être aurait-on de la peine à trouver plus d'un exemple de la réunion fortuite de tant de circonstances; c'est donc ici le cas de rentrer dans la règle qui veut que les lois ne s'occupent que des intérêts généraux et non d'un intérêt particulier.

L'amendement est mis aux voix et adopté.

La Chambre adopte pareillement l'article 23, modifié par cet amendement.

Elle adopte aussi l'article additionnel proposé par la commission.

L'ensemble du projet lui-même a été adopté à la majorité de 159 voix contre 63.

M. *de Martignac* expose à la Chambre des députés, les motifs des trois amendemens adoptés par celle des Pairs.

Le premier, dit-il, ne fait que rendre votre pensée d'une manière plus explicite et plus formelle, car c'est dans ce sens que vous aviez entendu l'article premier.

Le deuxième n'est autre chose que l'extension de la faveur que vous avez établie par l'article 23 de la loi; vous l'adopterez d'autant plus volontiers, que déja vous vous êtes montrés disposés à adoucir par tous les moyens la rigueur du principe posé par l'article premier.

Quant au dernier amendement, il semblerait, Messieurs, qu'il dût être inutile en présence de la loi du 5 décembre 1814.

C'est la pensée qui a frappé d'abord vos esprits.

Cependant il faut reconnaître que si quelques-unes des dispositions de la loi peuvent fournir des prétextes pour supposer l'abrogation de l'article premier de cette loi, il est juste et sage de prévenir tous les doutes par une disposition qui le maintienne et le confirme.

La Chambre des Pairs a eu cette crainte.

Elle a en conséquence cru devoir rappeler que la loi de 1814 était toujours existante; que ses principes n'avaient point été détruits.

Le Roi a adopté la disposition qu'elle a établie à cet effet.

S'il est vrai qu'elle soit un gage de sécurité et d'union, vous aussi, Messieurs, vous vous empresserez de l'accueillir.

Le Président donne acte de la présentation du projet.

Plusieurs voix demandent à délibérer de suite.

Après quelque opposition, la discussion est renvoyée au lendemain.

M. *Duplessis Grenédan* pense que les amendemens que la Chambre des Pairs a faits au projet de loi sur l'indemnité ont remis tout en question; qu'ils détruisent ce qu'il y avait de bon dans le projet, et en avait fait tolérer les vices à plusieurs députés.

Avant les amendemens on pouvait dire : on donne une indemnité aux émigrés; c'est pour qu'ils achètent leur patrimoine en traitant avec ceux qui l'ont acquis; le projet de loi semble y inviter les uns et les autres; en cela il est juste et bienfaisant.

Et voilà que l'article 24 ajouté par la Chambre détruit tout ce bien.

Il pense que la Chambre des Députés ne peut pas confirmer toutes les iniquités qui résultent des actes auxquels on veut qu'elle donne sa sanction.

L'article premier de la loi du 5 décembre lui semble odieux et révoltant.

La disposition que l'on propose aujourd'hui est encore plus choquante, puisqu'après avoir dit *qu'une indemnité est due*, qu'elle est due *par l'État*, on finit par maintenir toutes les lois, tous les actes par lesquels les émigrés ont été proscrits, dépouillés, égorgés.

Toutes ces contradictions, dit-il, s'expliquent en deux mots, c'est que l'on veut concilier deux choses incompatibles par leur nature; la justice presse d'un côté, la peur de la révolution presse de l'autre ; on donne un peu à la justice, beaucoup à la peur de la révolution ; on indemnise les émigrés et on consacre la spoliation de leurs biens.

Il ne peut approuver un projet dont on a aussi manifestement changé le caractère.

M. *le Ministre des finances* répond que ce n'est ni une proposition révoltante, ni une loi de spoliation que le ministère est chargé de soutenir au nom du Roi.

Que le Gouvernement par cette loi n'a pas entendu donner une nouvelle sanction aux excès de la révolution ; qu'il n'a pas mieux voulu donner par elle à l'émigré, le droit de contester la paisible possession de la propriété dont on lui aurait accordé l'indemnité ; qu'elle a été faite pour la paix publique, et que ceux-là qui pensent que tout ce qui a un tel but doit être respecté, approuveront sans doute le projet tel qu'il est aujourd'hui.

M. *de Lézardière* ne conçoit pas parfaitement l'importance du 1.er amendement. Cependant comme tout en n'offrant pas d'avantages, il ne présente pas d'inconvéniens, il ne répugne aucunement à l'accepter.

Il approuve aussi l'addition faite à l'article 25, dont il reconnaît la justice.

La dernière modification n'est pas nouvelle ; c'est la proposition de M. Hay reproduite.

On vous démontra alors qu'elle était inutile ; je partageai, continue-t-il, cette opinion qui a prévalu ; depuis j'ai eu le tems de la réflexion, mais je n'ai pas changé. Je repousserai donc comme je l'ai déja fait, cet article qui m'effraie d'ailleurs en m'obligeant à confirmer aveuglément tous les droits acquis avant et depuis la Charte, droits dont personne ne connaît bien l'étendue.

Il vote pour l'adoption des deux premiers amendemens et le rejet du troisième.

M. *Labbey de Pompieres* vote contre le premier article de la loi amendé, parce qu'en établissant une dette il ouvre une voie aux prétentions les plus injustes.

M. *Hyde de Neuville* considère le premier amendement comme le complément d'une idée fausse ; au surplus, dit-il, comme il ne peut nuire à la loi, je consens à l'adopter.

Le second est l'amélioration d'une mesure que j'ai proposée le premier à la Chambre, je ne puis donc que l'approuver en regrettant seulement qu'elle ne soit pas complette.

Enfin, l'article additionnel est essentiellement celui que nous avons rejeté.

Si la loi ne nous venait pas de la Chambre des Pairs, si elle n'était pas revêtue de la sanction royale, je la combattrais de toutes mes forces.

Mais comme elle est nécessaire, utile et morale, je voterai pour tous les amendemens, quoique je n'en approuve pas tous les motifs.

Les trois amendemens sont successivement mis aux voix et adoptés.

Sur l'ensemble du projet, l'adoption de la loi réunit 221 boules blanches, contre 130 noires.

La Chambre adopte.

Loi concernant l'indemnité à accorder aux anciens propriétaires des biens-fonds confisqués et vendus au profit de l'État, en vertu des lois sur les Émigrés, les Condamnés et les Déportés.

A Paris, le 27 avril 1825.

Charles, par la grâce de Dieu, roi de France et de Navarre, à tous présens et à venir, salut.

Nous avons proposé, les Chambres ont adopté, nous avons ordonné et ordonnons ce qui suit :

Titre I.er — *De l'Allocation et de la Nature de l'Indemnité.*

Art. 1.er Trente millions de rente, au capital d'un milliard, sont affectés à l'indemnité due par l'État aux Français dont les biens-fonds, situés en France, ou qui faisaient partie du territoire de la France au 1.er janvier 1792, ont été confisqués et aliénés en exécution des lois sur les émigrés, les déportés et les condamnés révolutionnairement.

Cette indemnité est définitive, et, dans aucun cas, il ne pourra y être affecté aucune somme excédant celle qui est portée au présent article.

2. Pour les biens-fonds vendus en exécution des lois qui ordonnaient la recherche et l'indication préalable du revenu de 1790, ou du revenu valeur de 1790, l'indemnité consistera en une inscription de rente trois pour cent sur le grand-livre de la dette publique, dont le capital sera égal à dix-huit fois le revenu, tel qu'il a été constaté par les procès-verbaux d'expertise ou d'adjudication.

Pour les biens-fonds dont la vente a été faite en vertu des lois antérieures au 12 prairial an III, qui ne prescrivaient qu'une simple estimation préalable, l'indemnité se composera d'une inscription de rente trois pour cent sur le grand-livre de la dette publique, dont le capital sera égal au prix de vente, réduit en numéraire au jour de l'adjudication, d'après le tableau de dépréciation des assignats, dressé, en exécution de la loi du 5 messidor an V, dans le département où était située la propriété vendue.

Lorsque le résultat des liquidations aura été connu, les sommes restées libres sur les trente millions de rente déterminés par l'article 1.er seront employées à réparer les inégalités qui auraient pu résulter des bases fixées par le présent article, suivant le mode qui sera réglé par une loi.

3. Lorsqu'en exécution de l'article 20 de la loi du 9 floréal an III, les ascendans d'émigrés auront acquis, au prix de l'estimation déclarée, les portions de leurs biens-fonds attribuées à l'État par le partage de présuccession, le montant de l'indemnité sera égal à la valeur réelle des sommes qui auront été payées : en conséquence, l'échelle de dépréciation des départemens pour les assignats et les mandats, et le tableau du cours pour les autres effets reçus en paiement, seront appliqués à chacune des sommes versées, à la date du versement.

L'indemnité sera délivrée à l'ascendant, s'il existe, et, à son défaut, à celui ou à ceux de ses héritiers qui, par les arrangemens de famille, auront supporté la perte.

Lorsque l'État aura reçu d'un aîné ou autre héritier institué le prix des légitimes que des légitimaires frappés de confiscation avaient droit de réclamer en biens-fonds, le montant, réduit de la somme payée pour prix de cette portion légitimaire, sera restitué à ceux qui y avaient droit ou qui les représentent.

4. Lorsque les anciens propriétaires seront rentrés en possession des biens confisqués sur leur tête, après les avoir acquis de l'État, directement ou par personnes interposées, l'indemnité sera fixée sur la valeur réelle payée à l'État, conformément aux règles établies par l'article 3.

Lorsque, par les mêmes moyens, ils les auront rachetés à des tiers, l'indemnité sera égale aux valeurs réelles qu'ils justifieront avoir payées, sans que, dans un aucun cas, elle puisse excéder celle qui est déterminée par l'article 2. A défaut de justification, ils recevront une somme égale aux valeurs réelles formant le prix payé à l'État.

Dans les deux cas ci-dessus, les ascendans, descendans ou femme de l'ancien propriétaire seront réputés personnes interposées.

Lorsque les héritiers de l'ancien propriétaire seront rentrés directement dans la possession des biens confisqués sur lui, l'indemnité à laquelle ils auraient droit sera fixée de la même manière.

5. Les rentes trois pour cent affectées à l'indemnité seront inscrites au grand-livre de la dette publique, et délivrées à chacun des anciens propriétaires ou à ses représentans, par cinquième, et d'année en année, le premier cinquième devant être inscrit le 22 juin 1825.

L'inscription de chaque cinquième portera jouissance des intérêts du jour auquel elle aura dû être faite, à quelque époque que la liquidation ait été terminée et la délivrance opérée.

Néanmoins, les liquidations donnant droit à des inscriptions inférieures à deux cent cinquante francs de rente ne seront pas soumises aux délais prescrits ci dessus. L'inscription en aura lieu en totalité, et avec jouissance du 22 juin 1825.

6. Pour l'exécution des dispositions ci-dessus, il est ouvert au ministre des finances un crédit de trente millions de rente trois pour cent, qui seront inscrits, savoir :

six millions, le 22 juin 1825;
six millions, le 22 juin 1826;
six millions, le 22 juin 1827;
six millions, le 22 juin 1828;
et six millions, le 22 juin 1829;

avec jouissance, pour les rentes inscrites, du jour où leur inscription est autorisée.

TITRE II. — *De l'Admission à l'Indemnité, et de sa Liquidation.*

7. Seront admis à réclamer l'indemnité, l'ancien propriétaire, et, à son défaut, les Français qui étaient appelés par la loi ou par sa volonté à le représenter à l'époque de son décès, sans qu'on puisse leur opposer aucune incapacité résultant des lois révolutionnaires.

Leurs renonciations ne pourront leur être opposées que par les héritiers qui, à leur défaut, auraient accepté la succession.

Il ne sera dû aucun droit de succession pour les indemnités réclamées dans les cas du présent article et de l'article 3.

8. Pour obtenir l'indemnité, les anciens propriétaires ou leurs représentans se pourvoiront devant le préfet du département où sont situés les biens-fonds vendus. Le préfet transmettra la demande au directeur des domaines du département, qui dressera le bordereau d'indemnité conformément aux dispositions précédentes.

Le bordereau sera communiqué aux réclamans, ensuite adressé par le préfet au ministre des finances, avec les pièces produites : il y joindra son avis motivé, qui portera tant sur les droits et qualités des réclamans, que sur les énonciations du bordereau et les observations ou réclamations qu'il aurait reçues.

9. Le ministre des finances vérifiera, 1.° s'il n'a pas été payé de soultes ou de dettes à la décharge du propriétaire dépossédé; 2.° s'il ne lui a pas été compté, en exécution de la loi du 5 décembre 1814, des sommes provenant de reliquats de décompte de la vente de ses biens; 3.° s'il ne s'est pas opéré de compensations pour les sommes dues par lui au même titre; 4°. si quelques-uns des biens vendus sur lui ne provenaient pas d'engagemens ou autres aliénations

du domaine royal, qui n'auraient été maintenus par les lois des 14 ventôse an VII et 28 avril 1816, qu'à la charge de payer le quart de la valeur desdits biens; auquel cas il sera fait déduction du quart sur l'indemnité due pour les mêmes biens.

Il sera dressé un état des déductions à opérer, dans lesquelles ne seront pas compris les sommes payées à titre de secours aux femmes et enfans, les gages de domestiques, et autres paiemens de même nature, faits en assignats, et en exécution des lois des 8 avril 1792 et 12 mars 1793.

Quel que soit le total de ces déductions, il ne pourra diminuer l'affectation des trente millions de rente fixés par l'article 1.er

10. Le bordereau d'indemnité et l'état des déductions seront transmis par le ministre des finances à une commission de liquidation nommée par le Roi.

11. La commission procédera d'abord à la reconnaissance des qualités et des droits des réclamans.

Dans le cas où elle jugerait la justification irrégulière ou insuffisante, elle les renverra devant les tribunaux pour faire statuer sur leur qualité contradictoirement avec le procureur du Roi.

S'il s'élève entre les réclamans des contestations sur leurs droits respectifs, la commission les renverra également à se pourvoir devant les tribunaux pour faire prononcer sur leurs prétentions, le ministère public entendu.

Il y sera statué comme en matière sommaire, à moins qu'il ne s'élève quelque question d'état.

12. Quand la justification des qualités aura été reconnue suffisante, ou quand il aura été statué par les tribunaux, la commission ordonnera qu'il sera donné copie aux ayant-droit, des bordereaux dressés dans les départemens, et de l'état des déductions proposées par le Ministre des finances; et elle procédera à la liquidation, après avoir pris connaissance de leurs mémoires et observations.

13. La liquidation opérée, la commission donnera avis de sa décision aux ayans-droit, et la transmettra au Ministre des finances, qui fera opérer l'inscription de la rente, pour le montant de l'indemnité liquidée, dans les termes et délais qui ont été prescrits.

14. Les ayans-droit pourront se pourvoir contre la liquidation de la commission devant le Roi en son Conseil d'état, dans les formes et dans les délais fixés pour les affaires contentieuses.

La même faculté est réservée au Ministre des finances.

TITRE III. — *Des Déportés et des Condamnés.*

15. Les dispositions précédentes seront applicables aux biens confisqués et aliénés au préjudice des individus déportés ou condamnés révolutionnairement.

Sera déduit de l'indemnité le montant des bons au porteur donnés en remboursement aux déportés et aux familles des condamnés, en exécution des décrets des 21 prairial et 22 fructidor an 3, réduit en numéraire au cours du jour où la remise leur en a été faite.

TITRE IV. — *Des Biens affectés aux Hospices et autres Établissemens de bienfaisance, et des Biens concédés gratuitement.*

16. Les anciens propriétaires des biens donnés aux hospices et autres établissemens de bienfaisance, soit en remplacement de leurs biens aliénés, soit en paiement de sommes dues par l'État, auront droit à l'indemnité ci-dessus réglée. Cette indemnité sera égale au montant de l'estimation en numéraire faite avant la cession.

17. En ce qui concerne les biens qui n'ont été que provisoirement affectés aux hospices et autres établissemens de bienfaisance, et qui, aux termes de l'article 8 de la loi du 5 décembre 1814, doivent être restitués lorsque ces éta-

blissemens auront reçu un accroissement de dotation égal à la valeur de ces biens, les anciens propriétaires ou leurs représentans pourront en demander la remise, aussitôt qu'ils auront transmis à l'hospice détenteur une inscription de rente trois pour cent dont le capital sera égal au montant de l'estimation qui leur est due à titre d'indemnité.

En ce qui concerne les biens définitivement et gratuitement concédés par l'État, soit à d'autres établissemens publics, soit à des particuliers, l'indemnité due aux anciens propriétaires sera réglée conformément à l'article 16 ci-dessus. A défaut d'estimation desdits biens antérieure à la cession qui en a été faite, ils seront estimés contradictoirement et par experts, valeur de 1790.

Titre V. — *Des droits des Créanciers relativement à l'Indemnité.*

18. Les oppositions qui seraient formées à la délivrance de l'inscription de rente par les créanciers des anciens propriétaires, porteurs de titres antérieurs à la confiscation, non liquidés et non payés par l'État, n'auront d'effet que pour le capital de leurs créances. Les anciens propriétaires ou leurs représentans auront droit de se libérer des causes de ces oppositions, en transférant auxdits créanciers, sur le montant de la liquidation en rente de trois pour cent, un capital nominal égal à la dette réclamée.

Ces créanciers exerceront leurs droits suivant le rang des priviléges et hypothèques qu'ils avaient sur les immeubles confisqués.

L'ordre ou la distribution seront faits, s'il y a lieu, quel que soit le juge de la situation desdits biens, devant le tribunal du domicile de l'ancien propriétaire, ou devant le tribunal dans le ressort duquel la succession s'est ouverte.

TITRE VI. — *Des Délais pour l'admission.*

19. Les réclamations tendant à obtenir l'indemnité devront être formées, à peine de déchéance, dans les délais suivans, savoir :

Dans un an, par les habitans du royaume;

Dans dix-huit mois, par ceux qui se trouvent hors d'Europe.

Ces délais courent du jour de la promulgation de la présente loi.

20. Il sera ouvert dans chaque préfecture un registre spécial où seront inscrites, à leur date, les réclamations qui auront été adressées au préfet, ainsi que le résultat de chacune des liquidations, lorsqu'elle aura été terminée.

Des extraits régulièrement certifiés de ce registre seront délivrés à toutes personnes qui auront intérêt à les réclamer.

TITRE VII. — *Dispositions générales.*

21. Il sera annuellement distribué aux Chambres, avec les projets de loi des comptes, des états détaillés de toutes les liquidations arrêtées conformément aux dispositions de la présente loi, pendant l'exercice auquel se rapporteront ces projets.

22. Pendant cinq ans, à compter de la promulgation de la présente loi, tous actes translatifs de la propriété des biens confisqués sur les émigrés, les déportés et les condamnés révolutionnairement, et qui seraient passés entre le propriétaire actuel desdits biens et l'ancien propriétaire ou ses héritiers seront enregistrés moyennant un droit fixe de trois francs.

23. La qualité d'étrangère ou d'étranger ne pourra être opposée, relativement à l'exécution de la présente loi, aux Françaises veuves ou descendantes d'émigrés, de déportés ou de condamnés révolutionnairement, lesquelles auraient contracté mariage avec des étrangers antérieurement au 1.er

avril 1814, ni à leurs enfants, nés de pères ayant joui de la qualité de Français.

24. L'article 1.er de la loi du 5 décembre 1814 continuera de sortir son plein et entier effet: en conséquence, aucune des dispositions de la présente loi ne pourra préjudicier en aucun cas aux droits acquis avant la publication de la Charte constitutionnelle, et maintenus par ledit article, soit à l'État, soit à des tiers, ni donner lieu à aucun recours contre eux.

La présente loi, discutée, délibérée et adoptée par la Chambre des Pairs et par celle des Députés, et sanctionnée par nous cejourd'hui, sera exécutée comme loi de l'État; voulons, en conséquence, qu'elle soit gardée et observée dans tout notre royaume, terres et pays de notre obéissance.

Si donnons en mandement à nos Cours et Tribunaux, Préfets, Corps administratifs, et tous autres, que les présentes ils gardent et maintiennent, fassent garder, observer et maintenir, et, pour les rendre plus notoires à tous nos sujets, ils les fassent publier et enregistrer par-tout où besoin sera: car tel est notre plaisir; et, afin que ce soit chose ferme et stable à toujours, nous y avons fait mettre notre scel.

Donné à Paris, en notre château des Tuileries, le 27.e jour du mois d'avril de l'an de grâce 1825, et de notre règne le premier.

Signé CHARLES.

Vu et scellé du grand sceau:

Le Garde des sceaux de France, Ministre et Secrétaire-d'état au département de la justice,

Signé Comte de Peyronnet.

Par le Roi,

Le Ministre et Secrétaire-d'état au département des finances,

Signé J. de Villèle.

Ordonnance du Roi qui détermine le mode d'exécution de la Loi du 27 avril 1825, concernant l'indemnité due par l'État aux propriétaires de biens-fonds confisqués et vendus en vertu des lois sur les Émigrés, les Déportés et les Condamnés.

A Paris, le 1.er mai 1825.

Charles, par la grâce de Dieu, Roi de France et de Navarre, à tous ceux qui ces présentes verront, Salut.

Vu la loi du 27 avril 1825, portant affectation d'un fonds de trente millions de rente au paiement de l'indemnité due par l'État aux Français dont les biens-fonds situés en France, ou qui faisaient partie du territoire français, au 1er janvier 1792, ont été confisqués et aliénés en vertu des lois sur les émigrés, les déportés et les condamnés révolutionnairement;

Voulant déterminer le mode d'exécution de la loi, de manière à accélérer, autant qu'il est posssible, les liquidations,

Sur le rapport de notre ministre secrétaire d'état au département des finances,

Nous avons ordonné et ordonnons ce qui suit :

Titre Ier. — *Dispositions générales.*

Art. 1er. Il sera procédé immédiatement par les directeurs des domaines dans les départemens, à la liquidation de l'indemnité due par l'État pour tous les biens-fonds confisqués et vendus révolutionnairement.

Ces liquidations seront faites au nom du propriétaire dépossédé, et serviront de base aux bordereaux à former sur les réclamations des parties, conformément aux dispositions contenues en la présente ordonnance.

2. Notre ministre secrétaire d'état des finances transmettra au directeur général de l'administration de l'enregistre-

ment et des domaines, l'état des déductions à imputer sur l'indemnité due aux anciens propriétaires de biens-fonds confisqués et vendus révolutionnairement, ou à leurs représentans. Cet état sera adressé aux directeurs des domaines de chaque département. Il contiendra les dettes payées à la décharge du propriétaire dépossédé, excepté en ce qui concerne les sommes payées à titre de secours aux femmes et enfans, les gages de domestiques et autres paiemens de même nature faits en assignats et en exécution des lois des 8 avril 1792 et 12 mai 1793.

3. Le directeur général de l'enregistrement et des domaines joindra à l'État qui lui aura été transmis par le ministre des finances, un tableau indicatif,

1.° Des soultes payées à la décharge des propriétaires dépossédés;

2.° Des sommes provenant de reliquats de décomptes, lesquelles ont été remises aux anciens propriétaires ou à leurs représentans, en exécution de la loi du 5 décembre 1814, et des compensations opérées à leur profit pour des sommes dues par eux au même titre;

3.° Du montant des bons au porteur donnés en remboursement aux déportés et aux familles des condamnés, en exécution des décrets des 21 prairial et 22 fructidor an III, réduit en numéraire au cours du jour où la remise leur en a été faite.

Il prescrira aux directeurs de son administration dans les départemens où sont situés les biens vendus révolutionnairement, et qui proviennent d'engagemens ou autres aliénations du domaine royal, qui n'auraient été maintenus par les lois des 14 ventôse an VII et 28 avril 1816, qu'à la charge de payer le quart de la valeur desdits biens, d'en dresser un état général, afin qu'il soit fait déduction du quart sur l'indemnité due pour les mêmes biens.

4. Les préfets feront rechercher sans délai dans les archives du département, et classer à l'aide d'un répertoire alpha-

bétique, les procès-verbaux d'expertise, d'adjudication ou de partage, et tous les autres actes administratifs concernant les biens-fonds confisqués ou aliénés en exécution des lois sur les émigrés, les déportés et les condamnés révolutionnairement, et qui devront être ou consultés par les employés supérieurs des domaines, ou produits pour la vérification ou la constatation des relevés ou extraits d'après lesquels les décomptes d'indemnité auront été établis.

Un semblable travail aura lieu pour les titres des créances dont la liquidation a été faite dans les départemens.

TITRE II. — *Des Demandes en indemnité, et des pièces qui doivent y être annexées.*

5. L'ancien propriétaire des biens-fonds qui, en exécution des lois sur les émigrés, les déportés et les condamnés révolutionnairement, ont été confisqués et aliénés, ou qui ont été, soit donnés aux hospices et autres établissemens de bienfaisance en remplacement de leurs biens vendus ou en paiement des dettes, soit affectés provisoirement à de semblables établissemens, soit concédés gratuitement à d'autres établissemens ou à des particuliers;

A défaut de l'ancien propriétaire, les Français qui étaient appelés par sa volonté ou par la loi à le représenter à l'époque de son décès; les héritiers qui, en cas de renonciation des héritiers naturels ou institués, auraient accepté la succession, ou ceux qui, par les arrangemens de famille, ont supporté la perte résultant de la confiscation;

Les Françaises veuves ou descendantes d'émigrés, de déportés ou de condamnés révolutionnairement, lesquelles auraient contracté mariage avec des étrangers antérieurement au 1er avril 1814, et leurs enfans nés de pères ayant joui de la qualité de Français,

Devront, pour obtenir l'indemnité, adresser une demande

en liquidation au préfet du département de la situation des biens.

6. Toute demande en indemnité contiendra,

1.° Élection de domicile dans le département de la situation des biens-fonds;

2.° Les noms et prénoms des individus sur lesquels les biens-fonds ont été confiqués;

3.° La déclaration que le réclamant n'est pas rentré, depuis la confiscation, en la possession des mêmes biens, ou, s'il y est rentré, les indications contenues aux articles 13, 14 et 15 de la présente ordonnance.

Cette demande sera, en outre, appuyée des titres et pièces nécessaires pour établir la qualité d'ayant-droit à l'indemnité, conformément à ce qui va être indiqué.

7. Lorsque l'indemnité sera réclamée par l'ancien propriétaire, il devra justifier de sa qualité, en produisant,

1.° Un extrait de son acte de naissance en due forme;

2.° Un acte de notoriété, dressé par-devant le juge de paix de la situation des biens confisqués, ou du domicile du réclamant, signé par cinq témoins notables, et constatant son identité avec le propriétaire dépossédé.

8. Si la demande en indemnité est formée par les Français qui étaient appelés par la loi, ou par la volonté de l'ancien propriétaire, à le représenter à l'époque de son décès, les réclamans produiront, indépendamment de l'extrait de naissance de chacun d'eux, l'extrait des registres de l'état civil, constatant le décès du propriétaire dépossédé, et les actes servant à établir leurs droits à sa succession.

Les héritiers qui entendront se prévaloir de la renonciation qui aura été faite à la succession de l'ancien propriétaire, par les héritiers naturels ou institués à l'époque de son décès, devront en outre produire une copie en due forme de l'acte de renonciation et la preuve de leur acceptation.

9. Les Françaises veuves ou descendantes d'émigrés, déportés ou condamnés révolutionnairement, que l'article 23

de la loi admet à participer à l'indemnité, bien que mariées avec des étrangers, lorsque le mariage a été contracté antérieurement au 1er avril 1814, devront présenter, indépendamment des pièces mentionnées aux articles ci-dessus, une copie de leur acte de mariage, revêtue des légalisations nécessaires.

10. Les enfans des Françaises veuves ou descendantes d'émigrés, déportés ou condamnés révolutionnairement, qui sont nés de pères ayant joui de la qualité de Français, et que l'article 23 de la loi appelle également à jouir de l'indemnité, joindront à leur demande et aux titres établissant leurs droits, les actes authentiques constatant que leur père a possédé la qualité de Français, et l'acte de mariage de leur mère.

11. Lorsque la demande en indemnité sera fondée sur les dispositions du premier paragraphe de l'article 3 de la loi, les ascendans d'émigrés qui auront acquis de l'État, au prix de l'estimation déclarée, les portions de leurs biens-fonds attribuées à l'État par le partage de présuccession, devront, en même temps qu'ils requerront la liquidation de leur indemnité dans la forme indiquée aux articles 5, 6 et 7 de la présente ordonnance, faire la déclaration du rachat qu'ils ont effectué, et indiquer les noms et prénoms de ceux sur lesquels la confiscation a été opérée.

A défaut de l'ascendant acquéreur de l'État, celui ou ceux des héritiers qui, d'après les arrangemens de famille, auront supporté la perte, devront en faire la déclaration dans la demande qu'ils adresseront au préfet, et administrer la preuve des droits et qualités auxquels ils réclament.

12. Les légitimaires frappés de confiscation dans les biens-fonds qu'ils avaient droit de réclamer pour leur légitime ; à défaut des légitimaires, leurs représentans, devront réunir à leur demande et aux titres établissant leurs qualités et droits, l'indication des biens-fonds sur lesquels ils avaient droit de

réclamer *en nature* leur légitime, et les noms et prénoms de l'aîné ou autre héritier institué qui a acquis les biens.

13. A l'égard de l'ancien propriétaire rentré en possession des biens confisqués sur lui, après les avoir acquis de l'État, soit directement, soit par ascendant, descendant, femme ou toute autre personne interposée, ou de l'héritier de l'ancien propriétaire qui a racheté directement de l'État les biens confisqués sur son auteur, la demande qu'ils adresseront au préfet, conformément aux articles 5, 6 et 7 de la présente ordonnance, devra en outre contenir la déclaration du rachat qu'ils ont effectué, et la désignation des noms et prénoms de la personne interposée.

14. Lorsque, par rachat fait à des tiers, l'ancien propriétaire sera rentré en possession de biens confisqués sur sa tête, soit par lui directement, soit par ascendant, descendant, femme ou toute autre personne interposée, ou lorsque l'héritier de l'ancien propriétaire sera rentré en possession des biens confisqués sur son auteur, par acquisition directe faite à l'État, la demande adressée au préfet, en conformité des articles 5, 6 et 7, en contiendra la déclaration; et pour que l'indemnité soit appréciée et réglée à une somme égale aux valeurs réelles payées au tiers vendeur, sans qu'elle puisse toutefois excéder l'allocation résultant de l'article 2 de la loi, le réclamant, indépendamment des titres servant à justifier de ses droits et qualités, devra produire,

1.° Dans le cas où l'ancien propriétaire lui-même ou son héritier aurait racheté directement à des tiers, une copie du contrat d'acquisition, ayant date certaine;

2.° Si le rachat a été fait par personne interposée, ou par ascendant, descendant ou femme de l'ancien propriétaire, l'acte d'acquisition ou par la personne interposée et l'acte de rétrocession, l'un et l'autre en forme authentique ou ayant date certaine.

15. Les réclamans qui ne pourraient administrer la preuve des sommes qu'ils ont payées à des tiers pour le rachat des

biens dans la possession desquels ils sont rentrés, devront, dans la demande en indemnité qu'ils adresseront au préfet, faire la déclaration de l'impossibilité où ils se trouvent de fournir les justifications nécessaires.

TITRE III. — *De l'Enregistrement des Demandes en indemnité déposées à la Préfecture, et des délais fixés pour leur admission.*

16. Toute demande en indemnité parvenue à la préfecture sera aussitôt portée sur le registre spécial qui doit y être ouvert en exécution de l'article 20 de la loi. Ce registre, conforme au modèle ci-annexé, sera coté et paraphé par première et dernière par le préfet. Les réclamations y seront inscrites à la date et dans l'ordre de leur arrivée; chaque demande sera revêtue d'un *visa* signé par le secrétaire général, avec indication du numéro et de la date de l'enregistrement.

Le même registre servira également à constater successivement et d'une manière sommaire la suite donnée à chaque affaire jusqu'à sa conclusion.

Des extraits régulièrement certifiés de ce registre, ou de l'enregistrement des demandes, seront délivrés à toutes personnes qui auront intérêt à les réclamer.

17. Aux termes de l'article 19 de la loi, les réclamations tendant à obtenir l'indemnité, devront être formées, à peine de déchéance, dans le délai d'un an pour les habitans du royaume, de dix-huit mois pour ceux qui se trouvent dans les autres états de l'Europe, et de deux ans pour ceux qui se trouvent hors d'Europe.

En conséquence, à la fin du jour de l'expiration d'une année, à partir de la promulgation de la loi dans le département, le préfet sera tenu de clore et d'arrêter le registre des réclamations par un procès-verbal constatant l'heure de la clôture, et dont il adressera une ampliation à notre ministre secrétaire d'état des finances dans les vingt-quatre heures.

18. Ne seront plus admises à l'enregistrement,

1.° Les demandes en indemnité présentées après le délai d'un an jusqu'à celui de dix-huit mois, si elles ne sont accompagnées de la preuve authentique que le réclamant se trouvait dans les autres États de l'Europe au moment de la promulgation de la loi;

2.° Les demandes qui seront présentées après dix huit mois jusqu'au terme de deux ans, à moins qu'elles ne soient accompagnées de la preuve authentique constatant qu'au moment de la promulgation de la loi le réclamant se trouvait hors d'Europe.

19. Aussitôt après la réception et l'enregistrement des demandes, le préfet les transmettra au directeur des domaines du département, chargé de préparer les élémens de la liquidation et de dresser en conséquence le bordereau de l'indemnité.

TITRE IV. — *De la Réunion des élémens de liquidation et de la Formation des Bordereaux d'indemnité par les Directeurs des domaines.*

20. A la réception des demandes à lui transmises par le préfet, le directeur des domaines procédera à la formation du bordereau d'indemnité dans l'ordre des inscriptions sur le registre de la préfecture, et conformément à ce qui va être ci-après indiqué.

21. Si les biens-fonds ont été vendus en exécution des lois qui ordonnaient la recherche et l'indication préalable du revenu de 1790 ou du revenu valeur de 1790, le bordereau contiendra l'énonciation du procès-verbal d'expertise ou d'adjudication, en ce qui concerne la date des lois ou décrets en vertu desquels l'aliénation a été faite, et celle des actes d'aliénation, les noms et prénoms des propriétaires

dépossédés, la désignation des biens, l'évaluation de leur revenu, les causes de leur confiscation, et la fixation de l'indemnité à un capital égal à dix-huit fois le revenu, tel qu'il a été constaté par les procès-verbaux d'expertise ou d'adjudication.

22. Si la vente a été faite en vertu des lois antérieures au 12 prairial an III, qui ne prescrivaient qu'une simple estimation préalable, le bordereau contiendra l'énonciation du procès-verbal d'adjudication, en ce qui a rapport aux noms et prénoms du propriétaire dépossédé, à la date des lois en exécution desquelles les ventes ont été faites, à celle des actes de vente, à la désignation des biens aliénés, aux causes de la confiscation, à la date et au montant de la vente, et le réglement de l'indemnité en capital à une somme égale au prix de la vente réduit en numéraire au jour de l'adjudication, d'après le tableau de dépréciation des assignats dressé dans le département où étaient situées les propriétés vendues.

23. A l'égard des portions de biens attribuées à l'État par le partage de présuccession, qui ont été rachetées par l'ascendant d'un émigré, ou des portions de biens-fonds que des legitimaires frappés de confiscation avaient droit de réclamer et dont le prix a été payé à l'État par un aîné ou autre héritier institué, le bordereau dressé par le directeur des domaines portera,

1.° Les énonciations de l'acte de liquidation et partage du patrimoine déclaré, en exécution de la loi du 28 avril 1795 [7 floréal an III], en ce qui a rapport aux noms et prénoms de l'acquéreur et du propriétaire dépossédé, à la désignation des biens, aux causes de la confiscation, à la date et au montant de la vente;

2.° Le relevé fait sur les registres des domaines, constatant la nature des valeurs données en paiement, la date et le montant de chacun des versemens en principal et intérêts;

3.° Le réglement de l'indemnité à la valeur des sommes qui auront été payées à l'État, suivant l'application à chacune des sommes versées et à la date du versement, de dépréciation des départemens pour les assignats ou les mandats, et le tableau du cours pour les autres valeurs reçues en paiement.

24. Quant aux biens-fonds qui sont rentrés en la possession de l'ancien propriétaire, après avoir été rachetés de l'État, soit par l'ancien propriétaire directement, soit par ascendans, descendans, femme ou autre personne interposée, le bordereau devra comprendre l'énonciation de l'acte de vente relativement à la date de l'aliénation, aux noms, prénoms de l'acquéreur et du propriétaire dépossédé, aux rapports de parenté ou d'alliance existant entre eux, à la désignation et au prix de vente des biens, aux causes de la confiscation, à la nature des valeurs données en paiement, à la date et au montant de chacun des versemens en principal et intérêts, et la fixation de l'indemnité à la valeur réelle payée à l'État.

25. Si la demande en indemnité est présentée par des héritiers de l'ancien propriétaire rentrés dans la possession des biens confisqués sur lui, après les avoir acquis de l'État directement, l'indemnité sera réduite à la valeur des sommes payées à l'État, et le bordereau renfermera en conséquence les mêmes énonciations que celles dont il a été fait mention à l'article précédent.

26. Lorsque les anciens propriétaires seront rentrés en possession des biens confisqués sur leur tête après les avoir rachetés à des tiers, directement ou par ascendans, descendans, femme et toute autre personne interposée, ou lorsque l'héritier de l'ancien propriétaire sera rentré en possession des biens confisqués sur lui et par acquisition directe faite à des tiers, le bordereau comprendra,

1.° Le montant de l'indemnité d'après les valeurs payées et les justifications fournies par le réclamant, conformément à l'article 14 de la présente ordonnance;

2.° Le montant de l'indemnité résultant de l'application des bases générales de la loi et des dispositions contenues à l'article 21 ou à l'article 22 de la présente ordonnance, suivant l'époque à laquelle la vente desdits biens a eu lieu;

3.° Et, en définitive, le réglement de l'indemnité à la moindre des deux sommes provenant de la double liquidation ci-dessus prescrite.

A défaut de justifications, la fixation de l'indemnité sera égale aux valeurs réelles formant le prix payé à l'État; et, en conséquence, le bordereau dressé par le directeur des domaines devra contenir les diverses indications contenues à l'article 23 ci-dessus.

27. A l'égard des biens qui ont été donnés aux hospices ou autres établissemens de bienfaisance, soit en remplacement de leurs propriétés aliénées, soit en paiement des sommes à eux dues par l'État, ainsi que des biens qui n'ont été que provisoirement affectés à des établissemens de bienfaisance, le directeur énoncera dans le bordereau la date de la confiscation, les noms et prénoms du propriétaire dépossédé, la date des lois et décrets en exécution desquels ont été faites les concessions, celle des actes de concession, le nom de l'établissement concessionnaire, la désignation des biens, le prix de l'estimation tel qu'il a été porté dans l'acte de concession, et la fixation de l'indemnité au montant de l'estimation en numéraire faite avant la cession.

28. En ce qui concerne les biens définitivement et gratuitement concédés par l'État, soit à des établissemens publics autres que des hospices et établissemens de bienfaisance, soit à des particuliers, le bordereau contiendra les énonciations portées à l'article précédent, s'il a été procédé à l'estimation avant la cession.

A défaut d'estimation antérieure à la cession, le directeur provoquera auprès du préfet l'expertise d'après laquelle sera établie la valeur desdits biens à l'époque de 1790, ou valeur de 1790. Les experts seront au nombre de trois : ils seront nommés par les ayans-droit à l'indemnité et par le préfet. Si le préfet et les parties ne peuvent s'entendre sur la nomination des trois experts, il y sera pourvu, conformément au Code de procédure civile, par le tribunal de la situation des biens. Expédition du procès-verbal d'expertise sera remise au directeur des domaines. Le résultat en sera consigné au bordereau établi dans la forme indiquée à l'article précédent, et contenant le réglement de l'indemnité à un capital égal au montant de l'estimation d'après l'expertise contradictoire.

29. Lorsque les archives du département auront été détruites, cette circonstance devra être constatée par le préfet, et il sera suppléé aux procès-verbaux d'expertise ou d'adjudication et autres actes administratifs par les sommiers des receveurs des domaines.

30. Le bordereau présentera le décompte de la totalité de l'indemnité due à l'ancien propriétaire pour raison des biens confisqués sur sa tête et vendus révolutionnairement dans le même département.

Si, à défaut de l'ancien propriétaire, la demande en liquidation a été faite par un héritier ou autre ayant-droit, le nom de l'héritier ou de l'ayant-droit sera en outre porté dans le bordereau avec la désignation de la qualité en laquelle il agit, de la part qu'il réclame dans la liquidation de l'indemnité de l'ancien propriétaire, et le réglement de l'indemnité réduit conformément aux dispositions de la loi, dans le cas où il se trouverait dans la situation prévue aux articles 25 et 26 de la présente ordonnance.

31. Mention sera faite, sur le bordereau de l'indemnité, de la somme due par l'ancien propriétaire ou par le réclamant, suivant les états passifs qui seront transmis par le directeur général des domaines, conformément aux dispositions de l'article 3 de la présente ordonnance. Si d'après ces mêmes états, aucune dette n'est à imputer sur l'indemnité, mention sera faite et certifiée au bordereau par le directeur des domaines.

32. Si la communication des pièces qui auront servi à la formation du bordereau d'indemnité, ou des titres de créances qui y sont mentionnés, est demandée par les parties, elle leur sera donnée sans déplacement, sur une demande adressée aux fonctionnaires et agens entre les mains desquels ces pièces ou titres se trouvent déposés.

33. Le directeur des domaines adressera au préfet les bordereaux d'indemnité en double expédition et toutes les pièces à l'appui, avec telles observations qu'il jugera utiles, soit sur les droits et qualités des réclamans, soit sur les justifications par eux produites, soit sur les bases adoptées pour la liquidation et la formation des bordereaux d'indemnité, et enfin sur tout ce qui peut être sujet à discussion ou à contestation.

TITRE V. — *De la Communication des Bordereaux d'indemnité aux réclamans; de la vérification des titres par le Conseil de préfecture, et de ses avis.*

34. Après le renvoi qui lui aura été fait du bordereau d'indemnité, le préfet en donnera copie aux réclamans, au domicile qu'ils auront élu dans le département, ainsi que l'état des dettes mentionnées au bordereau, afin qu'ils aient à lui présenter leurs mémoires et observations.

Ces mémoires devront être accompagnés d'observations distinctes et séparées, ayant pour objet la lésion qui pourrait résulter pour les réclamans de l'application des dispositions générales de la loi, et qui porterait l'allocation à une somme moindre que dix-huit fois le revenu *réel* de 1790.

35. Aussitôt après que les observations ou mémoires que les réclamans auraient à présenter, lui seront parvenus, le préfet, en conseil de préfecture, procédera, 1.° à la vérification des titres justificatifs des qualités et droits des réclamans; 2.° à l'examen des bases adoptées pour le réglement de l'indemnité, des énonciations du bordereau, et des observations des réclamans.

Il donnera sur le tout un avis motivé.

36. Le préfet, en conseil de préfecture, par un avis distinct et séparé, donnera son opinion sur le mérite des réclamations pour cause de lésion résultant pour les ayans-droit de la fixation de l'indemnité à un capital moindre de dix-huit fois le revenu *réel* de 1790.

37. Si, dans un bordereau, le montant de l'indemnité se trouve excédé ou seulement balancé par l'imputation des dettes du réclamant envers l'État, le bordereau, nonobstant ce résultat, devra être vérifié, discuté, et donner lieu à un avis du préfet en conseil de préfecture.

38. Ampliation certifiée de l'avis du préfet séant en conseil de préfecture, sera communiquée aux parties, dans les huit jours de sa date, au domicile par elles indiqué dans la demande.

Dans le même délai, cet avis, portant mention de la communication faite aux parties, sera adressé par le préfet à notre ministre secrétaire d'état des finances, avec toutes les pièces à l'appui, ensemble les mémoires et observations des réclamans concernant les résultats du bordereau.

Les observations que les réclamans pourraient avoir à présenter contre l'avis du conseil de préfecture, devront être adressées directement à notre ministre secrétaire d'état des finances.

39. Le conseil de préfecture se réunira trois fois par semaine, et plus fréquemment s'il est reconnu nécessaire, à l'effet de délibérer sur les demandes en indemnité; ses avis seront consignés sur un registre spécial.

40. Notre ministre secrétaire d'état des finances communiquera à l'administration des domaines, avant de les transmettre à la commission de liquidation, les bordereaux d'indemnité qui lui auront été envoyés par les préfets, et les mémoires ou observations que lui adresseraient les réclamans; il fera vérifier s'il n'a pas été commis de double emploi ou d'omission dans la déduction des dettes portées aux états de

passifs dressés au ministère des finances ou à la direction générale des domaines.

TITRE VI. — *De la Commission de liquidation, de ses opérations et de l'inscription des rentes liquidées.*

41. La commission de liquidation sera composée de vingt-six membres.

Les rapports seront faits à la commission par tous les maîtres des requêtes composant le service ordinaire de notre conseil-d'État, à leur tour de rôle.

La voix du maître des requêtes rapporteur comptera dans les délibérations.

42. La commission sera divisée en cinq sections : elles seront présidées par un ministre d'état.

Il suffira de trois membres présens pour que les délibérations puissent avoir lieu; en cas de partage, l'affaire sera renvoyée à toutes les sections réunies.

43. Il y aura près de la commission de liquidation un secrétaire général.

Dans chacune des cinq sections, un secrétaire-adjoint tiendra la plume et rédigera le procès-verbal des séances.

44. La commission de liquidation recevra de notre ministre secrétaire d'état des finances les titres, bordereaux, états de passif, accompagnés des avis donnés tant par le préfet en conseil de préfecture, que par l'administration des domaines, et des observations et mémoires produits par les réclamans.

45. Les communications faites à la commission par notre ministre secrétaire d'état des finances seront consignées sur un registre; les réclamations seront examinées dans l'ordre de leur transmission.

46. La commission procédera d'abord à la reconnaissance des qualités et droits des réclamans.

Si elle pense que leurs titres soient insuffisans, que leur justification est irrégulière, ou s'il s'élève entre les réclamans des contestations sur leurs droits respectifs, la commission les renverra à se pourvoir devant l'autorité compétente pour faire statuer sur leurs qualités ou prononcer sur leurs prétentions.

47. Quand la justification des qualités et droits aura été reconnue suffisante, ou quand il aura été statué conformément à l'article précédent, la commission, après avoir vérifié qu'il a été donné copie aux parties des bordereaux et états de passifs, procédera à la liquidation, conformément aux bases posées par la loi pour les différentes classes de biens confisqués ou vendus.

48. Les délibérations de la commission seront signées du président et du secrétaire général.

Il en sera adressé une copie à notre ministre secrétaire d'état des finances.

49. La communication à donner aux ayans-droit, conformément à l'article 13 de la loi, aura lieu par l'intermédiaire des préfets au domicile élu dans les demandes d'indemnité.

50. Après cette notification, les ayans-droit pourront requérir l'inscription immédiate de la rente liquidée à leur profit, en déclarant qu'ils n'entendent pas exercer de pourvoi. Leur demande contiendra, en outre, l'indication du département où ils veulent être payés des arrérages de la rente à inscrire en leur nom. A défaut de déclaration, la délivrance de l'inscription n'aura lieu qu'après l'expiration du délai accordé pour le pourvoi.

Ceux dont l'indemnité n'excéderait pas une rente de deux cent cinquante francs, pourront en réclamer l'inscription immédiate et intégrale, en affirmant qu'ils n'ont droit à aucune autre liquidation.

51. En cas de pourvoi par-devant nous en notre conseil d'État, soit par les ayans-droit, soit par notre ministre des finances, conformément aux dispositions de l'article 14 de la loi, il sera sursis à la délivrance de l'extrait d'inscription jusqu'à la décision à intervenir.

52. A la réception des déclarations voulues par l'article 50 ci-dessus, qui lui seront transmises par le préfet, notre ministre secrétaire d'état des finances fera procéder, par imputation sur le crédit de trente millions de rente qui lui est ouvert, à l'inscription intégrale des rentes de deux cent cinquante francs et au-dessous. A l'égard de celles qui excéderaient cette quotité, il y sera procédé par cinquième à l'époque du 22 juin de chaque année, à partir de 1825, avec jouissance du jour de l'inscription autorisée.

53. La remise des extraits d'inscription sera faite aux ayans-droit, à Paris, par le directeur du grand-livre de la dette inscrite, au ministère des finances: dans les départemens, par le receveur général.

54. Notre ministre secrétaire d'état des finances prendra les mesures nécessaires pour que les indemnisés jouissent, pour toucher les arrérages de leurs rentes dans les départemens de leur résidence, des mêmes facilités qui sont accordées aux autres propriétaires de rentes.

55. La commission de liquidation, toutes les sections réunies, examinera les avis donnés par le préfet en conseil de préfecture sur la lésion éprouvée par les ayans-droit à l'indemnité. Lorsque le résultat des liquidations sera connu, elle vérifiera à quelle somme s'élèvent les fonds restés disponibles sur les trente millions de rentes; et, afin de nous préparer les moyens de réparer les inégalités résultant des bases fixées par l'article 2 de la loi, elle nous présentera, avec un rapport sur ses travaux, un tableau indiquant la situation relative de tous les individus qui ont participé à l'indemnité.

TITRE VII. — *Des Créanciers, et des biens affectés provisoirement aux Hospices et autres établissemens de bienfaisance.*

56. Les oppositions qui seraient formées à la délivrance

50..

des inscriptions de rente par les créanciers porteurs de titres antérieurs à la confiscation, non liquidés ni payés, et qui ne doivent avoir d'effet que pour le capital des créances, seront, dans tous les cas, signifiées à Paris au ministère des finances (bureau des oppositions).

Ces oppositions et celles que pourraient former des créanciers porteurs de titres postérieurs à la confiscation, seront faites dans les formes prescrites par les lois des 19 février 1792 et 30 mai 1793 et par le décret du 18 août 1807.

57. À l'égard des biens-fonds qui n'ont été que provisoirement affectés aux hospices et autres établissemens de bienfaisance, et qui, aux termes de l'article 8 de la loi du 5 décembre 1814, doivent être restitués après que ces établissemens auront reçu un remplacement de dotation égal à la valeur de ces biens, si les anciens propriétaires ou leurs représentans veulent rentrer en possession desdits biens, moyennant la remise à l'établissement détenteur, d'une inscription de rente trois pour cent dont le capital sera égal au montant de l'estimation due aux réclamans à titre d'indemnité, l'ancien propriétaire ou ses représentans feront connaître au préfet de la situation des biens, aussitôt après la liquidation de leur indemnité, l'intention où ils sont de rentrer en possession desdits biens, dont ils indiqueront la nature et le détenteur actuel : ils produiront en même temps la décision de la commission sur l'indemnité liquidée à leur profit.

58. Communication de leur réclamation sera donnée à l'administration de l'établissement détenteur, laquelle vérifiera si elle possède à titre provisoire, et dans ce cas prendra une délibération conforme aux intentions du réclamant, et la transmettra au préfet avec une copie dûment certifiée de l'acte de concession provisoire.

Après examen des pièces à lui adressées, le préfet prendra, sauf l'approbation du ministre de l'intérieur, un arrêté à l'effet d'ordonner la remise des biens-fonds aux ayans-droit, mais sous la réserve qu'elle ne sera effectuée que lorsque l'hospice aura reçu l'inscription de la rente qui lui est attribuée.

59. En cas de contestation sur le titre, et si l'administration de l'établissement prétend ne pas jouir à titre provisoire, la contestation sera portée devant le ministre de l'intérieur, sauf le recours devant nous en notre Conseil d'état.

60. Les préfets feront imprimer la présente ordonnance au recueil des actes administratifs, et ils y joindront le tableau de dépréciation des assignats et des mandats qui a été dressé dans chaque département, en exécution de la loi du 23 juin 1797 [5 messidor an V].

61. Conformément à la loi du 26 frimaire an VIII, relative aux actes à produire pour la liquidation de la dette publique, les actes sous seing privé tendant uniquement à la liquidation de l'indemnité, et en tant qu'ils serviront aux opérations de la liquidation, sont dispensés de la formalité du timbre et de l'enregistrement.

Les actes des administrations et ceux de la commission de liquidation sont dispensés des mêmes formalités.

Conformément à l'article 9 de la loi du 17 floréal an VII, relative au paiement de la dette publique, l'indemnité sera liquidée en francs, c'est-à-dire, un franc par livre, sans modification ni réduction.

63. Notre ministre secrétaire d'état des finances est chargé de l'exécution de la présente ordonnance, qui sera insérée au Bulletin des lois.

Donné à Paris, au château des Tuileries, le 1er jour du mois de Mai de l'an de grâce 1825, et de notre règne le premier.

Signé CHARLES.

Par le Roi,

Le Ministre Secrétaire d'État des finances,

Signé J. DE VILLÈLE.

Ordonnance du Roi, portant organisation de la Commission chargée de liquider l'indemnité due aux Français dont les biens-fonds ont été confisqués et vendus révolutionnairement.

Au Château des Tuileries, le 8 mai 1825.

CHARLES, par la grâce de Dieu, Roi de France et de Navarre;

Vu la loi du 27 avril 1825;

Vu l'ordonnance royale du 26 août 1824, portant organisation du Conseil d'état;

Vu notre ordonnance du 1.er de ce mois, et spécialement les articles 41, 42 et 43;

Sur le rapport de notre ministre secrétaire d'état des finances,

Nous avons ordonné et ordonnons ce qui suit :

ART. I.er Sont nommés membres de la commission chargée de la liquidation de l'indemnité due aux Français dont les biens-fonds ont été confisqués et vendus révolutionnairement,

Notre cousin le maréchal duc de Tarente, président;

Les Sieurs

Marquis de Lally-Tolendal, ministre d'état;

Comte de Vaublanc, *idem;*

Comte Dupont, *idem;*

Comte Beugnot, *idem;*

Duc de Narbonne-Pelet, *idem;*

Duc de Brissac, pair de France;

Vicomte Dambray, pair de France;

Comte de Laforest, *idem;*

Comte d'Haubersart, *idem;*

Comte de Breteuil, *idem;*

Calemard-Lafayette, député;
Dufougeray, *idem;*
Fouquier-Long, député;
Ollivier, *idem;*
De Maquillé, *idem;*
De Blaire, conseiller d'état;
Chevalier de Brevannes, *idem;*
De Vérigny; *idem;*
Marquis de Saint-Géry, *idem;*
Baron de Fréville, conseiller d'état;
Baron de Guilhermy, *idem;*
Henry de Longuève; *idem;*
Delaporte-Lalanne, *idem;*
Dupleix de Mézy, *idem;*
Baron Camus-Dumartroy, *idem.*

2. Conformément aux dispositions de notre ordonnance du 1er. de ce mois, la commission sera divisée en cinq sections, composée chacune comme suit :

Première Section.

Les Sieurs

Marquis de Lally-Tolendal, président;
Comte de Laforest, pair de France;
Ollivier, député;
De Vérigny, conseiller d'état;
Baron de Guilhermy, président de la cour des comptes.

Seconde Section.

Les Sieurs

Comte Dupont, ministre d'état, président;
Duc de Brissac, pair de France;
Dufougeray, député;
Chevalier de Brevannes, conseiller d'état;
Delaporte-Lalanne, *idem.*

Troisième Section.

Les Sieurs

Comte de Vaublanc, ministre d'état, président;
Vicomte Dambray, pair de France;
Fouquier-Long, député;
Marquis de Saint-Géry, conseiller d'état;
Henry de Longuève, *idem.*

Quatrième Section.

Les Sieurs

Comte Beugnot, ministre d'état, président;
Comte de Breteuil, pair de France;
De Maquillé, député;
Baron de Fréville, conseiller d'état;
Dupleix de Mézy, *idem.*

Cinquième Section.

Les Sieurs

Duc de Narbonne-Pelet, ministre d'état président;
Comte d'Haubersart, pair de France;
Calemard-Lafayette, député;
De Blaire, conseiller d'état;
Baron Camus-Dumartroy, *idem.*

3. L'examen des liquidations opérées dans les départemens sera réparti entre les sections, suivant l'ordre de service établi dans l'administration centrale des domaines. En conséquence,

La première section prononcera sur toutes les liquidations opérées dans les départemens de l'Aube, d'Eure-et-Loir, de la Marne, de la Seine, de Seine-et-Marne, de Seine-et-Oise, de l'Yonne, d'Indre-et-Loire, de Loir-et-Cher, du Loiret, du Cher, de l'Indre et de la Nièvre:

La seconde, sur les liquidations des départemens de l'Aisne,

de l'Oise, de la Somme, de l'Eure, de la Seine-Inférieure, du Calvados, de la Manche, de l'Orne, de Maine-et-Loire, de la Mayenne, de la Sarthe, des Côtes-du-Nord, du Finistère, d'Ile-et-Vilaine, de la Loire-Inférieure et du Morbihan;

La troisième, sur les liquidations des départemens de la Charente-Inférieure, des Deux-Sèvres, de la Vendée, de la Vienne, de la Charente, de la Dordogne, de la Gironde, du Gers, du Lot, de Lot-et-Garonne, des Landes, des Basses-Pyrénées, des Hautes-Pyrénées, de l'Ariége, de la Haute-Garonne, du Tarn, de Tarn-et-Garonne, de l'Aude, de l'Aveyron, de l'Hérault et des Pyrénées-Orientales;

La quatrième, sur les liquidations des départemens de la Côte-d'Or, de la Haute-Marne, de Saône-et-Loire, du Doubs, du Jura, de la Haute-Saône, de la Meurthe, de la Meuse, des Vosges, des Ardennes, de la Moselle, du Bas-Rhin, du Haut-Rhin, du Nord et du Pas-de-Calais;

La cinquième, sur les liquidations des départemens de la Corrèze, de la Creuse, de la Haute-Vienne, de l'Allier, du Cantal, de la Haute-Loire, du Puy-de-Dôme, de l'Ain, de la Loire, du Rhône, des Hautes-Alpes, de la Drôme, de l'Isère, de l'Ardèche, du Gard, de la Lozère, de Vaucluse, des Basses Alpes, des Bouches-du-Rhône, du Var et de la Corse.

4. Les dispositions contenues au précédent article ne feront pas obstacle à ce que les bordereaux formés au nom d'un même ayant-droit dans plusieurs départemens, et dont l'examen est attribué à diverses sections, ne soient compris dans une seule liquidation.

Dans ce cas, ils seront soumis à celle des sections qui, à raison de la situation des biens-fonds donnant ouverture à l'indemnité, était appelée à connaître de la plus forte réclamation.

5. Les membres de la commission attachés au service ordinaire de notre Conseil d'état s'abstiendront de prendre

MODÈLE D'ACTE DE NOTORIÉTÉ.

L'an 1825, le......, par-devant Nous, juge de paix de......, assisté de notre greffier......, est comparu M......, lequel nous a déclaré qu'il est ancien propriétaire de biens-fonds situés dans le département (1)......, lesquels ont été confisqués sur lui et aliénés en vertu des lois révolutionnaires contre les émigrés (2).

Lesquels biens se composent, 1°......
et attendu qu'il est dans l'intention de réclamer l'indemnité qui lui est assurée par la loi du 27 avril 1825, à raison des aliénations de biens qui ont eu lieu à son préjudice, il nous a requis, conformément au n.° 2 de l'art. 7 de l'ordonnance royale du 1.er mai 1825, recevoir ladite déclaration concurremment avec celle des témoins qu'il se propose de faire comparaître devant nous à cet effet......, et a signé après lecture.

Sont à l'instant comparus : (*cinq témoins notables*).

Lesquels ont attesté, sous la foi du serment, pour vérité et notoriété à qui il appartiendra, connaître parfaitement M...... ici présent, et savoir qu'il est bien le propriétaire dépossédé des biens ci-dessus énoncés et désignés à raison desquels il réclame l'indemnité accordée par la loi précitée.

De tout quoi, Nous, juge de paix susdit et soussigné, avons rédigé le présent procès-verbal que M...... et les témoins ci-dessus nommés ont signé avec nous, et notre greffier, lesdits jour et an que dessus, après lecture faite.

---

(1) Si l'ancien propriétaire avait des biens dans plusieurs départemens, il doit les indiquer.

(2) Déportés ou condamnés, selon le cas.

JURISPRUDENCE.

(*Acceptation de succession.*) On ne peut opposer à un émigré l'acte d'héritier qu'il aurait fait pendant son émigration, alors qu'il était frappé de mort civile. — *Carron*, 16 mai 1815. — Cass. *Sirey*, Recueil gén., 15. 1. 191.

L'acceptation de la succession d'un émigré décédé en état de mort civile et de confiscation, ne produit pas d'effet, si elle a eu lieu avant l'amnistie, c'est-à-dire avant qu'il y ait eu succession déférée aux héritiers *Montmorency*. — 5 thermidor an 12. — Cass. *Sirey*, Recueil gén., 5. 1. 55.

(*Acquiescement.*) L'acquiescement donné par l'État à un jugement rendu contre lui, comme représentant un émigré, ne peut être opposé à l'émigré, si cet acquiescement est postérieur à sa radiation. — *Beaufremont*, 27 juillet 1819. — Cass. *Sirey*, Recueil gén., 20. 1. 38.

Il en est autrement si l'acquiescement a été donné avant la radiation de l'émigré. *Cornisset*, 20 octobre 1819, ordonn. — *Sirey*, Recueil gén. 20. 2. 239.

Encore que la radiation d'un émigré ait ôté au Ministre des finances la faculté d'acquiescer à un jugement rendu au profit d'une commune, néanmoins l'acquiescement du Ministre doit avoir son effet, s'il s'agit de bois que l'État se soit réservés, nonobstant la radiation. — *Courtivron*, 20 janvier 1819, ordonn. — *Sirey*, Jurisp. du Cons., tom. 5, p. 47.

L'acquiescement donné par l'Etat, comme représentant d'un émigré, au jugement qui a reconnu un tiers pour frère légitime de l'émigré, et lui a attribué une partie de la succession du père commun, ne peut être opposé à l'émigré qui attaque la légitimité de son frère ; l'État qui représentait l'émigré, quant aux droits héréditaires, ne le représentait pas quant aux droits de famille. — *Pagez de Saint-Lucie*, 24 janvier 1822, Montpellier. — *Sirey*, Recueil gén., 23. 2. 53.

(*Actes administratifs.*) L'article 17 du sénatus-consulte, du 6 floréal an 10, qui défend aux émigrés de revenir, après leur élimination, contre les actes administratifs qui ont disposé de leurs biens au profit des tiers, ne s'applique qu'aux actes qui ont un caractère d'arrangement transactionnel. Il ne s'applique point aux actes qui ont un caractère de jugement ou de décision contentieuse. — *Sassenay*, 5 février 1819, ordonn. — *Sirey*, Recueil gén., 19. 2. 508.

Les émigrés amnistiés ou leurs ayans-droit, ne sont pas recevables à contester la validité des arrêtés administratifs antérieurs à l'amnistie, lorsqu'ils ont été pris contradictoirement avec l'administration des domaines, qui représentait les émigrés : encore bien qu'il soit reproché à ces arrêtés d'avoir statué sur des questions de *droit et de propriété réservées* aux tribunaux par les lois d'alors. — *Boecklin* et consorts, 2 février 1821, ordonn. — *Sirey*, Jurisp. du Cons., tom. 5, p. 553.

(*Acte conservatoire.*) L'émigré rayé provisoirement a pu faire des actes conservatoires. — *Duclusel*, 7 septembre 1810. — Cass. *Sirey*, Recueil gén., 13. 1. 418.

(*Acte irrévocable.*) Les émigrés ou leurs ayans-droit ne sont pas recevables à revenir, sous prétexte d'erreur, contre des décisions rendues et exécutées pendant leur absence entre l'État qui les représentait et des tiers. — *Héritiers de Mazamort*, 22 février 1821, *Sirey*, Jurisp. du Cons., tom. 5, p. 560.

Même décision. — *Le vicomte de Chambray*, 23 juin 1819, ordonn. — *Sirey*, Jurisp. du Cons., tom. 5, p. 133.

(*Action.*) L'émigré amnistié peut reprendre les procès soutenus en son nom par la République, avec tous les droits qu'elle a acquis. — *Esmonin*, 19 prairial an 11. — Cass. *Sirey*, Recueil gén., 5. 1. 302.

L'acquéreur d'un bien qui, après l'émigration du vendeur, a payé les créanciers hypothécaires, s'il est ensuite obligé à un second paiement envers le fisc, n'a pas d'action pour se faire rembourser. — *Terray*, 22 germinal an 9. — Cass. *Sirey*, Recueil gén., 1. 1. 425.

Les émigrés peuvent exercer les actions qui appartiennent au domaine pour faire annuler tout jugement rendu contre lui. *Cheffontaine et l'Administration des Domaines contre la ville de Rennes*, 7 août 1816, ordonn. — *Sirey*, Jurisp. du Cons., tom. p. 360.

Celui qui était sur la liste des émigrés par une inscription emportant mort civile, ne pouvait former une action judiciaire tendant à réclamer des droits d'hérédité. — *De Remigny*, 23 novembre 1808. — Cass. *Sirey*, Recueil gén., 9. 1. 43.

(*Amnistie.*) L'émigré amnistié a recouvré l'exercice de ses droits civils, à partir de l'époque où il a rempli toutes les conditions que lui imposaient les articles 2, 3 et 4 du sénatus-consulte du 6 floréal an 10. — *Coste de Triquerville*, 3 nivôse an 13. — Cass. *Sirey*, Recueil gén. 5. 1. 104.

Il peut intervenir dans une instance commencée avec le domaine, et faire valoir les droits et les moyens qui étaient acquis à ce dernier par le fait du séquestre. — *Desmiers*, 19 prairial an 11. — Cass. *Sirey*, Recueil gén., 7. 2. 928.

La réintégration de l'émigré dans ses droits civils (par suite de l'amnistie) a rétabli de plein droit pour l'avenir, même à l'égard des tiers, la communauté conjugale dissoute par l'émigration. — *Dubost*, 11 août 1812. — Cass. *Sirey*, Recueil gén., 13. 1. 30.

(*Arbitrage forcé.*) En matière d'arbitrage forcé, selon la loi du 10 juin 1793, entre l'État représentant un émigré et une commune, les arbitres devaient être nommés par l'agent national du district, en vertu de pouvoir du Procureur-général syndic du département, ou du Président du directoire de département. Depuis la loi du 14 frimaire an 2, l'action de la commune devait être dirigée contre le procureur-général syndic, poursuite et diligence de l'agent du district; enfin, la commune ne pouvait agir qu'après avoir été autorisée. — *La dame Desaix*, 18 juin 1823. — Cass. *Sirey*, Recueil gén., 24. 1. 281.

Même décision de *Mandelot*, 1er. juillet 1825. — *Sirey*, eod. 25. 1. 325.

(*Autorisation maritale.*) Une femme d'émigré a pu valablement contracter sans autorisation. — *Joubert*, 24 floréal an 13. — Cass. *Sirey*, Recueil gén., 5. 1. 310.

(*Autorité administrative.*) Lorsque la décision d'une contestation judiciaire est subordonnée à la question de savoir si l'une des parties a réellement émigré, si, du moins, elle a été prévenue d'émigration et frappée de mort civile, cette question préjudicielle n'est pas judiciaire: elle ne peut être décidée que par l'autorité administrative. — *Comtesse Pauline de Latour-d'Auvergne*, 4 août 1824. — Cass. *Sirey*, Recueil gén., 24. 1. 371.

(*Biens d'hospice.*) Les émigrés qui se croient fondés à s'opposer à la vente de leurs biens, faite au nom d'un hospice, doivent se pourvoir au Conseil-d'État par voie de tierce-opposition, contre l'ordonnance royale qui en autorise la vente. 8 Août 1821. — *Arrêts du Cons.*, tom. 2, p. 248.

(*Capacité.*) Un testament olographe fait par un individu inscrit sur la liste des émigrés, peut être rendu valable par une disposition additionnelle que le testateur y aura faite pour en ordonner l'exécution, postérieurement à son élimination de la liste ou à son amnistie. — *Rohan*, 15 juin 1813. — Paris, *Sirey*, Recueil gén., 14. 2. 506.

(*Chose jugée.*) L'émigré amnistié n'a pas qualité pour repousser des jugemens qui ont obtenu l'effet de la chose jugée contre l'administration pendant que le domaine le représentait. — *Maupeou*, 29 décembre 1808. — Cass. *Sirey*, Recueil gén., 9. 1. 306.

Un émigré ou un déporté, réintégré dans ses droits, n

peut opposer contre les jugemens rendus avec la nation, d'autres moyens que ceux que la nation pourrait opposer elle-même. — *Siran*, 14 juin 1815. — Cass. *Sirey*, *eod.*, 15. 1. 392.

Lorsque, dans un litige entre une commune, et l'État représentant un émigré, il y a eu sentence arbitrale approuvée par le Ministre des finances, antérieurement à la radiation de l'émigré; dès-lors il y a chose jugée ou acquiescée par l'État, et conséquemment, l'émigré lui-même; il est non recevable à toute espèce de pourvoi après sa radiation. *Tenneguy le Compasseur*, 24 décembre 1818, ordonn. — *Sirey*, Recueil gén., 20. 2. 233.

Même décision. — *Barry*, 20 octobre 1819, ordonn. — *Sirey*, Jurisp. du Cons., tom. 5, p. 231.

Les arrêtés de la commission pour la remise des biens non vendus des émigrés, en vertu de la loi du 5 octobre 1814, ne sont pas susceptibles de recours au conseil-d'État, bien qu'ils portent abandon de la totalité des biens d'une famille au profit d'un seul de ses membres. De tels arrêtés ne sont qu'un délaissement national, un abandon des droits du domaine; ils ne sont pas attributifs de propriété au profit de tel ou tel. C'est aux tribunaux à décider quels sont les particuliers qui ont droit à la propriété d'après l'abandon fait par le domaine. — *Chabrillant*, 11 septembre 1816, ordon. — *Sirey*, Jurisp. du Cons., tom. 3, p. 460.

(*Colonies.*) Un habitant du continent français qui, après son départ pour les colonies, fut inscrit, sans réclamation, sur la liste des émigrés, a été, par cela même, frappé de mort civile, et incapable de tester, encore que le testament ait été fait, et que le testateur soit décédé aux colonies, dans une île où les lois sur l'émigration n'avaient pas été publiées, et dans un temps où elles ne pouvaient pas l'être, vu l'occupation de l'île par les Anglais. — *Tourmelière*, 20 mai 1812. — Cass. *Sirey*, Recueil gén., 12. 1. 357.

(*Commission de restitution.*) La commission de restitution des biens des émigrés, ne remet les biens aux anciens propriétaires, que sous la réserve des droits des tiers, et en laissant tout leur effet aux jugemens et décisions rendus, ou aux actes passés ou à tous droits acquis avant la publication de la Charte, et qui seraient fondés sur des lois ou actes du Gouvernement, relatifs à l'émigration. — *Brossard*, 12 août 1818. ordonn. — *Sirey*, Recueil gén., 18. 2. 281.

(*Commune.*) L'article 7 de la loi du 5 octobre 1814, relatif à la remise des biens d'émigrés non vendus, ne peut être étendu aux biens de la même origine, concédés en pleine propriété aux communes, par le décret du 3 avril 1811; ce décret est un acte du Gouvernement, maintenu par ladite loi. — *La commune de Poutrieux*, 17 novembre 1819, ordonn. — *Sirey*, jurisp. du Cons., tom. 5, p. 256.

(Même décision du 19 mars 1820; *eod.*, p. 338.

Les héritiers d'un émigré ne sont pas fondés à attaquer les décisions du ministre de l'intérieur, portant acquiescement à des sentences arbitrales rendues au profit d'une commune en matière de bois nationaux. — *Dubart et Fevret*, 6 septembre 1820, ordonn. — *Sirey*, jurisp. du Cons., tom. 5, p. 456.

La concession faite par application du décret du 9 avril 1811, à une commune de biens nationaux dont elle a d'ailleurs pris possession, est irrévocable. — La commune de *Rostrenen*, 6 décembre 1820. — Ordonn. *Sirey*, Jurisp. du Cons., tom, 5, pag. 496.

(*Communauté.*) L'émigré amnistié en vertu du sénatus-consulte du 6 floréal an 10, ne peut exercer sur les biens acquis par sa femme pendant l'émigration, les droits qui appartiennent à tout mari sur les conquêts de la communauté. — *Masson*, 10 juin 1806. — Cass. *Sirey*, Recueil gén., 6. 1. 367.

La femme d'émigré qui a renoncé à la communauté devant l'autorité administrative, peut exciper de cette renonciation contre des tiers créanciers de la communauté. Sa cohabitation ultérieure avec le mari rayé ou amnistié, ne peut opérer le rétablissement de la communauté. — *Delacroix*, 22 pluviôse an 13. — Cass. *Sirey*, Recueil gén., 5. 1. 183.

L'inscription sur la liste des émigrés a eu l'effet de dissoudre la communauté entre les époux, de telle sorte que les biens acquis ultérieurement par la femme d'un émigré ont été propres à celle-ci, sans qu'il y ait eu renonciation à communauté. Dans ce cas, l'amnistie ultérieure du mari, en rétablissant la communauté, n'a pas altéré les droits que la femme s'était rendus propres durant la mort civile. — *Jaurias*, 12 novembre 1810. — Cass. *Sirey*, Recueil gén., 11. 1. 70.

Voyez Indivis.

(*Compétence*). Les tribunaux sont incompétens pour prononcer sur le fait d'émigration d'un individu, si la question d'émigration est subordonnée à la question de régularité ou validité des actes administratifs invoqués pour établir l'émigration, encore que la question d'émigration soit née incidemment sans une question de succession de la compétence de tribunaux. — *Vaudreuil*, 23 juillet 1821. — Cass. *Sirey*, Recueil gén., 24. 1. 96.

Voyez Droits civils.

Les tribunaux sont compétens pour décider si tel individu est le même que celui dont le nom est inscrit sur la liste des émigrés. — *Duchailloux*, 24 juin 1817. — Cass. *Sirey*, Recueil gén., 18. 1. 338.

Voyez Inscription, Paiement, Partage, Réintégration, Succession.

(*Compromis.*) L'émigré rentré en France, en vertu du sénatus-consulte de l'an 10, a pu y passer un compromis avant la délivrance du certificat d'amnistie. — *Lainé*, 17 janvier 1809. — Cass. *Sirey*, Recueil gén., 9. 1. 215.

(*Confusion.*) Le principe qui défend à l'émigré créancier la confusion prononcée par l'art. 17 du sénatus-consulte du 6 floréal an 10, ne s'applique pas à des arrérages comme à des capitaux. — *Daligre*, 24 mai 1808. — Cass. *Sirey*, Recueil gén., 8. 1. 345.

La confusion de créances, opérée par la double confiscation des biens du créancier et du débiteur, tous deux émigrés, ne peut pas être opposée par les émigrés eux-mêmes après l'amnistie; elle n'a lieu que dans l'intérêt du fisc. — *Nablot,* 17 mai 1809. — Cass. *Sirey*, *cod.* 9. 1. 279.

Lorsque, par suite du séquestre, la nation a cumulativement exercé les droits respectifs de deux émigrés, il y a eu confusion dans ses mains des droits actifs et passifs de l'un et de l'autre; alors l'un d'eux, après la condition définitive, n'est pas recevable à réclamer l'exercice d'une action à laquelle la nation a formellement renoncé en recevant au lieu et place de l'émigré, contre lequel l'action pouvait être exercée, le prix de la chose, plutôt que la chose même qui pouvait déterminer l'exercice de l'action.

Les émigrés rayés ou amnistiés doivent prendre leurs biens dans l'état où ils se trouvent au moment de la main-levée du séquestre; ils sont non-recevables à réclamer contre les actes faits à leur préjudice, par l'autorité administrative. — *Caillaut,* 4 novembre 1811, ordonn. — *Sirey*, jurisp. du Cons., tom. 1er, p. 551.

Voy. *Créanciers.*

(*Créances*, *Créanciers.*) Le créancier peut poursuivre l'émigré rentré en paiement de sa créance, encore qu'elle ait été déclarée prescrite par l'administration, d'après des principes purement fiscaux. — *Lurde,* 22 août 1809. Agen. — *Sirey*, Recueil gén., 10. 2. 299.

L'extinction des créances des émigrés, par le moyen de la confusion prononcée par le sénatus-consulte de l'an 10, n'a lieu que dans l'intérêt de la République, et ne peut être opposée par un émigré amnistié à un autre émigré. — *Hofflise,* 15 ventôse an 13. — Cass. *Sirey*, Recueil gén., 5. 1. 303.

Un créancier qui a deux espèces d'actions à exercer, l'une hypothécaire contre un détenteur de biens, l'autre en liquidation contre le fisc, peut choisir entre ces deux actions. — *Plautier,* 12 nivôse an 9. — Cass. *Sirey*, Récueil gén. 1. 1. 388.

La défense que l'article 16 de la loi du 6 floréal an 10, fait aux émigrés d'attaquer les partages faits entre l'État et les tiers, est également applicable aux créanciers des émigrés, et doit être étendue à la disposition administrative par laquelle dans un partage, la dot d'une femme, constituée en argent, a été payée en biens-fonds de la succession, et sur lesquels les créanciers de l'émigré avaient un privilège. — *Delbosc*, 20 novembre 1815. — Ordonnance *Sirey*; Recueil gén., 18. 2. 73.

L'acquéreur qui, sous le régime hypothécaire de 1791, a payé une portion du prix à son vendeur, et a retenu entre ses mains une dixième supérieure au montant des créances hypothécaires, et qui par suite de l'émigration du vendeur, a été contraint de verser le restant du prix à la caisse nationale, peut renvoyer les créanciers opposans au sceau des lettres de ratification à se pourvoir préalablement sur les deniers versés au trésor public. — *Lecomte*, 6 ventôse an 10. — Cass. *Sirey*; Recueil gén. 2. 1. 239.

Le créancier de la succession d'un père émigré étant resté étranger au partage fait entre l'État et les héritiers, n'a pas qualité pour attaquer un arrêté de l'autorité administrative, qui aurait fixé la part de chacun d'eux. — *Boissade*, 22 mai 1813. — Ordonnance. *Sirey*, Jurisp. du Cons. tome 2, page 341.

Un arrêté de département qui a reconnu un particulier comme créancier d'un émigré pour être liquidé en cette qualité, n'opère pas cet effet, que l'émigré réintégré dans ses droits soit tenu de payer la somme. La décision administrative était moins une chose jugée au profit du créancier; qu'un acte administratif d'économie intérieure; régulateur de la marche des agens de l'administration. — *Noailles de Poix*, 23 octobre 1816. — Ordonnance. *Sirey*; jurisp. du Cons. tom. 3, pag. 406.

Le cessionnaire d'une créance à charge d'un émigré, a qualité pour soutenir devant le conseil d'État, l'existence et la validité de cette créance. — *Ogier*, 28 juillet 1820. — Ordon. *Sirey*, jurisp. du Cons. tom. 5, pag. 419.

Voyez Liquidation.

(*Déchéance.*) La déchéance contre les créanciers de l'État est encourue même à l'égard d'arrérages de rentes payés postérieurement à l'an 9, par l'un des copartageans, à l'acquit de l'État, si le partage de présuccession était antérieur, 15 mars 1822. — Ordon., arrêts du Cons., tom. 3, pag. 251.

Même décision, 20 mars 1822. — *Eod.*, pag. 289.

Voy. *Créanciers*, *Liquidation.*

(*Déportation, déportés.*) Les Prêtres déportés et inscrits sur la liste des émigrés étaient incapables de vendre, tant qu'ils n'avaient point été relevés de leur déportation. — *Maury*, 12 prairial an 10. — Cass. *Sirey*, Recueil gén. 2. 1. 303.

Les biens d'un prêtre déporté n'ont point été acquis à ses parens, à son préjudice, si ces parens n'ont obtenu la main-levée du séquestre avant l'amnistie qui l'a réintegré. On doit le décider ainsi lors même que, de fait, les parens étaient en jouissance des biens. — *Le Prêtre*, 7 mars 1812. Caen, — *Sirey*, Recueil gén. 12. 2. 203.

Un prêtre sorti de France, est réputé déporté volontairement ou émigré, lorsqu'il ne constate pas qu'il ait été contraint à se déporter. — 16 messidor an 6. — Cass. *Sirey*, Recueil gén., 1. 1. 148.

Les Prêtres déportés volontairement, antérieurement à la loi du 17 septembre 1793, n'ont été frappés de mort civile, qu'à dater de la publication de cette loi; en conséquence leur succession a été devolue au parent qui était le plus proche à cette époque, non à celui qui était le plus proche à l'époque de la déportation. — *Sarrabère*, 24 février 1815. — Cass. *Sirey*, Recueil gén. 16. 1. 128.

Le Prêtre qui était déporté ou considéré comme tel, et dont les biens ont été séquestrés, n'est pas fondé, après sa réintégration à demander l'annullation d'un remboursement fait pendant son absence, et en vertu d'un arrêté administratif, dans la caisse du domaine; encore qu'il établisse que c'est par fraude que le remboursement a été présenté, comme étant le prix d'une vente d'immeuble à titre d'engagement, avec faculté de rachat; tandis qu'il resulte d'un acte subséquent, scellé par le détenteur du bien, que l'engagement a été converti en rente pure et simple. — *Aldias*, 21 octobre 1818. — Ordon. *Sirey*, Recueil gén. 20. 2. 208.

Un prêtre sorti de France pour obéir à la loi du 26 août 1792, sans jugement ni arrêté qui l'y ait contraint, est un déporté dans le sens de la loi du 17 septembre 1793; s'il y a eu déportation, il y a eu mort civile et incapacité de succéder. —*Vernede*, 2 décembre 1807.—Cass. *Sirey*, *cod.* 8. 1. 157.

(*Dette.*) Les émigrés sortis de France en état de solvabilité, rentrés en France en 1814, ne sont tenus ni personnellement, ni à raison de la remise de leurs biens invendus, et comme détenteurs de ces biens des dettes contractées avant l'émigration. Leurs biens rendus à titre de *libéralité*, ne sont grevés entre leurs mains, que des charges auxquelles ils étaient soumis entre les mains de l'État *donateur*. —*Mallard*, 12 avril 1821. — Dijon, *Sirey*, Recueil gén. 21. 2. 126.

Les émigrés, remis en possession de leurs biens invendus par suite de la loi du 5 Décembre 1814, restent obligés aux dettes qui grevaient les biens avant l'émigration. Ils ne peuvent invoquer le déchéance prononcée au profit de l'État contre leurs créanciers. —*Castries*, 30 juillet 1822.—Cass. *Sirey*, Recueil gén. 23. 1. 320.

Même décision d'*Asnières*, 12 Août 1823.—Cass. *Sirey*, *cod.* 24. 1. 34.

Les émigrés sont tenus des dettes qui grèvent leurs biens, lors même que les sommes dues proviennent d'une contribution de guerre imposée sur les biens pendant l'absence du propriétaire. —*Guillot Grenouillac* 19 mars 1811.—Ordon. *Sirey*, Jurisp. du Cons., tom. 1, pag. 479.

Une liquidation de succession indivise d'émigré ne peut être attaquée sur le motif que, contrairement à la loi du 16 thermidor an 7, on aurait fait supporter à la succession maternelle, ouverte depuis le 9 floréal an 3, les créances dues par la succession paternelle ouverte dès 1787, lorsqu'il résulte de la coutume qui régissait la Communauté, que le survivant étoit chargé de toutes les dettes du prédécédé. — *Administration des Domaines*, 12 juin 1817. — Ordon. *Sirey*, jurisp. du Cons., tom. 2, pag. 561.

L'action en paiement de l'indemnité due par l'État aux propriétaires de biens indûment compris dans la vente de ceux des émigrés, est frappée de déchéance par les lois de finances de 1810 et années suivantes, lors même que les propriétaires n'ont cessé de réclamer depuis la confiscation de leurs biens, 24 Octobre 1821. — Ordon., Arrêts du Cons., tom. 2, pag. 378.

(*Domaine.*) Ce n'est pas aux tribunaux, c'est à la justice administrative de décider si le Gouvernement a ou n'a pas des droits réels dans une succession, en vertu des lois sur l'émigration. — *Montmort*, 19 octobre 1814. — Ordon. *Sirey*, jurisp. du Cons. tom. 3. pag. 24.

Aux termes du Sénatus-consulte de l'an 10 et de la loi du 5 décembre 1814, le Conseil d'État rejette la demande d'un émigré tendant à l'annullation d'une vente faite par suite de son émigration, en vertu de l'arrêté d'un représentant du peuple en mission, non réformé dans les délais de la loi du 25 ventôse an 4. — *De Salicion*, 28 juillet 1819. — Ordon. *Sirey*, *eod.* tom. 5, pag. 171.

(*Donation.*) Avant le Code civil, l'émigré en réclamation a pu faire une donation entre vifs valable, quoique frappé de mort civile. — *Ponthier*, 1.er août 1811. — Cass. *Sirey*, Recueil gén. 13. 1. 421.

(*Dot.*) Lorsqu'une femme d'émigré a reçu du domaine le remboursement de sa dot en biens-fonds de son mari, à dire d'experts, un créancier du mari n'est pas recevable à contester l'opération. — *Blanc de Brantes*, 18 mars 1813. — Ord. *Sirey*, tom. 2, pag. 291.

(*Douaire.*) L'émigré rentré ne peut dépouiller sa femme de biens à elle abandonnés en paiement de son douaire réputé ouvert; il a beau invoquer le principe, *jamais mari ne paya douaire.*—*Duchey la*, 3 février 1819. —Ordon. *Sirey*, Recueil gén. 19. 2. 311.

(*Droits Civils.*) Celui qui n'a point été inscrit sur la liste des émigrés, et contre lequel il n'existe ni arrêté de séquestre, ni jugement criminel, ne peut être réputé émigré, encore bien que de fait il ait quitté le territoire de France; que ces immeubles aient été saisis, et qu'il ait cru devoir obtenir un certificat d'amnistie.

Les tribunaux civils sont compétens pour décider une question d'émigration, lorsqu'ils sont saisis de la difficulté accessoirement à une contestation qui rentre dans le cercle des attributions judiciaires par exemple, accessoirement à une question de succession.—*Montalembert*, 3 février 1813. Caen. — *Sirey*, Recueil gén., 13. 2. 117.

(*Droits dotaux et légitimaires.*) Les conseils de préfecture, sous peine d'excéder leur pouvoir, doivent se borner à déclarer que des biens ont été cédés en paiement de dot ou de légitime, et ne point s'immiscer à déterminer les limites de la chose cédée. — 18 Juillet 1821. — Arrêts du Cons., tom. 2, p. 168.

(*Gain de survie.*) L'amnistie ne rend pas à la femme émigrée le droit de demander des gains nuptiaux de survie sur la succession de son mari, ouverte durant la mort civile. — *Beschais*, 13 juin 1818. — Cass. *Sirey*, Recueil gén., 8. 1. 343.

(*Garant.*) Le garant d'une obligation, en cas de retard de paiement sur simple dénonciation du commandement fait au débiteur principal, est toujours resté garant du retard du paiement, lorsque le débiteur principal a émigré, quoiqu'il n'ait été fait aucun commandement à l'échéance, ni à l'émigré ni à l'État qui le représentait. — *Gouges*, 5 thermidor an 13, Agen. — *Sirey*, *coll.* 5. 2. 501.

(*Hypothèque.*) La loi du 16 ventôse an 9, qui proroge le délai pour l'inscription des hypothèques et priviléges sur les biens des émigrés, s'applique même au cas d'obligations souscrites pendant la durée de leur mort civile par des émigrés dont les biens n'ont pas été séquestrés de fait. Dans ce cas même, le délai commence, non à partir du moment où la radiation définitive de l'émigré a été légalement consentie, mais de celui de la main-levée du séquestre, aux termes de l'article 3. — *Salern*, 28 juin 1808. — Cass. *Sirey*, *cod.* 7. 2. 1002.

(*Indivis.*) Le copropriétaire indivis d'un émigré ne peut être contraint par l'émigré amnistié comme il pouvait l'être par la nation, à se contenter pour son lot, d'une portion dans le prix du bien vendu. — *Vanrode*, 21 germinal an 13. Cass. *Sirey*, Recueil gén., 5. 2. 660.

L'acquéreur d'un immeuble indivis entre un émigré et un tiers, n'a pu verser la totalité de son prix dans les caisses de l'État, au préjudice du copropriétaire. — *Mazart*, 1.er frimaire an 11. — Cass. *Sirey*, Recueil gén., 3. 1. 106.

Les biens composant la communauté entre les émigrés et leurs femmes, ont été légalement vendus pour la part de la femme comme pour la part du mari. — *Devilliers*, 10 février 1816. Ordonn. — *Sirey*, Jurisp. du Cons., tom. 3, p. 225.

(*Inscription hypothécaire.*) Sous l'empire de la loi du 11 brumaire an 7, l'émigration du créancier ne l'a point dispensé, pour conserver son hypothèque ancienne, de la faire inscrire avant que le nouvel acquéreur de l'immeuble ne transcrive son contrat. — *Lischtervelde*, 24 brumaire an 13. Bruxelles. — *Sirey*, *cod.* 5. 2. 521.

Les biens des prévenus d'émigration ont pu valablement être en tout temps frappés d'inscriptions; elles n'étaient point nulles, mais leur effet était seulement subordonné au cas de la remise des biens. — *Montpezat*, 2 août 1814. — Cass. *Sirey*, *cod.* 15. 1. 13.

(*Inscription.*) Lorsque la validité d'un remboursement

fait dans la caisse du domaine, comme représentant un émigré non séquestré, mais inscrit, dépend de la question de savoir si réellement l'émigré était inscrit, l'autorité judiciaire doit renvoyer l'examen de la question à l'autorité administrative, et celle-ci prononce sur la question de l'identité de l'individu inscrit avec l'individu auquel on prétend appliquer l'inscription.

L'autorité administrative seule est compétente pour décider à qui s'applique l'inscription d'un nom sur la liste des émigrés. — 4 Septembre 1822. — Arrêts du Cons., tom. 4, p. 300.

(*Jugement.*) La mort civile résultant de l'émigration ne rendait pas celui qui l'avait encourue incapable d'ester en jugement en pays étranger.

Les jugemens obtenus en pays étranger, contre un émigré, ne peuvent être déclarés exécutoires en France, et produire hypothèque, sans être révisés par les tribunaux français. — *Chaillet*, 7 janvier 1806. — Cass. *Sirey*, Recueil gén., 6. 1. 129.

Un émigré amnistié ne peut attaquer un jugement rendu contre le Gouvernement le représentant, encore que la personne qui l'a obtenu fût elle-même sur la liste des émigrés, surtout si le Gouvernement a acquiescé à la condamnation. — *Brossia*, 19 février 1811. — Cass. *Sirey*, Recueil gén., 11. 1. 326.

(*Lésion.*) L'action en rescision, pour lésion d'outre-moitié, est ouverte par le Code civil, pour le cas de revente de biens d'émigrés acquis par adjudication nationale; encore même que la revente soit faite au profit de la famille spoliée par la confiscation. — *Chaylan*, 11 avril 1820. — Cass. *Sirey*, *eod.* 20. 1. 245.

(*Liquidation.*) Les créances sur l'État, qui portent sur des exercices antérieurs à l'art. 8, sont frappées de déchéance par la loi du 15 février 1810, et par les lois subséquentes, alors même qu'elles seraient susceptibles de révision. — 27 Février 1822. — Arrêts du Cons., tom. 3, p. 215.

(*Liste d'émigrés.*) L'ordonnance du 21 août 1814, qui abolit les listes des émigrés, n'est-elle pas une mesure d'ordre public éminent, à ce point que nul ne puisse désormais appuyer une prétention sur une liste d'émigrés, opérant une simple prévention d'émigration? Pour que l'émigration soit opposable comme fondement des droits acquis à des tiers, ne faut-il pas qu'il y ait eu ou émigration jugée ou actes transmissifs en résultance de l'émigration. — ***Vaudreuil,*** 23 juillet 1821. — Cass. *Sirey*, Recueil gén., 24. 1. 96.

(*Mandat.*) Le mandat donné avant l'émigration n'a point été révoqué par l'effet de la mort civile, et ne sont point nuls les actes faits en vertu de ce mandat. — ***Dolle,*** 2 septembre 1807. — Cass. *Sirey, cod.* 7. 1. 450.

(*Mariage.*) Le mariage d'un émigré, régulièrement fait hors de France, pendant l'émigration, est nul et sans effet en France, même après l'amnistie. — ***Griffon,*** 16 mai 1808. — Cass. *Sirey, cod.* 8. 1. 297.

Même décision. — *Dorsay*, 22 février 1812. Douai. — *Sirey, cod.* 14. 2. 142.

(*Mort civile.*) Après la mort civile du débiteur (émigré ou autre) toutes poursuites relativement à d'anciennes créances, doivent être dirigées contre ses représentans. A cet égard, la bonne foi des créanciers et l'erreur commune, qui auraient existé sur l'état du débiteur, ne valident point des poursuites dirigées contre lui personnellement. — ***Boyer,*** 6 juillet 1812. Nîmes. — *Sirey*, Recueil gén., 13. 2. 259.

Celui qui, de fait, était sorti de France avant le 10 août 1792, époque de l'ouverture d'une substitution à laquelle il fut appelé, est réputé avoir été incapable de la recueillir, malgré son amnistie. — ***Clermont-Tonnerre,*** 18 floréal an 13. Paris. — *Sirey, cod.* 7. 2. 928.

En matière de mort civile, par suite d'émigration ou d'inscription sur la liste des émigrés, il faut distinguer la législation du 12 ventôse an 8, qui réputait émigré, et par suite mort civilement, tout inscrit, d'avec la loi du 28 mars 1793, qui, dans l'inscription, ne voyait qu'une prévention, surtout en cas de réclamation en temps utile. Ainsi, l'inscrit décédé avant le 12 ventôse an 8, est mort *integri status*, sans que la loi survenue ait pu rétroagir. — *Ganges*, 9 février 1818. Paris. — *Sirey*, Recueil gén., 18. 2. 264.

Voy. *Nullité*.

(*Nullité.*) Le cohéritier d'un émigré qui transige, tant en son nom qu'au nom de l'émigré, ne peut se prévaloir de l'art. 40 de la loi du 28 mars 1793, pour demander la nullité de la transaction, en ce qui le concerne. — *Dadouville*, 20 fructidor an 11. — Cass. *Sirey*, *cod.* 4. 1. 81.

Les émigrés ne peuvent exciper de la mort civile dont ils ont été frappés, pour faire annuler dans leur intérêt des actes qu'ils ont souscrits, nonobstant leur incapacité. — *Dulac*, 2 septembre 1807. — Cass. *Sirey*, *cod.* 7. 1. 450.

(*Obligation personnelle.*) L'émigré débiteur d'une rente foncière qui s'était obligé personnellement sous l'empire de la Coutume de Poitou, ne peut s'étayer de l'art. 58 de cette Coutume, pour établir que la main-mise nationale l'a déchargé du paiement de cette rente. — *Babinet*, 15 novembre 1808. — Cass. *Sirey*, *cod.* 9. 1. 148.

Depuis l'amnistie, un émigré peut être contraint personnellement d'acquitter une charge imposée sur un legs d'immeubles qu'il avait recueilli avant la révolution, quoique par suite de son émigration, ces biens aient été confisqués et vendus au profit de l'Etat. — *Nublat*, 17 mai 1809. — *Sirey*, *cod.* 9. 1. 279.

(*Paiement.*) Il n'appartient pas à l'autorité administrative, mais bien à l'autorité judiciaire, d'apprécier les effets qu'un paiement fait à l'Etat, en l'absence d'un émigré, doit avoir sur les droits réclamés par les héritiers, à titre de douaire et de tiers coutumier. — *De Vassy*, 31 mars 1819. — *Sirey*, Jurisp. du Cons., tom. 5, p. 99.

(*Partage.*) Encore qu'il y ait eu partage de présuccession

entre le fisc et un ascendant d'émigré, l'émigré amnistié n'est pas, pour cela seul, exclu de la succession de l'ascendant mort après l'amnistie. Mais, dans ce cas, il doit tenir compte à ses cohéritiers des dixièmes que l'auteur commun a payés au fisc pour racheter les biens que lui avait assignés le partage. — *Marrens*, 4 janvier 1808. Agen. — *Sirey*, Recueil gén., 7. 2. 929.

Même décision dans le cas où l'ascendant est mort avant l'amnistie ou l'élimination. — 8 floréal an 10. Angers. — *Sirey*, *cod.* 2. 2. 142.

Même décision dans le cas où l'acte de partage contiendrait une renonciation. — 18 avril 1812. *Vidard.* — Cass. *Sirey*, *cod.* 13. 1. 137.

L'émigré n'est tenu de respecter les partages faits avec la République que dans l'intérêt du fisc. — *Albaret*, 25 floréal an 13. Nîmes. — *Sirey*, *cod.* 5. 2. 169.

C'est à l'autorité administrative exclusivement qu'il appartient de juger les contestations qui s'élèvent entre des émigrés et leurs frères et sœurs, sur le sens et l'effet d'un partage de présuccession. — *Henrion*, 18 avril 1808. — Cass. *Sirey*, *cod.* 8. 1. 267.

Même décision. — *Deshoms*, 3 janvier 1812. — Ordonn. Jurisp. du Cons., tom. 2, p. 1re.

De ce que les émigrés réintégrés sont obligés de respecter les partages faits par l'administration de leurs droits successifs, il ne s'ensuit pas qu'ils soient sans moyen d'attaque ou de réclamation, lorsqu'au lieu d'un partage, il n'y a eu que vente par soumission privée et approximative de leurs droits, sans liquidation administrative préalable. — *Lubersac*, 25 février 1817. Paris. — *Sirey*, *cod.* 18. 2. 33.

Les partages de présuccession, succession ou autres actes et arrangemens, sont inattaquables. — *Roffignac*, 3 octobre 1811, ordonn. — *Sirey*, Jurisp. du Cons., tom. 1er, p. 544.

Même décision. — *Granel Barthelemi*, 20 novembre 1815. — *Sirey*, *cod.*, tom. 3, p. 144.

Il n'en est pas de même des dispositions *provisoires* renfermées dans ces actes. — *Duvergier*, 25 juin 1817, ordon. — *Sirey, eod.*, tom. 4, p. 72.

L'émigré n'est pas recevable à provoquer la nullité du partage fait pendant son émigration, sous prétexte que ce partage ne comprenait pas tout ce qu'il devait comprendre, ou que, dans les objets partagés, la république n'aurait reçu qu'un quart, tandis qu'on aurait dû lui attribuer deux tiers ou une plus forte portion. — *Cherbon de Cosne*, 22 décembre 1811, ordonn. — *Sirey, eod.*, tom. 1er, p. 565.

Même décision. — *Deshoms*, 19 août 1813, ordonn. — *Sirey, eod.*, tom. 2, p. 415.

Le créancier d'une succession dont un émigré ou déporté était cohéritier, n'est pas recevable après consommation du partage, ni à en demander l'annulation, ni à rechercher les cohéritiers pour leur quote-part, si la succession a été partagée administrativement, et si la charge d'acquitter les créances a été mise dans le lot de la nation. — *Hirtz*, 26 mars 1812, ordonn. — *Sirey, eod.*, tom. 2, p. 44.

(*Préciput.*) Un émigré fait aîné par contrat de mariage de ses père et mère, n'est pas fondé à demander aujourd'hui son préciput ou droit d'aînesse du chef de sa mère, bien que sa mère soit décédée après l'amnistie du fils; si, antérieurement à l'amnistie, il a été fait, par la mère, un partage administratif par lequel l'État ait renoncé spécialement au préciput de l'émigré, et si, sur la foi de cette renonciation, il a été fait par la mère une donation précipuaire à un autre de ses enfans. En un tel cas, l'enfant puiné a, dans sa donation, un droit acquis préférable à la prétention de l'émigré, aux termes de l'art. 1er de la loi du 5 décembre 1814. Peu importe que la donation au puiné ait été faite postérieurement à l'amnistie de l'émigré. — *Goisson*, 24 mars 1824. Cass. *Sirey*, Recueil gén., 24. 1. 169.

(*Prescription.*) Les délais pour l'accomplissement des charges d'un contrat, n'ont pas couru pendant la durée de l'inscription emportant mort civile. — *Leriche,* 22 pluviôse an 10. Poitiers. — *Sirey*, Recueil gén., 2. 2. 305.

La prescription a couru contre l'émigré pendant sa mort civile. — 16 Prairial an 12. — Cass. *Sirey*, Recueil gén., 4. 2. 236.

(*Prévention.*) Un tribunal civil ne peut qualifier émigration le fait de sortie de France depuis le 8 mai 1792, s'il n'y a eu inscription sur la liste des émigrés, ou acte administratif équivalent.

Les enfans d'un émigré marié avant son émigration, s'ils ont été conçus et s'ils sont nés en pays étranger durant sa mort civile, n'ont pas été habiles à succéder de son chef, avant qu'il fût réintégré. — *Berghes*, 8 février 1810. — Cass. *Sirey*, *eod.* 10. 1 224.

Un prévenu d'émigration, rayé provisoirement, n'a pu, avant la loi du 12 ventôse an 8, accepter de succession. — *Thumin*, 31 mars 1806. — Cass. *Sirey*, *eod.* 6. 1. 265.

Celui qui s'est absenté pendant la révolution, mais qui n'a point été inscrit sur la liste des émigrés, n'a pas été prévenu d'émigration par le séquestre et le partage à titre de pré-succession des biens de son père.

Des frères qui se sont engagés envers leur frère émigré rentré, de ne jamais lui opposer son émigration, qui lui ont même laissé recueillir une succession collatérale, ne peuvent ensuite lui contester sa capacité civile pour l'exclure de la succession de son père. — *Quinterie*, 10 août 1809. Poitiers. — *Sirey*, *eod.* 10. 2. 17.

(*Provisoire.*) Voy. *Partage.*

(*Puissance maritale.*) Les obligations souscrites par une femme mariée, pendant l'émigration de son mari et sans autorisation, sont valables. Toutefois elles ne sont pas obligatoires pour le mari ni pour ses héritiers, encore qu'elles soient causées pour subsistance fournie à la femme. — *Gandu*, 20 mars 1817. Paris. — *Sirey*, Recueil gén., 18. 2. 16.

(*Réintégration.*) Les directoires de département étaient

incompétens pour réintégrer les communes dans la propriété d'un terrain, dont elles prétendaient avoir été dépouillées par l'effet de la puissance féodale. Un pareil arrêté portant tous les caractères d'un jugement de réintégrande, a pu être attaqué par l'émigré après son élimination. — *La dame Revel*, 23 juin 1819. — Ordon. *Sirey*, Jurisp. du Cons. tom. 5, pag. 140.

Les actes faits par la République sont, quelle que soit leur nature, à la charge de l'émigré. — *Bazile*, 13 avril 1808. — Cass. *Sirey*, Recueil gén. 8. 1. 385.

Voyez Actes, chose jugée.

(*Remboursement.*) Les remboursemens faits à l'émigré en fraude des droits du fisc, ne sont nuls que relativement au fisc; l'émigré qui ultérieurement obtient sa radiation, ne peut demander un nouveau paiement. — *Delahaye*, 15 ventôse an 12. — Amiens, *Sirey*, Recueil gén. 4. 2. 168.

Si le capital d'une rente constituée au profit d'un émigré a été légalement remboursé au domaine avant l'élimination de l'émigré, ce remboursement est inattaquable par l'émigré réintégré. — *De l'Epine*, 31 mars 1819. — Ordon. *Sirey*, Jurisp. du Cons. tom. 5, pag. 97.

Les contestations qui se rattachent à la validité et aux effets du versement dans les caisses publiques, pour le remboursement d'une créance due à un émigré, sont du ressort de l'autorité administrative. — 17 juillet 1822. *Arrêts du Cons. tom. 4. pag.* 90.

(*Remise.*) La remise des biens invendus profite à l'héritier ou au légataire par préférence à l'acquéreur des droits successifs s'il est constant que les parties n'ont pas eu l'intention de traiter sur les biens remis. — *Grenier*, 25 janvier 1819. — Cass. *Sirey*, Recueil gén. 19. 1. 239.

La même remise profite au légataire universel par préférence au même individu. — *Moynand de Pancemont*, 30 décembre 1817. — Paris, *Sirey*, *cod.* 18. 2. 347.

— *Carron*, 16 Mai 1815. — Cass. *Sirey*, Recueil gén. 15. 1. 191.

Vente. Les émigrés ont pu vendre et exercer l'action en paiement du prix dérivant du contrat de vente. En général, l'émigré mort civilement était incapable des contrats du droit civil, mais non de ceux qui, tels que la vente, ont leur source dans le droit des gens. — *Gautier*, 17 Août 1809. — Cass., *Sirey*, Recueil gén. 13. 1. 421.

Les ventes de biens indivis avec des émigrés, antérieures à la loi du 1er. floréal an 3, sont maintenues par l'art. 60 de cette loi et par celle du 30 Thermidor an 4. — *Joulain Cottereau*, 18 Avril 1816. — *Sirey*, Jurisp. du Cons. tom. 3. pag. 267.

La vente des biens d'un émigré faite en vertu de décrets, peut être rangée au nombre des actes maintenus par la loi du 5 Décembre 1814. Si les héritiers de cet émigré veulent en réclamer la valeur, c'est au Ministre des finances qu'ils doivent s'adresser. 14 Août 1822. — Arrêts du Cons. tom. 4., page 215.

La remise profite au parent le plus proche au moment du décès, par préférence aux parens les plus proches au moment de la remise.—*Reculot*, 28 novembre 1820. Besançon, *Sirey*, *cod.* 21. 2. 311.

Jugée en sens contraire. — *Dutillet*, 28 mai 1821. — Paris, *Sirey*, *cod.* 21. 2. 308. — Jugé de même. *Bazi*, mai 1821. — Cass. *Sirey*, *cod.* 21. 1. 357.

Jugé de même. — *Reculot*, 10 fevrier 1823. — Cass. *Sirey*, *cod.* 23. 1. 248.

La remise profite aux héritiers légitimes, à l'exclusion du légataire universel. *Espinay Saint-Luc*, 25 janvier 1819. Cass. *Sirey*, *cod.* 19. 1. 76.

L'ancien Gouvernement pouvait-il imprimer à l'acte de remise des biens d'émigrés un caractère particulier, qui ait privé leurs créanciers hypothécaires du droit antérieur et légal de poursuite sur les mêmes biens.—*De la Vauguyon*, 29 décembre 1819.— Ordon. *Sirey*, jurisp. du Cons. tom. 5, pag, 287.

Les émigrés réintégrés ne peuvent intenter directement une action, à raison des coupes adjugées et faites avant la remise; l'état seul a cette faculté. *Comte de Vichy*, 3 avril 1822. — Cass. *Sirey*, Recueil gén. 22. 1. 292.

En remettant leurs biens aux émigrés, la loi du 5 décembre 1814 ne les a pas affranchis des créances hypothécaires, affectées sur ces mêmes biens avant l'émigration et le séquestre. — *D'Asnières*, 12 août 1823. — Cass. *Sirey*, *cod.* 24. 1. 34.

Le décret en vertu duquel le fils d'un émigré a été mis en possession des biens séquestrés sur son père pour en jouir en toute propriété, n'est pas une restitution faite à la famille; c'est un don personnel; et ces biens ayant été transmis tels qu'ils existaient dans les mains de l'État, sont affranchis de toutes hypothèques. — *Héritiers Le Marchand-des-Mines*, 6 décembre 1820.— Ordon. *Sirey*, jurisp. du Cons. tom. 5, pag. 499.

Les émigrés restitués sont autorisés à reclamer leurs biens non vendus : peu importe qu'ils aient été échangés, si l'échange n'a pas été fait en vertu d'une loi. — *Le Marquis de Villedeuil*, 25 janvier 1820. — *Sirey*, tom. 5, pag. 298.

(*Renonciation.*) La remise des biens des émigrés ordonnée par la loi du 5 décembre 1814, peut devenir une cause de restitution en faveur des héritiers de l'émigré qui avaient renoncé à sa succession à l'époque de sa radiation, si l'actif de cette succession en est tellement augmenté, qu'il soit certain que l'absence de ces biens a été la seule cause de la renonciation. — *Toulongeon*, 22 avril 1816. — Paris, *Sirey*, Recueil gén. 16. 2. 375.

(*Réserve.*) Lorsque l'État, au droit d'un émigré, est appelé à recueillir une succession sur laquelle il a été fait une réserve par le donateur; s'il s'elève une contestation entre les héritiers au sujet de la réserve à recueillir, l'autorité administrative est compétente pour tous les actes qui peuvent déterminer les objets qui doivent la composer; elle peut également en faire la remise aux héritiers. Mais elle doit renvoyer devant les tribunaux, pour que les parties y discutent leurs prétentions respectives. — *Taillardat*, 5 juillet 1816. — Ordonnance; *Sirey*, Jurisp. du cons. tom. 3, pag. 331.

(*Servitude.*) Celui qui avait un droit de servitude sur un bien d'émigré, n'a pu conserver ce droit, qu'en faisant et justifiant sa déclaration au sécrétariat de l'administration. *Leboue*, 27 brumaire an 7. — Cass. *Sirey, cod.* 1. 1. 180.

(*Solidarité.*) Une question de solidarité résultante d'un acte notarié, est du ressort des tribunaux, encore qu'elle soit privilégiée contre le coobligé solidaire d'un émigré. *Guérin*, 11 février 1820. — Ordon. *Sirey*, Jurisp. du Cons. tom. 5, page 315.

(*Soumission.*) Les soumissions faites en vertu de la loi du 28 ventôse an 4, de la portion indivise d'un émigré, et l'adjudication qui en a été la suite, n'équivalent pas à un par-

délivrés à la Trésorerie nationale, et admissibles en paiement d'autres biens nationaux à vendre.

5. Dans le cas où le fermier était obligé au paiement de la contribution foncière, en tout ou en partie, ou assujetti à quelques autres charges, telles que *réparations non locatives, charrois, dîmes, champarts, cens, etc.*, le montant ou l'évaluation de ces objets sera ajouté au loyer ou fermage, pour fixer le prix de la vente au denier 75.

6. A l'égard des biens nationaux dont le fermage était stipulé en nature, ou partie en monnaie, partie en nature, les objets en nature seront évalués sur les mercuriales de 1790 du marché du chef-lieu de district.

7. Quant aux biens nationaux non loués en 1790, ou affermés sans prix fixe, ainsi que les bois et autres immeubles non compris alors dans le bail, et aussi ceux qui étaient loués pour plus de neuf ans, leur revenu sera présumé être de cinq fois le montant du principal de la contribution foncière de 1792, lequel revenu présumé servira de base pour leur vente au denier 75, sans qu'il soit néanmoins dérogé à la loi qui défend de vendre les bois au-dessus de cent arpens.

8. Dans le cas où il y aurait des sous-baux antérieurs à 1791, pour plus de moitié du montant du bail, leur prix sera la base de la vente, et s'il se trouve dans le bail général des objets non sous-fermés, le prix desdits objets sera réglé sur le principal de la contribution foncière de 1792.

9. Les maisons et bâtimens servant aux exploitations rurales, ou adjacentes à quelque bien national, ne pourront être vendus qu'avec les terres en dépendantes.

10. En cas de concurrence, le bien sera adjugé à celui qui l'aura demandé et soumissionné le premier après la publication de la loi, aux conditions ci-dessus; mais si plusieurs personnes se présentent en même temps pour cet effet, le sort décidera entre elles de la priorité.

11. Sont exceptées des dispositions précédentes les maisons ci-devant religieuses, ainsi que celles employées ou des-

tage, et cession ou aliénation de la totalité des droits de l'émigré ; ainsi, l'émigré, après sa réintégration, peut très-bien, sans contrevenir au sénatus-consulte de l'an 10, réclamer telle quotité de biens à laquelle il avait droit, et qui n'a pas été soumissionnée et adjugée. — *Sainte-Marie*, 23 décembre 1815. — Ordon. *Sirey*, Jurisp. du Cons. tom. 3 pag. 197.

(*Succession.*) La succession d'un émigré amnistié après son décès est reputée ouverte, non du jour de son décès, mais du jour où, par l'effet de l'amnistie, ses biens ont cessé d'être sous le séquestre. — *Peschery*, 7 août 1820. — Cass. *Sirey*, Recueil gén. 21. 1. 114.

En matière de succession d'émigré, s'il y a eu inscription de la personne sans aucun séquestre des biens, les questions qui naissent de l'appréhension de la succession par les enfans et héritiers, sont du ressort de l'autorité judiciaire et non de l'autorité administrative, si d'ailleurs elles ne touchent en rien aux intérêts de l'administration, ni au maintien d'aucun de ses actes. — *Arragonères Laval*, 9 avril 1817. — Ordon. *Sirey*, Jurisp. du Cons. tom. 3, pag. 543.

Les tribunaux sont seuls compétens pour décider si les enfans d'un émigré qui ont pris possession d'une succession déférée à leur père, l'ont recueillie *jure proprio* ou *jure representationis*. — *Beau*, 20 novembre 1815. — *Sirey*, Jurisp. du Cons. tom. 3, pag. 177.

Jugé de même, 14 août 1822. — Arrêts du Cons. tom. 4, pag. 219.

(*Sursis.*) Le sursis accordé par la loi du 5 décembre 1814, aux émigrés pour le paiement des dettes qui affectent leurs biens invendus, peut être invoqué non-seulement par l'émigré lui-même, mais encore par ses héritiers et ayant cause, et même par l'héritier bénéficiaire. — *d'Asbeck*, 1.er mai 1819. — Douai, *Sirey*, Recueil général, 20. 2. 171.

(*Testament.*) Les testamens faits par des personnes inscrites sur la liste des émigrés, et décédées avant la radiation,

n'ont point été validés par leur radiation ultérieure. — *Maret*, 28 germinal an 12. Cass. *Sirey*, Recueil gén. 4. 1. 304.

L'émigré rendu à la vie civile, peut tester du jour même de l'arrêté qui l'amnistie, encore qu'il ne puisse obtenir la mise en possession de ses biens que du jour de la délivrance de l'arrêté. — *Costé*, 11 floréal an 12. Rouen, *Sirey*, *cod.* 4. 2. 158.

L'émigré qui avait réclamé en temps utile, et qui est décédé avant la loi du 12 ventôse an 8, a pu tester valablement. — *Meyer*, 12 Mai 1806. Cass. *Sirey*, *cod.* 6. 1. 270.

Lorsqu'une personne a eté inscrite sur la liste des émigrés, les tribunaux ne peuvent, sans commettre un excès de pouvoir et sans entreprendre sur l'autorité administrative s'attacher à de simples présomptions de non émigration, et valider en conséquence les dispositions de dernière volonté du mort civilement. — *Roussel*, 4 septembre 1810. — Cass. *Sirey*, *cod.* 12. 1. 209.

Un prêtre, qui lors de son décès, arrivé en France, était inscrit sur la liste des émigrés, n'avait pas réclamé contre son inscription, mais qui, par son âge, ne pouvait, pour avoir refusé de prêter serment, être condamné à une peine emportant mort civile, n'a pu tester valablement. — *Lehoux*, 4. septembre 1810. — Cass. *Sirey*, *cod.* 12. 1. 209.

(*Tierce-opposition.*) Les prévenus d'émigration peuvent attaquer par tierce opposition, tous jugemens antérieurs à l'époque de la prévention, lors desquels on se serait contenté d'appeler, comme étant à leurs droits, l'agent national. — *Plotho*, 5 prairial an 8. Cass. *Sirey*, *cod.* 1. 1. 298.

Un émigré est non recevable à attaquer, par voie de la tierce opposition, un décret rendu contradictoirement avec le domaine représentant ledit émigré. — *Durand de Boucheron*, 16 Août 1820. — Ordon. *Sirey*, Jurisp. du Cons. tom. 5. pag. 438.

Vente. Un émigré n'a pu être valablement représenté par l'Administration après son amnistie. En conséquence, la chose jugée contre l'Administration ne lui est pas opposable.

La remise profite au parent le plus proche au moment du décès, par préférence aux parens les plus proches au moment de la remise. — *Reculot*, 28 novembre 1820. Besançon. *Sirey*, *cod.* 21. 2. 311.

Jugé en sens contraire. — *Dutillet*, 28 mai 1821. — Paris, *Sirey*, *cod.* 21. 2. 308. — Jugé de même. *Bazi*, mai 1821. — Cass. *Sirey*, *cod.* 21. 1. 337.

Jugé de même. — *Reculot*, 10 février 1823. — Cass. *Sirey*, *cod.* 23. 1. 248.

La remise profite aux héritiers légitimes, à l'exclusion du légataire universel. *Espinay Saint-Luc*, 25 janvier 1819. Cass. *Sirey*, *cod.* 19. 1. 76.

L'ancien Gouvernement pouvait-il imprimer à l'acte de remise des biens d'émigrés un caractère particulier, qui ait privé leurs créanciers hypothécaires du droit antérieur et légal de poursuite sur les mêmes biens. — *De la Vauguyon*, 29 décembre 1819. — Ordon. *Sirey*, jurisp. du Cons. tom. 5, pag. 287.

Les émigrés réintégrés ne peuvent intenter directement une action, à raison des coupes adjugées et faites avant la remise; l'état seul a cette faculté. *Comte de Vichy*, 3 avril 1822. — Cass. *Sirey*, Recueil gén. 22. 1. 292.

En remettant leurs biens aux émigrés, la loi du 5 décembre 1814 ne les a pas affranchis des créances hypothécaires, affectées sur ces mêmes biens avant l'émigration et le séquestre. — *D'Asnières*, 12 août 1823. — Cass. *Sirey*, *cod.* 24. 1. 34.

Le décret en vertu duquel le fils d'un émigré a été mis en possession des biens séquestrés sur son père pour en jouir en toute propriété, n'est pas une restitution faite à la famille; c'est un don personnel; et ces biens ayant été transmis tels qu'ils existaient dans les mains de l'État, sont affranchis de toutes hypothèques. — *Héritiers Le Marchand-des-Mines*, 6 décembre 1820. — Ordon. *Sirey*, jurisp. du Cons. tom. 5, pag. 499.

— *Carron*, 16 Mai 1815. — Cass. *Sirey*, Recueil gén. 15. 1. 191.

Vente. Les émigrés ont pu vendre et exercer l'action en paiement du prix dérivant du contrat de vente. En général, l'émigré mort civilement était incapable des contrats du droit civil, mais non de ceux qui, tels que la vente, ont leur source dans le droit des gens. — *Gautier*, 17 Août 1809. — Cass., *Sirey*, Recueil gén. 13. 1. 421.

Les ventes de biens indivis avec des émigrés, antérieures à la loi du 1er. floréal an 3, sont maintenues par l'art. 60 de cette loi et par celle du 30 Thermidor an 4. — *Joulain Cottereau*, 18 Avril 1816. — *Sirey*, Jurisp. du Cons. tom. 3. pag. 267.

La vente des biens d'un émigré faite en vertu de décrets, peut être rangée au nombre des actes maintenus par la loi du 5 Décembre 1814. Si les héritiers de cet émigré veulent en réclamer la valeur, c'est au Ministre des finances qu'ils doivent s'adresser. 14 Août 1822. — Arrêts du Cons. tom. 4., page 215.

ADDITIONS.

Décret du 12 prairial an III,

Qui détermine un nouveau mode pour la vente des biens tionaux.

La Convention nationale, après avoir entendu son comité des finances, décrète :

Art. 1er. Chaque citoyen pourra se faire adjuger, sans enchère, tel bien national à vendre qu'il désirera, par le Directoire du district où il est situé, si alors la vente n'en est pas encore commencée, en se soumettant par écrit, sur un régistre à ce destiné, à payer, en assignats, le denier 75 du revenu annuel de 1790, pris sur les baux alors existans, c'est-à-dire 75 fois ce même revenu, certifié véritable par le fermier ou locataire.

2. L'adjudication sera faite le même jour que la soumission, ou au plus tard dans les trois jours suivans, à la charge de solder le prix de la vente en quatre paiemens, dont le sixième au moment de l'adjudication, le sixième dans le mois, le tiers dans le mois suivant, et l'autre tiers dans le troisième mois, avec les intérêts à 5 p. 100, sans déduction dès la jouissance.

3. L'acquéreur percevra les revenus en proportion du temps qui restera à écouler de l'année courante du bail, depuis son entrée en possession qui n'aura lieu qu'après avoir effectué les deux premiers paiemens.

4. A défaut de paiement à chaque terme indiqué, il sera déchu de son adjudication et remboursé de ce qu'il aura déjà donné, déduction faite des frais, en bons au porteur,

tage, et cession ou aliénation de la totalité des droits de l'émigré; ainsi, l'émigré, après sa réintégration, peut très-bien, sans contrevenir au sénatus-consulte de l'an 10, réclamer telle quotité de biens à laquelle il avait droit, et qui n'a pas été soumissionnée et adjugée. —*Sainte-Marie*, 23 décembre 1815. — Ordon. *Sirey*, Jurisp. du Cons. tom. 3 pag. 197.

(*Succession.*) La succession d'un émigré amnistié après son décès est reputée ouverte, non du jour de son décès, mais du jour où, par l'effet de l'amnistie, ses biens ont cessé d'être sous le séquestre. — *Peschery*, 7 août 1820. — Cass. *Sirey*, Recueil gén. 21. 1. 114.

En matière de succession d'émigré, s'il y a eu inscription de la personne sans aucun séquestre des biens, les questions qui naissent de l'appréhension de la succession par les enfans et héritiers, sont du ressort de l'autorité judiciaire et non de l'autorité administrative, si d'ailleurs elles ne touchent en rien aux intérêts de l'administration, ni au maintien d'aucun de ses actes. — *Arragonères Laval*, 9 avril 1817. — Ordon. *Sirey*, Jurisp. du Cons. tom. 3, pag. 543.

Les tribunaux sont seuls compétens pour décider si les enfans d'un émigré qui ont pris possession d'une succession déférée à leur père, l'ont recueillie *jure proprio* ou *jure representationis*. — *Beau*, 20 novembre 1815. — *Sirey*, Jurisp. du Cons. tom. 3, pag. 177.

Jugé de même, 14 août 1822. — Arrêts du Cons. tom. 4, pag. 219.

(*Sursis.*) Le sursis accordé par la loi du 5 décembre 1814, aux émigrés pour le paiement des dettes qui affectent leurs biens invendus, peut être invoqué non-seulement par l'émigré lui-même, mais encore par ses héritiers et ayant cause, et même par l'héritier bénéficiaire. — *d'Asbeck*, 1.er mai 1819. — Douai, *Sirey*, Recueil général, 20. 2. 171.

(*Testament.*) Les testamens faits par des personnes inscrites sur la liste des émigrés, et décédées avant la radiation,

délivrés à la Trésorerie nationale, et admissibles en paiement d'autres biens nationaux à vendre.

5. Dans le cas où le fermier était obligé au paiement de la contribution foncière, en tout ou en partie, ou assujetti à quelques autres charges, telles que *réparations non locatives, charrois, dîmes, champarts, écus, etc.*, le montant ou l'évaluation de ces objets sera ajouté au loyer ou fermage, pour fixer le prix de la vente au denier 75.

6. A l'égard des biens nationaux dont le fermage était stipulé en nature, ou partie en monnaie, partie en nature, les objets en nature seront évalués sur les mercuriales de 1790 du marché du chef-lieu de district.

7. Quant aux biens nationaux non loués en 1790, ou affermés sans prix fixe, ainsi que les bois et autres immeubles non compris alors dans le bail, et aussi ceux qui étaient loués pour plus de neuf ans, leur revenu sera présumé être de cinq fois le montant du principal de la contribution foncière de 1792, lequel revenu présumé servira de base pour leur vente au denier 75., sans qu'il soit néanmoins dérogé à la loi qui défend de vendre les bois au-dessus de cent arpens.

8. Dans le cas où il y aurait des sous-baux antérieurs à 1791, pour plus de moitié du montant du bail, leur prix sera la base de la vente, et s'il se trouve dans le bail général des objets non sous-fermés, le prix desdits objets sera réglé sur le principal de la contribution foncière de 1792.

9. Les maisons et bâtimens servant aux exploitations rurales, ou adjacentes à quelque bien national, ne pourront être vendus qu'avec les terres en dépendantes.

10. En cas de concurrence, le bien sera adjugé à celui qui l'aura demandé et soumissionné le premier, après la publication de la loi, aux conditions ci-dessus ; mais si plusieurs personnes se présentent en même temps pour cet effet, le sort décidera entre elles de la priorité.

11. Sont exceptées des dispositions précédentes les maisons ci-devant religieuses, ainsi que celles employées ou des-

tinées à quelques établissemens et au service public, ou mises en loteries, leurs avenues, cours, parcs, jardins, vergers et bosquets y attenant.

12. Lesdites maisons ci-devant religieuses, et ceux des autres biens nationaux à vendre, qui ne se trouveront pas vendus par ce nouveau mode ou par la voie des loteries, continueront d'être mis à l'enchère suivant les anciennes lois.

13. Les ventes seront publiées et affichées tous les mois dans le bulletin de correspondance.

14. Les assignats provenant des ventes dont il s'agit, seront annulés et brûlés en la forme ordinaire.

(*Bull. des Lois*, 151, N° 882).

DÉCRET du 19 prairial an III,

Qui suspend l'exécution de la loi précédente.

(*Bull. des Lois*, 153, N° 901).

DÉCRET du 27 prairial an III,

Qui déclare que les adjudications faites en exécution du décret du 12, ne vaudront provisoirement que comme soumissions;

Que les soumissions continueront à être reçues même sur les biens soumissionnés; que tout soumissionnaire pourra poursuivre l'adjudication à la chaleur des enchères, en prenant, pour première enchère, le montant de sa soumission faite en exécution de l'art. 5 de la loi du 12 prairial;

Que l'affiche qui indiquera le jour de la première enchère et de l'adjudication définitive, se fera, au plus tard, dans cinq jours après la déclaration des soumissionnaires, qu'ils entendent faire procéder à la chaleur des enchères sur leur

(*Argent, argenterie.*) des émigrés seront déposés à la trésorerie, 37

(*Ascendans.*) Conserveront leur domicile, meubles et linges, 22, 48, 306. — S'ils sont dans le besoin, obtiendront une une somme annuelle, *idem.* Sont consignés dans leurs municipalités, 26. — Fourniront l'habillement et la solde de deux hommes, 40. — tous actes passés par eux depuis l'émigration de leurs enfans sont nuls, 72. — Verseront à la caisse du receveur de district la valeur de l'équipement et de la solde dont ils sont tenus, 87. — N'auront plus droit a des secours, 144. — Il est sursis à la vente de leurs biens, 201. — En attendant la levée du séquestre, ils auront droit à des secours, 205. — Déclareront leurs biens, 232. — Peine en cas de fraude, 233. — liquidation et partage de leurs biens, 234. — la nation renonce aux successions qui pourront leur échoir, 236. — Les lois sur les ascendans ne s'appliquent point à ceux des enfans naturels, 239. — Suspension de la loi du 9 floréal, 245. — Ils cesseront toutes fonctions, 260. — Sont autorisés à vendre une portion de leurs biens pour payer l'emprunt de six cents millions, 273. — Sont exceptés de la loi du 5 brumaire ceux qui ont porté les armes pour la défense de la République, 282. — Ceux dont les biens ont été séquestrés, pourront demander le partage, 287.

(*Assignats.*) Receveurs ne pourront pas annuler ceux qui proviennent des revenus des biens d'émigrés, 25. — Sont reçus en paiemens des biens d'émigrés, 237. — Voy. *Gage.*

(*Avignon.*) Voy. *Émigrés.*

(*Bannissement.*) des émigrés à perpétuité, 46, 72, 193. — L'infraction du ban est punie de mort, *idem.*

(*Baux.*) Sont résiliés, s'ils sont passés en faveur d'émigrés, 42. — Ceux des forêts ne dureront qu'un an, 141. — En quelles circonstances ils sont nuls, et ce que doivent faire les fermiers et locataires, 240. — Les baux conventionnels sont maintenus, 306. — Les baux des biens nationaux sont résiliés s'ils sont faits à des déportés, 450.

(*Bois.*) Il est défendu de vendre aucune coupe extraordinaire de futaie, 103. (Voy. *Baux.*) —

soumission; que la première enchère et deuxième affiche, indiquant le jour de l'adjudication définitive, se fera dix jours après, et que l'adjudication définitive se fera quinze jours après la première enchère au plus offrant, sans exclusion d'enchérisseurs.

(*Bull. des Lois*, 156, N° 919).

Loi du 28 ventôse an IV,

Qui crée pour deux milliards quatre cent millions de mandats territoriaux.

Ordonne que les mandats emporteront avec eux hypothèque, privilége et délégation spéciale sur tous les domaines nationaux situés dans toute l'étendue de la république; de manière que tout porteur de ces mandats puisse se présenter à l'administration de département de la situation du domaine national qu'il veut acquérir, et le contrat de vente lui en soit passé sur le prix de l'estimation qui en sera faite, à la condition d'en payer le prix en mandats, moitié dans la première décade, et l'autre moitié dans les trois mois;

Que le contrat sera passé dans la décade au plus tard du jour de la clôture de l'estimation;

Que la valeur des biens à vendre sera fixée sur le pied de 1790, et calculée à raison de vingt-deux fois leur revenu net, pour les terres labourables, prés, bois, vignes et dépendances, d'après les baux existans en 1790;

Qu'à défaut de baux, la valeur de ces biens sera fixée d'après le montant de la contribution foncière de 1793, en prenant, pour revenu net, quatre fois le montant de cette contribution, et multipliant cette somme par vingt-deux;

Que les maisons, usines, les cours et jardins en dépendant, seront également évalués sur le pied de leur valeur en 1790,

calculée à raison de dix-huit fois leur revenu net, d'après les baux existans en 1790;

Qu'à défaut de baux, l'estimation sera faite par experts, l'un nommé par l'administration de département, l'autre par le soumissionnaire; et, en cas de partage, le tiers sera nommé par l'administration;

Qu'en aucun cas, l'estimation faite par les experts, ne pourra être inférieure à celles qui auraient été faites antérieurement.

(*Bull. des Lois*, 34, N.° 252).

Loi du 20 fructidor an IV,

Qui veut qu'à compter du jour de sa publication, il ne soit procédé à la vente des domaines nationaux non soumissionné que sur enchères, dans les formes qui seront incessamment prescrites.

(*Bull. des Lois*, 74, N° 687).

Loi du 16 brumaire an V,

Qui ordonne la mise en vente de tous les domaines nationaux, y compris ceux des départemens réunis, à l'exception de ceux réservés pour le service public, des forêts nationales et bois réservés;

Charge de ces ventes les administrations de département, quinzaine après l'affiche, sur enchères reçues de la manière réglée par les lois antérieures à celle du 28 ventôse.

(*Bull. des Lois*, 87, N° 839).

Lois des 2 fructidor an V et 16 frimaire an VI,

Qui continuent pour la vente des biens nationaux le mode établi par la loi du 16 brumaire an 5.

(*Bull. des Lois*, 138 et 164, N° 1366 et 1591).

FIN.

TABLE ANALYTIQUE

DES MATIÈRES CONTENUES DANS LE CODE DES ÉMIGRÉS, DÉPORTÉS ET CONDAMNÉS RÉVOLUTIONNAIREMENT.

---

soumission; que la première enchère et deuxième affiche, indiquant le jour de l'adjudication définitive, se fera dix jours après, et que l'adjudication définitive se fera quinze jours après la première enchère au plus offrant, sans exclusion d'enchérisseurs.

(*Bull. des Lois*, 156, N° 919).

Loi du 28 ventôse an IV,

Qui crée pour deux milliards quatre cent millions de mandats territoriaux.

Ordonne que les mandats emporteront avec eux hypothèque, privilége et délégation spéciale sur tous les domaines nationaux situés dans toute l'étendue de la république; de manière que tout porteur de ces mandats puisse se présenter à l'administration de département de la situation du domaine national qu'il veut acquérir, et le contrat de vente lui en soit passé sur le prix de l'estimation qui en sera faite, à la condition d'en payer le prix en mandats, moitié dans la première décade, et l'autre moitié dans les trois mois;

Que le contrat sera passé dans la décade au plus tard du jour de la clôture de l'estimation;

Que la valeur des biens à vendre sera fixée sur le pied de 1790, et calculée à raison de vingt-deux fois leur revenu net, pour les terres labourables, prés, bois, vignes et dépendances, d'après les baux existans en 1790;

Qu'à défaut de baux, la valeur de ces biens sera fixée d'après le montant de la contribution foncière de 1793, en prenant, pour revenu net, quatre fois le montant de cette contribution, et multipliant cette somme par vingt-deux;

Que les maisons, usines, les cours et jardins en dépendant, seront également évalués sur le pied de leur valeur en 1790,

Lois des 2 fructidor an V et 16 frimaire an VI.

Qui continuent pour la vente des biens nationaux le mode établi par la loi du 16 brumaire an 5.

(*Bull. des Lois*, 138 et 164, Nos 1366 et 1591).

FIN.

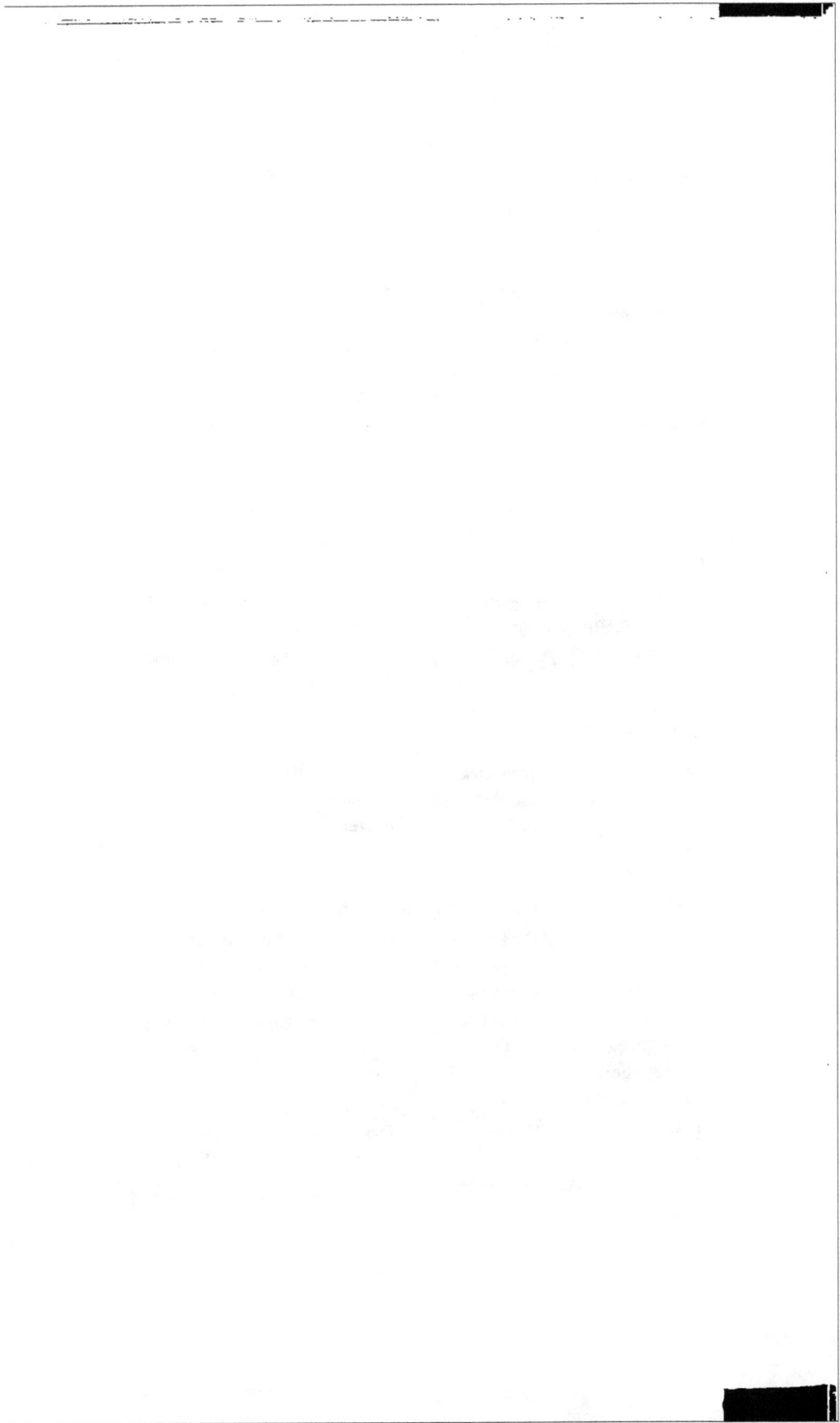

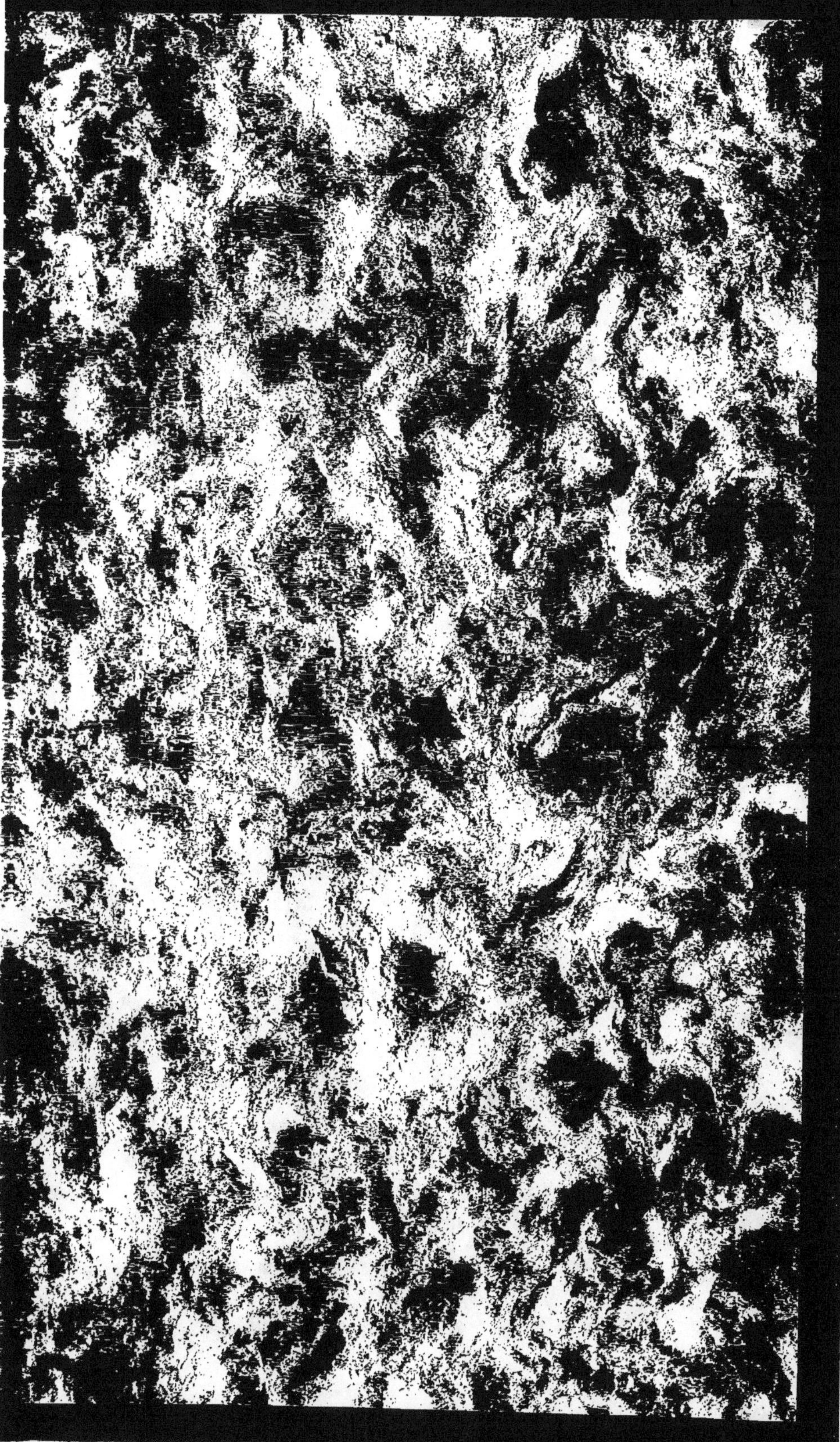

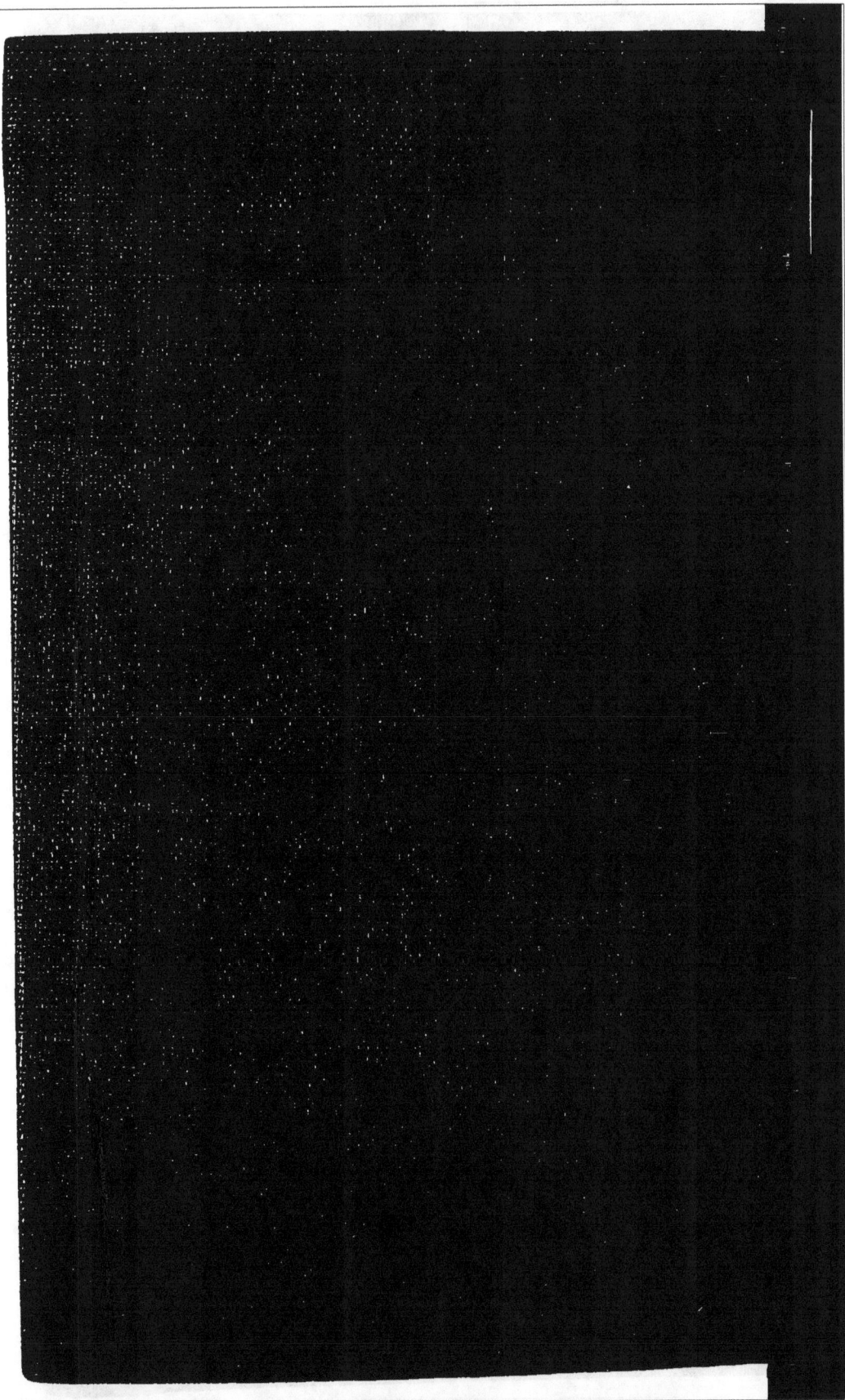

www.ingramcontent.com/pod-product-compliance
Lightning Source LLC
Chambersburg PA
CBHW060950220326
41599CB00023B/3661
* 9 7 8 2 0 1 1 3 4 5 2 5 7 *